Afin de vous informer de toutes ses publications, **marabout** édite des catalogues régulièrement mis à jour. Vous pouvez les obtenir gracieusement auprès de votre libraire habituel.

Photos : Stéphane Leduc.
Dessins : Didier Neel.

Jean-Claude Martin

LE GUIDE DE LA COMMUNICATION

• MARABOUT •

SOMMAIRE

A Eliane

A Serge

Que ce guide soit l'occasion d'exprimer toute ma gratitude au professeur Jean-Claude Abric pour l'éclairage qu'il a su m'apporter depuis des années sur l'aspect psychologique de la communication.

Merci

à Jean Jacques Fémenia de m'avoir appris il y a 20 ans mon métier de formateur.

à Didier Neel pour l'humour de ses dessins et la force de son trait caricatural.

à Stéphane Leduc pour son talent de photographe.

à tous les collaborateurs de PERSONNALITÉ, pour leur aide logistique et leur participation aux prises de vue.

au restaurant «Chez Clément» à Boulogne-Billancourt pour le décor de quelques photos.

Merci enfin et surtout à Bernard Leduc qui a souqué ferme pour que ce livre arrive à bon port.

Prétention ou précaution ?

De vous à moi, tout savoir et tout dire sur la communication me conduirait tout droit au «terminus des prétentieux». Quand vous choisissez le guide touristique d'une région, ce n'est pas pour visiter la région d'à côté.

Il en sera de même pour ce guide. Nous avons choisi d'explorer avec vous le domaine spécifique de la communication interactive. C'est un large territoire que vous arpentez couramment dans votre vie quotidienne comme dans votre vie professionnelle.

Votre guide touristique vous propose ses choix de parcours, ses sélections de visites, ses conseils gastronomiques, ses points de vue sublimes... Le nôtre aussi à sa façon !

Nous avons sélectionné avec précaution les voies de communication les plus sûres pour un circuit que nous vous proposons en sept étapes : «nous communiquons... le veuille ou non, les communications non verbales, le jeu de dire, l'entretien, le face public, les réunions et le débat». Ces étapes sont au carrefour des préoccupations de chacun. Les points de vue que nous vous proposons sont les plus panoramiques possibles et nos conseils d'orientation vous indiqueront des chemins facilement praticables.

Vous ne dînez pas dans tous les restaurants, vous ne suivez pas tous les itinéraires, vous ne visitez pas tous les monuments proposés par votre guide touristique ? Eh bien, faites de même avec ce guide de la communication. Utilisez les moyens de communication qui correspondent à vos destinations, visitez les domaines qui vous concernent et surtout prenez des photos pour votre album souvenirs !

Introduction

La douloureuse épopée de Têtu, chevalier à la triste parole

«Bla bla, bla ?... Bla bla (bla bla bla), bla. Bla blabla bla blablabla : Bla !»
«Bla blablabla...»

«Têtu» a des choses importantes à dire

Il les dit ! Mais qui l'écoute ? Qui le comprend ? Tous des ignares en surface. Lui, il mesure le fond ! Il a déjà du mal à peser les mots, comment pourrait-il évaluer la forme ?

Un gramme de plomb contre un kilo de plumes ! Têtu a du plomb dans la tête :

«Il y a des choses plus sérieuses à faire que d'apprendre à bien communiquer !...»

Ah bon ? Quoi ? Plus sérieuses ? Nous n'existons pourtant que par la faculté que nous avons de le faire savoir. Un rien ! Une peccadille : exister !

L'impact de la forme sur le fond reste pour beaucoup de têtes «pensantes» une donnée essentiellement subjective, même si les analyses les plus pertinentes leur démontrent de façon indiscutable que plus de 70 % de notre communication interpersonnelle passent par des éléments irrationnels.

Nous avons tous commencé par faire *«areu, areu»*, certains sont devenus de parfaits orateurs, d'excellents avocats, de brillants conférenciers ou de bons communiquants tout simplement...

... Et d'autres nous endorment plus sûrement qu'un comptage de moutons.

«Têtu» s'évertue

Fièrement, il fait tomber des mots dévitalisés dans des oreilles de sourds. Qui cela dérange-t-il ? Il est content, il se veut naturel... Même naturellement mauvais !

S'il voulait jouer d'un instrument, il commencerait par faire des gammes, s'il voulait bien chanter, il ferait des vocalises et pour nager, il apprendrait au moins la brasse... Mais pour parler *«areu, areu»* et vogue la galère ! Oui, mais à force de ramer, on se fatigue.

Alors «Têtu» se justifie :

« C'est le fond qui compte le plus ! Il est là ! Je le tiens, je l'ai peaufiné, travaillé, corrigé, je le connais sur le bout des doigts !»

Il ne l'a pas sur le bout de la langue !

Et Sacha Guitry de lui répondre : *« A force d'aller au fond des choses, on y reste !»*

«Têtu» se noie

Et puis un jour, le voilà face à son public, à son chef de service, à son groupe de travail... Le voilà dans un entretien de recrutement ou convoqué par son banquier... Il s'est fait nommer président de l'association des copropriétaires, il est le porte-parole des parents d'élèves, il dirige «La boule joyeuse...» et le «Gai gardon». Il doit parler ! Pire, un journaliste veut l'interviewer, il doit répondre !

Il faudrait «l'ouvrir» et le voilà fermé comme une huître et toutes ces belles idées qui perdent pied, tout ce fond tant travaillé qui se dilue dans la forme. «Têtu» s'essouffle. Le fond se trouble. Les idées s'engloutissent dans un débit monotone. On ne l'écoute pas. Et il a tant de choses à dire. Il va se noyer dans les mots désarticulés pour n'avoir pas appris à nager ! C'est bête, non ? Tant d'efforts pour boire la tasse.

Alors «Têtu» se dit enfin qu'une bouée pourrait l'aider à sortir de l'eau sa tête plombée... Et par chance...

Un conseil en communication flotte dans les parages

En équilibre sur sa planche à billets, emporté par la vague de formations en tous genres, il passe sa figure de proue, gonfle son jabot :

«Je vends du conseil . Achetez mes bons conseils ! J'ai toute une panoplie de 'Ya qu'à !' et de 'Faut pas !' à revendre.»

Il vend du vent ! Il en est des conseils comme des vents, certains vous font faire le tour du monde en 80 jours, d'autres ne sont que courants d'air. Un petit éternuement, «atchoum» et de la fièvre, beaucoup de fièvre !

Alors, le conseil en communication lance à «Têtu» sa vieille bouée gonflée d'artifices. «Têtu» se débat dans le courant des «prêts-à-l'emploi». «Têtu» s'accroche aux trucs, s'agrippe aux procédés, se gloutonne de recettes et surnage un temps. Mais la bouée a déjà trop servi, elle n'était que peau de baudruche, la voilà peau de chagrin. Et «Têtu» est emporté par le fond qu'il connaît si bien.

Le conseil en communication aurait mieux fait de lui apprendre à nager !

Etre soi-même et le faire savoir

Parler en public, négocier, exposer, débattre, diriger une réunion, manager une équipe, mener un entretien, cela s'apprend, cela se travaille, encore faut-il savoir comment.

Et «Têtu» se pose enfin les bonnes questions : *«Comment être à la fois ce que je suis et ce que je voudrais être ? Comment rester naturel en devenant bon dans des situations aussi différentes ?»*

Et «Têtu» entre dans la C. I. A.

Aussi sophistiqué que soit le verbe, la clé de voûte de la relation interactive reste le non-verbal.

Ce «langage silencieux» sur lequel les docteurs ès communications sont étrangement muets et les charlatans trop bavards.

Ce langage silencieux sans lequel toute communication n'est que dialogue de sourds entre deux aveugles.

Ce langage silencieux qui crie si fort aux yeux de celui qui sait regarder, «Têtu» devra l'apprendre s'il ne veut pas prêcher dans le désert.

Nous faisons ici la part belle à ce décodage du non-verbal parce que nous savons trop, comme Talleyrand, que *«la parole a été donnée à l'homme pour déguiser sa pensée»* mais que le corps, lui, ne ment pas.

Quand «Têtu» saura lire ce que les autres lui montrent sans le dire, quand il saura entendre ce qu'ils font sans le savoir, «Têtu» pourra souvent leur répondre :

«J'entends trop ce que vous faites pour écouter ce que vous dites.»

Une carte maîtresse de plus dans sa **C**ommunication **I**nter **A**ctive. Et «Têtu» ne sera plus têtu !

Pourquoi ce guide ?

Pour donner à tous ce qui n'est souvent réservé qu'à une petite minorité : le savoir-dire, le savoir-communiquer, le savoir-convaincre, le savoir-faire.

Ce savoir-là va bien audelà du simple effet de style. Il donne à certains la faculté d'être écoutés, admirés, suivis. Ce n'est plus simplement un savoir, c'est un réel pouvoir !

«L'aura», «le charisme», «le don», tous ces qualificatifs un peu flous que le tout un chacun colle béatement sur telle ou telle personnalité, ne sont souvent que le résultat d'un travail, d'un apprentissage. Tout au plus peut-on reconnaître que certains sont plus extravertis que d'autres, plus sensibilisés que d'autres mais, en fin de compte, c'est le savoir-faire qui fait la différence et le savoir-faire cela s'apprend.

Depuis 20 ans, nous façonnons des techniques que nous enseignons aux dirigeants de société. Depuis 20 ans, nous les aidons à améliorer ce pouvoir qui fait partie de leurs besoins professionnels de chefs et de leaders. Les dirigeants seraient-ils les seuls à réclamer ce besoin de convaincre, de faire partager, de motiver ? Et puis, qui dirige qui ?

Nous mettons nos techniques au service de tous parce qu'elles ne sont pas secrètes, qu'elles sont simples et qu'elles peuvent être utiles, tant dans votre vie quotidienne, que dans votre vie professionnelle. Notre méthode se nourrit de notre triple expérience de comédien professionnel pendant 20 ans au théâtre, comme au cinéma et à

La démarche «Personnalité»

Une méthodologie claire

la T.V., de formateur de dirigeants, et de celle de chercheur, chargé de cours de communication à l'université de Provence. Trois facettes pour un meilleur éclairage.

Et puis, tout à fait entre nous, nous préférons partager directement avec vous notre savoir-faire et nos méthodes que de les voir reproduits et singés comme il est de fait par des copistes sans talent.

La démarche «Personnalité»

Nous ne nous sommes pas enfermés dans un laboratoire obscur pour créer, par une alchimie secrète, un élixir du bon communiquant.

Nous avons pendant des années regardé, écouté, entendu pour comprendre avec une seule ambition, un seul objectif : faire cohabiter, sans complaisance, technique et naturel, travail et spontanéité, fond et forme...

Apprendre «à bien parler» : non ! Savoir «bien communiquer» : oui !

Nous n'envisageons pas ici de toucher au fond, nous ne parlons que de technique de forme.

Nous vous proposons le paquet cadeau, l'art et la manière de valoriser le contenu par le contenant. Ce que vous voulez mettre dans ce paquet cadeau, ce sera votre affaire.

Une méthodologie claire

- Pour être réellement acquis, tout savoir passe par une prise de conscience. Nous avons d'abord identifié, un par un, les divers éléments constitutifs de la communication en les resituant dans leur contexte spécifique. C'est pourquoi notre méthode est analytique.

- Ensuite, nous en avons évalué les impacts respectifs pour que notre méthode soit logique.

- Enfin, nous vous proposons les outils qui optimiseront chacun d'eux. Pour mettre en œuvre ces outils, des exercices pratiques contribuent à l'apprentissage sans lequel tout savoir ne reste pavé que de «bonnes intentions». Notre méthodologie est donc rationnelle.

Comment utiliser ce guide ?

Vous pouvez utiliser cet ouvrage selon quatre niveaux différents.

- **UNE PRISE DE CONSCIENCE**
POUR PROGRESSER PAR LE SAVOIR.

- **UNE MÉTHODE**
POUR PROGRESSER PAR LA TECHNIQUE.

- **UN GUIDE D'APPRENTISSAGE**
POUR PROGRESSER PAR LA PRATIQUE.

- **UN PENSE-BÊTE**
POUR PROGRESSER PAR BESOINS PONCTUELS.

Vous ne ressemblez pas à Têtu !
Alors, choisissez, selon vos besoins, dans cette panoplie de moyens. Ayez les exigences d'un réel perfectionnement.
Nous vous donnons des outils à tous, pour que chacun les utilise différemment.

Nourrir sa personnalité
pour mieux marquer sa différence.

Première partie

Nous communiquons... le veuille ou non !

Tu parles !

Vous parlez... Discussions privées, discussions de groupe, rapports, exposés, synthèses, discours publics... Engueulades, confidences, déclarations d'amour ou d'intention... Il y en a même qui parlent tout seuls...

Vous parlez à votre chef, à votre subordonné, à vos collaborateurs, à votre alter ego, à vos clients, à votre médecin, au guichetier de l'administration qui ne vous répond pas, à vos enfants, vous répondez à votre femme et vous écoutez votre concierge !... Vous communiquez !

Vous parlez haut, vous dites doucement, vous criez

fort, vous hurlez dans la colère, vous chuchotez un secret, vous soupirez de lassitude, vous bafouillez de timidité, vous toussez quand vous avez une bronchite, vous borborygmez parce que vous avez une faim de loup... Vous communiquez !

Vous tendez le pouce pour faire du stop ; pour dire «ciseaux», vous écartez et refermez l'index et le majeur ; pour indiquer le chemin, vous tendez le bras et la main ; pour menacer, vous agitez fortement l'index comme un bâton ; quand vous ne savez pas, vous restez bras ballants, paumes de mains ouvertes ; vous tirez la langue parce que c'est difficile et quand vous franchissez la ligne en vainqueur, vous levez les bras au ciel... Vous communiquez !

Et puis, vous ne dites rien ! Vous vous taisez, vous restez coi, muet comme une carpe. Vous ne soufflez mot. Vous refusez de communiquer ? Mais, refuser de communiquer, c'est encore communiquer, puisque c'est communiquer son refus... de communiquer ! C'est clair ? Vous communiquez encore !

La communication est un de ces actes par lesquels un organisme déclenche le comportement d'un autre. HOCKETT

Communiquer, c'est quoi ?

Quelle que soit la figure délibérément choisie ou ponctuellement imposée, le simple fait d'être là nous inclut dans le phénomène communicatif. Contrairement aux idées reçues, le schéma «émetteur - récepteur » ne veut pas dire grand-chose. Il serait déjà plus juste sous la forme «récepteur - émetteur - récepteur». Plus juste mais encore insuffisant.

La personnalité de chacun de nous se développe à travers nos traditions, notre héritage du passé, nos expériences vécues, notre culture, notre environnement. Ce que nous faisons, nous l'avons d'abord «réceptionné», nous l'interprétons ensuite pour l'émettre sous sa forme nouvelle vers de nouveaux récepteurs. Nous nous adaptons aux situations présentes par référence aux situations passées. La communication agit par ricochet.

Mieux encore, nous agissons simultanément, nous sommes en interaction continue.

Mimeur par nature, l'homme est à la fois miroir et écho : miroir de ce qu'il a vu et voit, écho de ce qu'il a entendu et entend.

L'effet miroir

Au commencement était le geste.

Le comportement physique (kinésique) est à la base de notre évolution. Avant même d'utiliser le verbe, c'est par le jeu mimique que l'homme a transmis ses acquis. L'hominidé a dû se démarquer des autres primates par ses talents de copiste-mimeur-créateur. D'où lui vient ce talent ?

Quel a été le déclic dans le cours du temps qui lui donna cette faculté d'imiter ?

Nul ne peut répondre précisément à ces questions. La théorie darwinienne n'explique pas tout. L'homme ne s'est pas contenté de recevoir et de transmettre par instinct ou par nécessité d'adaptation. Un beau jour, il a interprété l'acquis, l'a transformé, modifié, avant de le retransmettre. Il continue !

Nous vivons dans un système référentiel fait de rites divers. Nous devons nous y adapter sous peine d'être hors-jeu. Ces rites sont avant tout comportementaux. C'est par nos expressions, nos postures, nos manifestations kinésiques que nous entrons d'abord en communication. Mais à l'intérieur de ces rites, nos figures gestuelles s'articulent selon notre ressenti, nos besoins, notre culture personnelle. Là est la différence, là est notre sortie du déterminisme, là est notre identité, là est notre différence.

L'effet écho

Et l'homme découvrit le verbe ! Il y a les mots...

Le sens strict des mots ? Pas si simple.

Le mot «rosette» porte en lui le signifiant de «petite rose», il s'est construit par l'assemblage de trois syllabes : une gutturale «ro», une sifflante «se» et une dentale «tte».

Par référence à ce que nous avons réceptionné dans notre vécu, il évoque un ornement de broderie ou de sculpture, une décoration au revers d'un veston, un saucisson de Lyon, la Pierre de Rosette, un nœud de lacets de chaussure, un prénom... La résonance qu'il aura sur la brodeuse, le futur officier de la Légion d'honneur, le Lyonnais, l'archéologue, le cordonnier ou l'éleveur de bétail qui possède une vache du même nom, sera différente.

Bien sûr, il y a la syntaxe. Ces règles qui président à l'élaboration de la phrase affinent et recadrent la signification.

«Hier, nous étions dans un 4 étoiles. Il y avait de la rosette en entrée !» a peu de chance d'être perçu comme : *«Ils étaient sur une planète et ils ont mangé des décorations dans le hall.»*

Ce sont bien le ton, l'inflexion de sa voix, son sourire ou sa grimace et sa gestuelle qui vous feront comprendre que votre interlocuteur aime ou n'aime pas ce saucisson ; que, pour un 4 étoiles, c'est un peu juste ; qu'au contraire, dans un tel hôtel, la rosette était excellente etc.

En écho, vous réagissez vous aussi avec votre vécu : vous aimez la rosette ou pas, vous salivez ou pas ! Vous hochez la tête, vous souriez ou vous grimacez : vous partagez ses impressions ou pas.

Drôle de journée

■ «J'ai passé une drôle de journée !» dit Monsieur Durand d'une voix alerte et souriante. Le visage haut, les yeux pétillants, le geste ouvert.
Monsieur Dupont aurait bien aimé passer cette journée-là avec lui.

■ «J'ai passé une drôle de journée !» dit Monsieur Durand en soufflant d'une voix triste, la tête dans les épaules, avec une mine de six pans de long, les bras tombants...
Monsieur Dupont est bien content de ne pas avoir passé cette journée-là avec lui. Ça a dû être galère !

Nous recevons donc beaucoup plus d'informations par la manière dont on nous présente les mots que par leur sens propre.

«La question est de savoir, dit Alice, si vous pouvez faire que les mêmes mots signifient tant de choses différentes.»
L. Carroll

Le code de communication

Le mot n'a de sens que celui que nous lui donnons.

Le mot «service» n'évoque pas la même action pour un garçon de café ou pour un champion de tennis, et le «panier» de la ménagère n'a rien à voir avec le panier de basket. Le sens des mots est évocatoire. Nous le connotons et notre interlocuteur fait de même. Plus le code de communication correspond à celui de notre interlocuteur, mieux le message passera.

«Quand nous parlons, nos intonations sont le reflet de nos intentions» aime à dire un de nos spécialistes, Pierre Chevallier. C'est la perception de ces intentions qui facilitera ou compliquera la compréhension de nos messages.

Un jeu subtil

La signification du mot comme du geste passe donc par deux modes de sens : le référentiel et l'évocatoire.

Prendre conscience de ces deux phénomènes nous paraît essentiel car, finalement, le but recherché est bien de satisfaire aux exigences de l'informationnel pour faire partie du jeu référentiel, tout en agissant sur le caractère relationnel pour échanger les ressentis.

Ces deux aspects nous font comprendre l'importance des éléments irrationnels qui influencent nos communications.

Ces éléments irrationnels n'étant pas des facteurs de fond du message émis, on les définit trop souvent de façon un peu archaïque par les termes de formes, d'attitudes, de comportements.

Pourtant, le fond, n'est-ce pas ce qui est dans le ressenti des acteurs de la relation de communication ? Nous écrivons «formes» au pluriel, car il s'agit bien de faire adhérer la forme aux communications les plus diverses, modulées et modulables dans des situations différentes par leurs contextes, leurs environnements, leurs exigences et leurs caractères émotionnels.

C'est le choix du canal de communication qui me permettra d'adapter au mieux mon message à la situation comme à mon objectif.

Les mêmes mots, une perception différente

Lors du premier débat télévisé entre Nixon et Kennedy (celui qui décida de tout puisque les sondages ne bougeraient plus), on constata que ceux qui avaient suivi le débat à la radio donnaient largement Nixon gagnant, ceux qui avaient vu le débat à la télévision plébiscitaient largement Kennedy. Les mêmes mots, mais pas les mêmes canaux de perception !

Quand on regarde les images télévisées de ce débat, on comprend bien la raison de ce décalage : Nixon s'était présenté le visage fatigué, les traits tirés, il paraissait mal rasé dans un costume triste et... il transpirait !

Kennedy, au contraire, avait l'air frais comme un gardon en costume clair... et ne transpirait pas !

Il y eut plus de téléspectateurs votants que d'auditeurs !

La communication consommatoire

La communication incidente

La communication instrumentale

Quels types de communication ?

Si communiquer, c'est être en relation, les vases communicants «communiquent» et c'est très simple !
Si communiquer, c'est mettre en commun des informations reçues, émises, transmises, codées, décodées et interprétées, les hommes communiquent et c'est beaucoup plus compliqué !

Communication consommatoire

Je saisis une assiette brûlante et je crie. Que je sois seul ou pas. C'est l'information émise sans souci de transmission.

Elle ne prend en compte que l'état de l'émetteur.

Communication incidente

Je saisis une assiette brûlante et je crie. *La personne qui est avec moi apprend ainsi que l'assiette est très chaude* (et par la même occasion, elle interprète peut-être que je suis douillet !).

C'est l'information parallèle donnée sans qu'on s'en rende compte. Elle va modifier chez l'autre sa façon de prendre la sienne.

Le non-verbal, le paralangage, l'expression corporelle nous renseignent souvent, à leur insu, sur ce que les autres sont : leurs motivations, leurs réactions, leur statut et parfois même ce qu'ils voudraient nous cacher.

Communication instrumentale

Je saisis une assiette et je préviens : «*Vous ferez attention. Les assiettes sont brûlantes.*» C'est l'information volontairement transmise.

Elle vise un objectif et un effet déterminé. Elle implique la relation interactive.

Ces trois types de communication entrent dans notre information. Nous ne maîtrisons donc qu'une partie de l'information que nous voulons transmettre (l'instrumentale).

La communication périphérique (incidente) serait-elle plus efficace ?

Une expérimentation (Allyn et Festinger) semble prouver que l'argumentation incidente est plus efficace pour faire changer les autres d'opinion. Lors d'une conférence contre les jeunes automobilistes, il fut demandé à un groupe d'étudiants de bien écouter l'orateur, afin de pouvoir répondre par la suite aux questions sur l'exposé. Au deuxième groupe, il fut demandé de bien écouter l'orateur, pour répondre ensuite à des questions sur la personnalité de celui-ci. Le deuxième groupe accepta plus facilement que le premier, et de façon significative, les arguments de l'orateur.

On peut penser que les étudiants du premier groupe, pour satisfaire à la consigne, se sont focalisés sur l'exposé en préparant des objections, alors que ceux du second groupe, plus attachés à l'orateur, sont devenus plus perméables à son opinion, parce que centrés sur un autre objectif.

Notre communication interactive

Nos capteurs d'interaction

Il ne peut y avoir communication que dans une situation d'interaction, j'allais dire «d'inter-réaction». Cette situation engage nécessairement le processus tout naturel de la perception.

Celui ou ceux à qui nous nous adressons nous perçoivent globalement et nous étiquettent, en nous affublant ouvertement ou pas de qualificatifs qui vont conditionner nos relations.

Bien sûr, les facteurs de perception ne s'en tiennent pas aux facteurs spécifiquement sensoriels, mais c'est pourtant bien en partant de ces capteurs que vont se forger nos impressions.

Il est étonnant de constater qu'un même visage présenté sur un fond de couleur différente semble changer d'expression. Les facteurs ambiants, le climat, l'environnement influent à notre insu sur notre perception de l'autre.

Notre communication interactive

- Elle est conditionnée par nos processus de **perception**.
- Elle est partie intégrante de notre **environnement**.
- Elle doit s'adapter aux **circonstances**.
- Elle véhicule des valeurs qui vont façonner nos **attitudes**.

Les quelques constats qui suivent sont donc des éléments essentiels dans la relation interactive. Ils vont justifier notre démarche tout au long de cet ouvrage, dans sa quête du savoir-faire et du savoir-dire.

Nos capteurs relationnels nous informent :

DIMENSION : plus le volume des choses qui nous environnent est important, plus nous le remarquons.
■ «Voilà un homme qui a de l'envergure !»

INTENSITÉ : plus un bruit est fort, plus il attire notre attention.
Plus une luminosité est intense, mieux elle est perçue par l'œil.
■ «Voilà un homme qui rayonne !»

RÉPÉTITION : nous mémorisons mieux ce qui est dit ou fait plusieurs fois.
■ «Voilà un homme qui sait ce qu'il veut !»

CONTRASTE : un gris sur gris sera difficilement perçu. Un rythme n'existe que par rapport à un autre rythme. C'est par contraste que les choses existent mieux.
■ «Voilà un homme expressif !»

ORIGINALITÉ : ce qui nous surprend attise bien mieux notre intérêt que le banal quotidien.
■ «Voilà un homme qui a une forte personnalité !»

MOUVEMENT : le mouvement capte notre attention bien mieux que l'immobilisme.
■ «Voilà un homme vivant !»

Le D.I.R.C.O.M. communique bien !

Bien communiquer, c'est d'abord écouter

«Ecouter, c'est encore ce qu'il y a de mieux pour bien entendre» dit Figaro, dans *Le barbier de Séville* de Beaumarchais. Cette citation donne à l'écoute sa valeur d'acte volontaire. Le «bien entendre» est pris ici dans le sens d'entendement, de compréhension : «J'entends bien ce que vous dites.»

Mais on entend souvent sans le vouloir, c'est-à-dire sans avoir écouté. La moto qui vient de pétarader à côté de vous, vous l'avez entendue alors que vous n'étiez pas prêt à l'écouter !

Entendre peut être passif - Ecouter doit être actif

L'écoute active est certainement ce qui nous manque le plus pour une bonne communication. Et pourtant, c'est bien par l'écoute que débute le phénomène communicatif puisque, nous l'avons dit, nous sommes d'abord récepteurs de naissance avant de devenir transmetteurs.

«Laisser de l'espace à l'autre, même lorsque c'est vous qui parlez» dit l'homme de radio, Hubert Thébault. La plupart du temps, nous l'écoutons en forgeant déjà notre réponse ou ce que nous pourrions y rajouter. Et quand nous parlons, nous ne nous occupons que de notre champ de réflexion, pas du sien.

Les journalistes sont coutumiers du fait : ils ont déjà préparé leurs questions et attendent le moindre de vos silences pour bondir sur la question suivante.

Le cours de vos pensées peut créer un parasitage : un bruit !

Le bruit en communication

On appelle bruit tout élément perturbateur parasite de l'écoute et, par conséquent, d'une bonne transmission de message. Un tic verbal, un geste sont des «bruits» au même titre que la pensée interférante, le manque d'attention ou le chien qui aboie dans la rue.

Le récepteur n'entend pas tout ce qu'on lui dit puisqu'il sélectionne. C'est parce que nous nous sommes fait trop rapidement une opinion de l'autre, que nous interprétons d'autant plus les sous-entendus et anticipons sur ce qu'il veut réellement nous dire.

L'écoute est donc malheureusement plus un moyen de rebondir pour montrer qu'on a quelque chose à dire qu'une attitude de partage qui serait si souvent souhaitable.

Une mauvaise écoute provoquera des interpré-

Bien communiquer, c'est d'abord écouter.

Mon professeur avait des parasites

Je me souviens d'un professeur d'histoire et géographie qui avait la manie de tirer la langue dès qu'il réfléchissait. Nous passions notre temps à compter le nombre de fois qu'il le faisait pendant ses cours. Nous n'écoutions plus ce qu'il disait.
Qui n'a pas eu, durant sa scolarité, un professeur qui parasitait son message par des tics visuels.
Et les mots parasites ? Je me souviens de ce prof de physique-chimie qui à tout bout de champ répétait «toute chose étant égale par ailleurs...».
Certains d'entre nous (je pense que je faisais partie du lot !) s'amusaient dans leurs réponses à le singer en plaçant le fameux «toute chose étant égale par ailleurs...». Je crois bien qu'il ne s'en est jamais aperçu. C'est bien le problème ! Nous n'avons pas toujours conscience du parasitage que nous imposons à nos propres messages.

Des pensées qui vagabondent

Votre cerveau est capable de traiter 800 mots à la minute. Le plus rapide de vos interlocuteurs n'atteint pas 240 mots/minute. Votre esprit a le temps de vagabonder... et il ne s'en prive pas. Un mot, par la simple évocation qu'il provoque chez vous, peut faire dévier la pensée vers d'autres préoccupations. «La nature nous a donné deux oreilles et une seule bouche afin que nous écoutions deux fois plus qu'on ne parle !»

L'écoute est si fragile qu'il lui faut «une oreille attentive» et «une oreille fine».

tations hâtives, des distorsions de message, des évaluations superficielles et des conclusions fausses.

Votre comportement fait du bruit

Pour celui qui vous écoute, le plus perturbateur des parasites sera donc votre propre prestation. Votre manière de dire, l'impression de malaise ou de difficulté que vous faites passer à votre insu, votre mal-vécu, le manque de conviction... et tant d'autres comportements périphériques qui créent chez votre interlocuteur des détournements d'attention qui vous desservent.

Si, au contraire, vous avez l'air à l'aise, calme et serein, si vous utilisez les moyens qui renforcent ce que vous dites, votre prestation fera effectivement du bruit. Mais cette fois-ci, dans le bon sens du terme !

On se souviendra de vous !

Votre oreille est sélective

Vous entrez avec votre petite amie dans une brasserie bruyante et vous vous dites aussitôt : *«on ne va pas s'entendre»*, vous qui souhaitiez une relation intime ! Pourtant, sans vous en apercevoir, vous arrivez très vite à ne plus entendre qu'elle... Et ce n'est que si vous décidez d'écouter «la table à côté» que vous vous rendez compte que vous pouvez suivre toutes leurs conversations.

L'écoute est donc bien un acte volontaire sur lequel nous pouvons agir.

Ce qu'il me dit

Celui qui me parle me dit des choses. Ces choses-là sont passées au filtre de son autocensure. Pour qu'il soit le plus authentique possible, je dois lui montrer mon intérêt en l'aidant à s'exprimer.

L'aider à s'exprimer ne veut pas dire s'exprimer à sa place !

Je pratique une écoute active

- Je le regarde pour lui faire savoir que je l'écoute.
- Je reformule pour lui permettre de recadrer ou de valider.
- Je reste curieux de lui et de ce qu'il dit.
- Je pose des questions sans que ce soit systématique.
- Je cherche à le comprendre sans l'évaluer.

Attention :
Poser des questions ne veut pas dire le faire «passer à la question». Nous verrons dans les chapitres consacrés à l'entretien et au débat que chaque type de question correspond à une situation, que la manière et le moment propice pour les poser sont importants, mais aussi que les attitudes d'écoute engendrent des comportements bloquants souvent insoupçonnés.

Petite histoire de dictons sur des oreilles qui n'en pensent pas moins

Quand on lui glissa une telle énormité dans le creux de l'oreille, il n'en crut d'abord pas ses oreilles, mais cela lui avait tout de même mis la puce à l'oreille. Alors, il prêta une oreille plus attentive, ce qui eut pour effet de lui échauffer bougrement les oreilles.

Il prenait conscience que, si ce qui se disait de bouche à oreille venait aux oreilles du ministre dont il avait l'oreille, il risquait de se faire sacrément tirer l'oreille. Pour certains, cela rentrerait par une oreille et ressortirait par l'autre, mais pour d'autres, cela ne tomberait pas dans les oreilles de sourds.

Pour sa part, il ne l'entendait pas de cette oreille. On lui rebattait les oreilles, soit ! Il décida de faire la sourde oreille. Il alla se coucher sans manger et ne put dormir sur ses deux oreilles : «Ventre affamé n'a pas d'oreille !»

... Et ce qu'il ne me dit pas

Nous ne pouvons jamais dire exactement le fond de notre pensée. Les mots n'ont pas suffisamment de vertu, ils sont trop pauvres. Entendre avec la seconde écoute, c'est s'attacher à la périphérie du message central, c'est entendre le paralangage, le message

Nous et on

Je me souviens d'un stagiaire nous racontant ses activités de loisir. Tout au long de son récit apparaissait le «nous» : «nous faisons ceci et quand nous décidons de...» ou le «on» «on va au théâtre et...».

En réalité, il ne parlait pas de ses loisirs mais d'un contrat moral qu'il avait passé avec sa femme, qui était que tous deux s'étaient engagés à ne faire aucune activité de loisir sans que l'autre y participe. Quand nous l'avons mis tout doucement sur le chemin des sentiments, nous avons vite compris que son désir était de nous parler de sa femme, qu'il adorait...

sous le message, c'est se centrer sur l'autre pour faire de l'empathie. Que dit-il en réalité ?

C'est bien souvent par des onomatopées, des *«oui»*, des *«ah ?»* des *«et alors ?»*, des rires et des sourires que vous aiderez la communication de celui qui vous parle et, par là même, votre propre communication.

Vos yeux aussi ont des oreilles

Nous l'avons dit en introduction : le rôle du non-verbal est capital dans nos relations aux autres. Il a une place privilégiée, puisque la première étape d'une communication quelle qu'elle soit, c'est d'abord de voir et d'être vu.

Point n'est besoin d'être «gestuologue» pour donner des signifiants à ce que nous voyons. Par mimétisme et par analogie, nous comprenons une foultitude de comportements corporels, de postures, de gestuelles, de mimiques, etc.

Le mouvement dont nous parlons dans le chapitre «perception» est le reflet de la vie. A quel moment un homme est-il parfaitement immobile ? - Quand il est mort !

Etre vivant, c'est être animé. Ces gestes, ces comportements qui sont les nôtres vont eux aussi s'adapter aux circonstances, à l'environnement : on ne fait pas les mêmes types de gestes dans un enterrement et dans une fête foraine. Notre visage reflète des émotions. Nos comportements corporels expriment des sensations, des sentiments qu'ils rendent visibles.

Le regard est un geste

Combien de fois dites-vous dans votre vie quotidienne : *«ça n'a pas l'air d'aller aujourd'hui !»* ou *«tu as l'air en pleine forme !»*, *«j'ai l'impression que...»* ? Votre récepteur visuel vous informe. Encore faut-il que vous regardiez. Si votre œil est ailleurs, vous vous privez de nombre d'informations que vous pourriez récolter en direct.

Nous reparlerons naturellement du regard dans le chapitre consacré au visage, mais n'oubliez pas d'ores et déjà que c'est un facteur d'écoute aussi puissant que les oreilles.

Encore faut-il savoir «que» regarder pour mieux décrypter ce que nous appellerons les «marqueurs kinésiques» et «les signifiants gestuels».

Le regard : un geste qui touche à distance

J'ai toujours été étonné de constater que, même installé très loin de la scène, au dernier balcon du plus grand des théâtres, alors qu'il est impossible de voir réellement les yeux des acteurs, on perçoit très bien leur regard. L'oreille n'est efficace que jusqu'à une soixantaine de mètres, le regard, lui, peut porter jusqu'à 1500 mètres. Mais il est moins sélectif, puisque nous avons une vision périphérique dont il nous est impossible de nous défaire. Elle est souvent bien utile d'ailleurs.

Il ne suffit pas d'écouter, encore faut-il regarder pour montrer à l'autre qu'on l'écoute.

A bon entendeur, salut !

Les autres bataillaient sur des points de détail.

Lui, dans un premier temps, ne faisait qu'écouter.

C'était des «oui», des «non» et des «je pense que», des points de vue d'ici, des opinions d'ailleurs, et chacun d'essayer d'imposer ses raisons.

Mais lui ne pipait mot, surtout n'imposait rien. Parfois, il souriait d'un air entendu, ou bien il opinait d'un chef dubitatif.

Ses regards constamment régulaient nos paroles.

Pour nous qui le guettions toujours du coin de l'œil, ces indices précieux, nous les interprétions. Son non-verbal était plus puissant que nos mots et la conversation repartait enrichie de ces «je ne sais quoi» qui donnent de l'esprit.

Quand parfois l'un de nous posait une question, il répondait souvent par une autre question et la réponse alors s'imposait d'elle-même.

C'est avec des «pourquoi ?», des «ah bon !», des «comment ?», qu'il savait engrosser les pensées fugitives.

De la question-relais à la question-miroir, de l'investigation jusqu'à l'alternative, il pouvait éclaircir l'argument le plus flou et faire d'une idée, somme toute un peu faible, un magnifique et grand sujet de réflexion.

Soudain (c'était pour nous l'indication majeure), il mordillait un peu sa lèvre supérieure. Cela ne trompait pas : il allait nous parler. Il se levait alors et, sur le tableau blanc, au feutre de couleur, il traçait quelques mots qu'aussitôt nous notions avec application. Son commentaire était toujours court et précis. Reprenant les pensées qu'on venait d'effleurer, il construisait un puzzle et donnait de la chair aux bulles de savon qu'on envoyait en l'air.

Avant de terminer, il faisait la synthèse et tout apparaissait lumineusement clair, car il avait ce don d'expliquer simplement ce que nous avions eu tant de mal à comprendre. Quand nous nous séparions, nous avions tous en nous l'étonnant sentiment, la curieuse impression, d'avoir un peu grandi pendant la réunion.

Sa manière de faire était un peu sorcière.

Il avait l'art de rendre les autres intelligents.

La transmission du message

Emission

Réception

Code de transmission digital ou analogique

3 manières de transmettre

La communication passe donc par deux modes d'expression :
- Un mode informationnel : dénotatif et référentiel. C'est le contenu, le sens attribué aux mots.
- Un mode relationnel : connotatif et évocateur. Ce sont les indices contextuels, non verbaux.

Emission

Ce que vous avez réceptionné, vous allez le retransmettre avec vos points de vue, votre façon de faire et de dire.

Que reste-t-il ?

D'une manière générale, sur un message que nous connaîtrions à 100 % :

- nous n'en passons que 80 %,
- notre interlocuteur n'en entend que 60 %,
- n'en comprend que 40 %,
- et n'est capable d'en restituer que 20 %...

Même si ces chiffres conventionnels sont donnés «à la louche» et seulement pour une transmission descendante de 15 minutes, sans réelle interaction, ils marquent bien la difficulté d'un bon passage de message. Car le temps, la mémoire, l'interprétation viendront encore modifier, transformer et faire des rajouts à cette transmission. Et l'on comprend aisément comment vont naître les rumeurs, les fausses nouvelles, les déformations en tout genre et pourquoi vous vous écriez parfois : *«J'ai dit ça, moi ? Moi ???»*

On a enterré le père Dupont !

Nous le vivons tous les jours sans y penser. Nous attachons beaucoup plus d'importance au mode relationnel qu'au mode informationnel. Les mots prennent un sens différent selon leur habillage contextuel.

- «Savez-vous que ce pauvre Monsieur Dupont nous a quittés !?»

Le visage est triste, la voix est grave, il y a un hochement de tête lent... et, dans ce cas, vous ne répondrez pas :

- «Ah bon ! Je pensais qu'il était riche... Et il est allé où ?»

Réception

Les spécialistes en communication s'accordent à reconnaître que, en interaction, plus de 70 % du message passent par le relationnel, c'est-à-dire par tous les éléments paraverbaux et comportementaux.

Ce qu'il restera d'une communication, ce sera l'impression générale, la crédibilité, la sympathie, l'énergie, la conviction, etc.

Code de transmission digital ou analogique

La P. N. L. (Programmation Neuro-Linguistique) emploie le terme de code «digital» lorsqu'il n'y a pas de lien direct entre le code et la chose communiquée : le mot «livre» désigne la chose de façon arbitraire.

Le terme «analogique», au contraire, concerne les codes en rapport direct avec l'objet de la communication : un dessin, une photo, un geste...

Nos systèmes de représentation

- 40 % des gens sont d'abord des visuels,
- 40 % des auditifs,
- 20 % des kinesthésiques (le ressenti).

3 manières de transmettre

- «L'émetteur clandestin !» : NON !

Combien de personnes disent *«je l'ai dit»* et s'étonnent de ne pas avoir été entendues et comprises. Elles ne mettent l'accent que sur la seule émission du message et pensent bien souvent que le fait de l'avoir dit les met à l'abri de toute critique. Elles oublient que, si le message est mal passé, cela relève d'abord de leur propre responsabilité. Elles n'attendent pas de réponse.

Dans cette situation de communication strictement à sens unique, si les mots choisis n'ont pas été bons pour l'autre, le comportement mal adapté, la cible est manquée.

- «Terminé à vous !» : NON !

«Laissez-moi finir de parler, après ce sera à vous !» La communication serait alors une sorte de jeu de ping-pong, où l'on se renverrait la balle à tour de rôle. Cela signifie que nous serions émetteur, puis récepteur et à nouveau émetteur... ainsi de suite.

Le processus d'une telle communication tendrait à faire croire que la communication est linéaire : je parle, on me répond, je réponds, on me parle, etc.

- «Ne coupez pas !» : OUI !

La communication est ici interdépendante. L'émetteur est à la fois récepteur et le récepteur, émetteur. Les réponses sont simultanées. Et c'est bien ici que se situe la véritable communication. Nous sommes à la fois cause et effet. C'est à ce type de communication que nous nous attachons.

La théorie de la transaction implique la communication dans sa globalité verbale et non verbale.

Communiquer pour informer

L'entropie

La lisibilité

Le besoin

Le talent

La bonne émission d'un bon message passe par 4 qualités incontournables.

L'entropie :

des informations originales

C'est le nombre d'informations contenu dans le message. Plus il y a d'informations dans un message, plus on dit qu'il est «entropique».

Attention ! Il n'y a d'information que nouvelle. Dire à quelqu'un *«nous sommes aujourd'hui le 7 octobre»* n'est informatif que si la personne ne connaît pas la date du jour.

La qualité d'une information repose donc sur son originalité. Plus une information est inattendue, plus elle est forte. Plus une information est construite de mots «pleins», plus elle est de qualité : *«je lis beaucoup»* n'apporte pas de réelles informations ; *«je lis un livre par semaine»* devient informatif.

▲ **Information :** *les nouveaux numéros gagnants du loto sont le 23, le 3, numéro complémentaire le 22, et les numéros 47, 25, 45, 1.*

Ce message est bourré d'entropie, puisque chaque chiffre est une information. Est-il facilement perçu et compris ? Non ! L'entropie ne suffit pas ! Les chiffres sont mal organisés.

La lisibilité :

Des informations organisées

Pour faciliter sa compréhension, l'information doit s'organiser afin d'être référencée selon des critères culturels connus du récepteur. Le message doit être intelligible dans son codage et logique dans son organisation.

Le message passera d'autant mieux qu'il sera hiérarchisé selon un système référentiel commun. Sa perception en sera facilitée par toute analogie intégrée dans le passé personnel du récepteur.

▲ **Information :** les numéros gagnants du loto sont le 1, le 3, le 23, le 25, le 45, et le 47. Le numéro complémentaire est le 22.

Il s'agit bien du même message que tout à l'heure, mais il est organisé par des chiffres allant du plus petit au plus grand. Son système de référence remonte au temps où nous avons appris à compter. Il est restructuré, puisque le numéro complémentaire n'est plus noyé dans les autres numéros.

Ce message sera plus facilement compris et mémorisé que le premier. Par référence, il le sera encore davantage si vous vous appuyez sur une analogie : vous êtes né un 1er mars (1 et 3) vous avez deux frères de 23 et 25 ans et vos parents sont nés en 45 et 47.

Et pourtant, ce n'est pas encore suffisant : le message correspond-il à un besoin ?

Le besoin :

Des informations pour qui ?

Vous avez joué, cela vous intéresse. Si vous ne connaissez pas déjà les résultats. Si vous n'avez pas joué, quel intérêt ce message peut-il avoir pour vous ?

Pour qu'un message intéresse l'autre, il doit répondre à deux critères :

- Un **désir,** pour satisfaire une attente ou répondre à une curiosité.

- Une **résonance**, c'est-à-dire les conséquences qu'il aura pour celui qui le reçoit.

Vous êtes dépité, si vous avez joué d'autres numéros. Vous êtes heureux, si vous avez gagné (désir satisfait).

Mais vous attendez encore une nouvelle information qui vous dira combien vous avez gagné avec vos 5 bons numéros !!! De quoi vous acheter un paquet de bonbons ou une nouvelle voiture (résonance).

Un message contenant des informations, un message organisé, un message répondant à un besoin, c'est déjà bien. Et pourtant, il manque encore l'essentiel...

Le talent :

Des informations qui «passent»

Si la personne qui vous délivre ce message bafouille, oublie un chiffre, se reprend, ou dit simplement *«je crois que...»*, l'émission de l'information sera parasitée, peut-être même incompréhensible. La forme biaise le fond.

▲ **Information :** *ce sont les... «euh»..., le numéro 2 «euh» 1 «euh» le 3 non oui le 2 ou et le 3 et... les 15, non 23 et 25, 45 et le «boff» et «gloup» 47... le 22, c'est le complément du taire... «euh» le...*

Il vaudra mieux vérifier dans votre journal !

Force est de constater que le meilleur des messages ne passera pas si l'émetteur n'a pas le talent de se faire entendre, écouter et comprendre.

Crédibilité de l'information

- D'une façon générale, l'information que nous recevons à l'insu de l'émetteur nous paraît plus crédible, puisque nous ne la soupçonnons pas de tricherie.
- Le non-verbal et, plus généralement, les éléments relationnels nous semblent plus authentiques, parce que nous pensons y découvrir des «fuites» non maîtrisables.
- La compétence induite ou reconnue du locuteur crédibilise sa communication instrumentale.
- La même information surprenante rapportée par des personnes différentes (apparemment pas complices) devient plus crédible.

Le fond et la forme

Communiquer n'est pas une petite affaire. Et encore, nous ne venons de rendre compte que des principaux paramètres qui ont trait à «l'action communicative». Tant d'éléments nous amènent à tirer une conclusion qui s'impose presque d'elle-même : mieux vaut commencer par travailler notre technique, si nous voulons avoir une petite chance de passer nos messages convenablement et d'obtenir ce pouvoir de conviction qui nous fera mieux exister aux yeux des autres.

Dans la vie de tous les jours, autour d'une tasse de café, en grignotant des petits gâteaux avec des amis, ne pas être brillant peut ne pas avoir de vraie conséquence fâcheuse (quoique !). Mais, il y a des moments à forts enjeux professionnels ou sociaux que nous pratiquons rarement. Des conditions, des situations, des environnements qui ne sont pas favorables à notre communication, parce qu'ils ne sont pas «naturels».

Parler à deux cents personnes à la fois n'est pas naturel, répondre aux questions d'un journaliste ne fait pas partie de vos occupations journalières, se présenter chez son nouvel employeur n'est pas facile, répondre à un oral d'examen est paniquant, convaincre votre banquier de vous prêter de l'argent est carrément très compliqué...

Il va vous falloir trouver un «naturel» adapté à une situation qui, elle, ne l'est pas. Ce naturel s'acquiert comme le reste, les outils existent. Encore faut-il savoir s'en servir.

Le fond, c'est le message. La forme, c'est son habillage.

Le naturel se travaille

Lors de nos formations, il n'est pas rare d'entendre l'un des participants nous dire : «Vous savez, je crois que rien ne vaut le naturel !»

Ce mot «naturel» ne veut pas dire grand-chose. Nous répondons invariablement : «On peut être naturellement mauvais ?» Les situations, elles, ne sont pas naturelles. On a coutume de trouver naturel ce que l'on fait couramment par habitude ou par apprentissage. On peut enrichir cette remarque par celle de Paul Valéry : «Le naturel se travaille.»

Le naturel, c'est ce que l'on connaît bien. Faire du vélo ou conduire une voiture vous paraissait-il naturel lors de votre premier coup de pédale ou de votre première leçon de conduite ?

Communiquer, c'est mettre en commun

Partage

Echange

Gagnant-gagnant

La mise en commun ne signifie pas nécessairement être d'accord. Il s'agit plutôt de partage et d'échange de tous ces aspects de la communication que nous venons d'évoquer.

- **Partage** de mots, partage de circonstances, partage d'intérêts, partage de comportements.

- **Echanges** d'informations, échanges d'idées, échanges d'impressions, échanges de points de vue, échanges de regards.

Ce partage et ces échanges sont plus ou moins voulus, plus ou moins réussis, mais ils tendent tous vers un même but : mieux se comprendre.

Gagnant-gagnant
Une bonne communication devrait être un jeu à sommes non nulles, c'est-à-dire un jeu où ce que gagne l'un n'est pas enlevé à l'autre. Mieux encore, ce jeu de la communication idéale devrait se jouer «gagnant - gagnant», ce qui est loin d'être le cas !

Pour que ce ne soient pas toujours les mêmes qui parlent sous prétexte qu'ils communiquent bien, il faut remettre à niveau, rétablir l'équilibre. Nous voilà revenus aux vases communicants !

Nous communiquons avec les autres et non aux autres.

Ainsi le sens des mots (7 %) n'entre-t-il que pour très peu dans la sympathie ou l'antipathie que l'on éprouve pour l'autre. Nous faisons beaucoup plus confiance à la manière dont les choses nous sont dites (38 %) qu'à ce qui est dit, et encore davantage au non-verbal que nous interprétons (58 %).

Le degré de sympathie de Mehrabian

Mehrabian (1971) a travaillé expérimentalement sur les degrés de sympathie. Quand quelqu'un vous parle, quels sont les facteurs qui le rendent sympathique ?
Les résultats s'expriment par le tableau suivant.

LE MODE RELATIONNEL

Degré de Sympathie
L'appréciation totale positive est faite à partir de :

- Appréciation verbale positive	**= 7 %**
- Appréciation vocale positive	**= 38 %**
- Appréciation positive visage et expression	**= 58 %**

(Certaines appréciations étant cotées deux fois non départagées, on obtient 103 %).

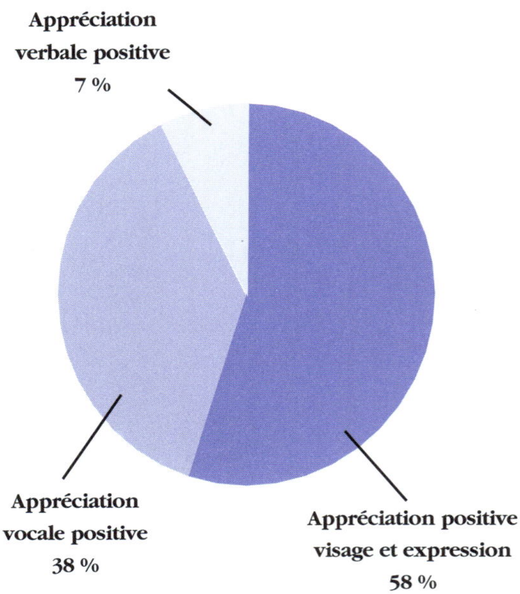

Attention ! Attention !

Certains petits cachottiers, qui n'ont pas lu une bribe du commencement de la moitié du début de l'expérimentation de Mehrabian, vous font croire depuis des années dans leur formation ou dans leurs livres qu'il s'agit du passage de n'importe quel message.

Bien sûr, me direz-vous, j'ai plus de chance d'être écouté et compris favorablement, quoi que je dise, si je parais sympathique à mes interlocuteurs ! C'est vrai. Mais la variable étudiée, le facteur recherché, c'est bien la «sympathie». Pour ce qui est du passage de message dans sa généralité, il faut se référer aux travaux de Birdwhistell qui montrent que :

En interaction, 70 % de nos messages passent par le non-verbal.

C'est de tout ce non-verbal que nous allons parler maintenant.

Bibliographie

ABRIC J.-C., 1996. *Psychologie de la communication*, Paris. Armand Colin.

OGER-STEFANINK A., 1987. *La communication, c'est comme le chinois, cela s'apprend*, Paris, Rivages.

PIVETEAU J., NOYE D., 1993. *Comment communiquer de façon efficace ?*, Paris, Insep Editions.

RICHAUDEAU F., 1975. *Les secrets de la communication efficace*, Paris, Retz.

GOFFMAN E., 1973. *La mise en scène de la vie quotidienne*, Paris, Editions de Minuit.

GOFFMAN E., 1974. *Les rites d'interaction*, Paris, Editions de Minuit.

MYERS-MYERS., 1984. *Les bases de la communication interpersonnelle*, Mc Graw-Hill.

ROGERS C., 1967. *Le développement de la personne*, Paris, Dunod.

WINKIN Y., 1981. *La nouvelle communication*, Paris, Edition du Seuil.

A retenir en priorité

- **La communication est une inter-action continue.**

- **Communiquer, c'est d'abord écouter.**

- **Deux modes de transmission :**
  - le mode informationnel : le contenu, le sens,
  - le mode relationnel : connotatif, évocateur.

- **Plus de 70 % de notre communication passent par le non-verbal.**

- **Facteur de sympathie : 7 % par les mots.**

- **Nous communiquons avec les autres et non devant les autres.**

Deuxième partie

Les communications non verbales

Vous allez vous faire voir !

Le texte qui suit est à la fois le reflet de tout ce que nous venons de dire dans notre première partie et annonce tout ce dont nous allons parler dans la deuxième.

Vous y retrouverez, exprimés de façon humoristique, les divers aspects de la communication dans une situation difficile : l'importance de l'écoute, le rôle du regard, les effets du parasitage (le bruit que fait la pensée), la perception des mots, la complexité de la mise en commun, les distorsions de message, l'influence de l'environnement...

Vous y découvrirez, par ailleurs, les éléments constitutifs du non-verbal, l'importance de l'image de soi, l'interprétation des comportements, le territoire de rencontre, les zones d'interaction, les postures, la gestuelle, etc. Enfin, tant de facteurs essentiels dans ce décodage du langage corporel auquel nous allons nous attacher dans cette deuxième partie.

Parce que ces éléments non verbaux entrent pour 58 % dans notre relationnel affectif en interaction, nous leur faisons ici une place prépondérante. Ils sont d'autant plus importants qu'il ne faut jamais oublier que l'on est d'abord vu, ensuite entendu et écouté, et enfin peut-être compris !

«Ma mauvaise image parle contre moi !»

- «Monsieur Untel demande à vous voir, Monsieur le Directeur.»

- «Faites entrer !»

Untel, c'est moi ! Et il n'y a pas de quoi être fier. Je suis là, debout devant lui, planté comme un artichaut. Il est assis derrière son bureau. Je ne me sens pas très à l'aise, on peut même dire que je ne me sens pas à l'aise du tout. Je me gratte deux fois la gorge. Le voilà qui se lève, me tend la main... Bon sang, j'ai les mains moites ! Il va s'en apercevoir ! Pas le temps de les essuyer, je lui donne juste le bout des doigts.

- «Vous avez demandé à me voir ?» dit-il.

En attendant, c'est lui qui me voit, qui me regarde, qui me toise, qui... Il a un drôle d'air, qu'est-ce que j'ai ? La braguette ouverte, la cravate de travers, une crotte au bout du nez ? Il n'a pas le faciès «amicalement vôtre», un sourire en portemanteau, un bonjour aussi convivial qu'un adieu éternel et deux yeux de taupe qui jouent au billard trois bandes derrière ses lunettes. Je ne sais que faire de mes mains : je les croise sur mon bas-ventre, j'ai l'air d'un nudiste ; je les passe derrière mon dos, j'ai l'air d'un fusillé ; je ne vais tout de même pas les mettre dans les poches...

Pour lui, ça va. Il est chez lui, il s'installe dans son grand fauteuil. D'un geste sec, il m'invite à m'asseoir aussi.

Ouf ! J'y suis. C'est tout de même plus facile assis que debout. Tiens ! Je n'avais pas remarqué qu'il était si grand. C'est curieux ce type, il fait plus grand assis que debout ! Alors que moi, je fais plus petit ! C'est son fauteuil qui doit être plus haut que le mien. Pas étonnant, j'ai les genoux sous le menton.

Bon ! Je croise les jambes ou pas ? Et mes pieds, où ils sont, mes pieds ? Je les ai passés en dessous, accrochés à ceux de ma chaise de bébé. C'est intelligent ! Je n'arrive plus à les sortir de là. Et cette poignée de doigts qui s'agitent tout seuls au bout de mes mains. Je me gratte la joue, je me frotte l'aile du nez. Maintenant, c'est l'avant-bras gauche qui me démange. J'ai des petites bêtes partout ou quoi ?

- «Je vous écoute», dit-il.

C'est fou le silence qui suit. C'est à moi de parler. Je commence par quoi ? Il s'impatiente :

- «Alors ? Que puis-je faire pour vous ?»

Déjà, ne pas me regarder comme ça, ce serait bien. J'ai l'impression de passer une visite médicale. J'ai la tête vide. Le seul truc qui me vient, c'est mon numéro de sécurité sociale ! Je ne suis pas à l'hôpital ! Qu'est-ce qu'il en a à faire, le boss, de mon numéro de sécurité sociale !!! Je me gratte deux fois la gorge. Mon nom, je lui donne mon nom et, dans la foulée, je rajoute mes trois prénoms, ça fait plus convivial.

- «Je souhaitais vous voir», dis-je...

- «Eh bien, vous me voyez !» dit-il.

Choc ! Il a le chic pour vous couper la chique. Bien sûr que je le vois avec son énorme tête sans cou sur ses toutes petites épaules. On dirait qu'on s'est planté dans le couper-coller.

C'est pourtant pas Halloween aujourd'hui. Qu'est-ce que je fais ici ? Ah ! On peut dire que j'ai eu une sacrée bonne idée de solliciter ce rendez-vous. Maintenant, je suis au pied du mur et le mur s'effrite. Je peux pas lui dire que je me suis trompé de porte, que je pensais que c'étaient les toilettes, que je ne faisais que passer pour prendre de ses nouvelles... Il va monter aux rideaux, le vieux.

Je me gratte la gorge deux fois et :

- «Je suis venu vous demander une augmentation, Monsieur le Directeur...»

Pan ! C'est lâché !

- «Une augmentation de quoi ?» qu'il dit.

Il le fait exprès ou quoi ? Une augmentation de

quoi ! Il me prend pour un idiot. Voilà c'est ça, je dois avoir l'air d'un idiot, alors il me prend pour un idiot. Je le savais et il l'a vu. Je... Qu'est-ce qu'il fait maintenant avec la tête plongée dans le tiroir, il cherche quoi ?...

(Il sort un revolver, le pointe sur moi et me tire dessus en plein bas-ventre ! Heureusement, j'ai mon gilet pare-balles un peu long. D'une savate, je fais sauter son arme, je bondis par-dessus son bureau, je lui fais une clé de cou, une clé de bras, une clé de nez et...)

Je reviens à la dure réalité ! Il vient de sortir du tiroir, il a un petit mouchoir à la main, il enlève ses lunettes et commence à les nettoyer... Il ne doit plus me voir sans ses lunettes ! Je suis sûr qu'il ne me voit plus, ça m'encourage à poursuivre :

- «... De salaire, Monsieur ! Une augmentation de salaire.»

Son geste s'est accéléré. Il ne nettoie plus ses lunettes, il les ponce. J'attends, imperturbable. Imperturbablement bloqué. Je change bien un peu de fesse sur mon siège. Je sens bien que mon sourire a des crampes. Je vois bien que ma main droite chasse une poussière imaginaire sur mon pantalon, tandis que sa sœur de gauche tournicote le bouton de mon veston.

Mais autrement, ça va ! J'attends ! Je regarde le plafond, le mur, mes pieds, la moquette et, décontracté comme une boule de nerfs en pelote, je reviens sur lui. Lui, visiblement, il s'est calmé.

Il remet lentement ses lunettes, relève doucement la tête, me regarde gentiment et, d'un sourire et d'une voix qui rendraient jalouse Blanche-Neige elle-même, il me susurre :

- «Oh ! Je suis franchement désolé. Vous n'êtes pas bien chez nous. Vous voulez nous quitter ! Savez-vous que nous vous regretterons ?»

J'ai reçu un coup de silence derrière les oreilles, dont je vais avoir du mal à me libérer. Quand j'ai rouvert les yeux, il avait ouvert la porte. Quand je me suis retrouvé dans le couloir, il allait la refermer. Il dit encore de sa voix douceâtre :

- «Inutile de vous déranger, il n'est pas nécessaire que vous repassiez par votre bureau. Ne vous inquiétez pas, nous vous ferons porter vos affaires personnelles chez vous dès demain. Et encore bonne chance à vous !» Je crois que j'ai dit merci.

Dans le couloir, j'ai rencontré Paul Emile :

- «Ça va, toi ?»

Je ne me suis pas gratté la gorge :

- «Ça va très bien ! Je viens de flanquer ma démission à la figure du patron !»

Cette saynète met en lumière toutes les impressions, toutes les informations qui conditionnent souvent, à notre insu, notre communication verbale et non verbale.

Le décryptage du non-verbal

Le non-verbal, c'est quoi ?

Cela paraît évident : le non-verbal, c'est tout ce qui, dans la communication, n'est pas verbal !

Il faut se méfier du mot «évident». C'est souvent le mot clé de l'ignorance. Le silence que je fais en parlant pour reprendre ma respiration, c'est du verbal ou pas ? L'intonation que je donne aux mots, c'est du verbal ou pas ? Les graves ou les aigus de ma voix, c'est du verbal ou pas ? Et quand j'écris, c'est quoi ?

Effectivement, il y a plusieurs communications non verbales. Nous allons définir la nôtre par :

Tout facteur entrant dans le phénomène communicatif qui ne concerne pas directement l'oral et l'écrit.

Même ainsi définie, ce n'est pas si simple. Généralement, quand on parle de non-verbal, on pense aux gestes et uniquement aux gestes. Mais de nombreux autres éléments entrent dans cette «communication silencieuse». Les territoires dans lesquels nous nous trouvons, les codes de reconnaissance de la tribu à laquelle nous appartenons ou pas, la distance qui nous sépare les uns des autres, la posture globale ou partielle, la gestuelle et même les éléments artificiels créés par l'homme : les parfums, les vêtements, les accessoires (les artefacts)... tout cela va influencer notre communication, sans que nous en prenions réellement conscience. On nous dit qu'il ne faut pas juger les gens sur la mine ! Nous le faisons à longueur de journée. Rien ne peut nous empêcher de recevoir des informations non dites, de les interpréter et de tâcher de nous y adapter.

Qu'un inconnu vous aborde dans la rue, sa tenue vestimentaire, son comportement, sa manière de parler, la distance qui vous sépare de lui, l'environnement dans lequel vous êtes, votre état psychique du moment influencent votre verbalisation et votre comportement.

Les autres vous voient comment ?

Notre comportement corporel peut nous servir ou nous desservir. Correspond-il à ce que nous souhaitons montrer ? Connaissez-vous votre image vue par les autres ? Parce que c'est celle-là qui compte !

Votre miroir vous ment !

Une image en mouvement

Apprivoiser son image

Votre miroir vous ment !

Qui d'entre nous aime se regarder sur un enregistrement vidéo ? Personne ! (Je ne parle pas de la voix enregistrée qui fera l'objet de la troisième partie de cet ouvrage).

Nous commençons toujours notre formation au «perfectionnement des dirigeants aux techniques de communication» par la présentation de soi. Cette présentation est enregistrée et nous demandons aux participants s'ils aiment se regarder... Pas un, pas un, ne nous a répondu, en vingt ans de formation, un oui «franc». Tous font la grimace et détournent le regard. La plupart nous disent : *«Je ne me supporte pas ! Je n'aime pas me voir !»*

Pourtant, ces messieurs se rasent tous les matins et ces dames se

«Miroir, dis-moi...»

maquillent sans qu'aucun d'eux ne crie «horreur» en voyant son reflet.

Rassurez-vous. La raison est mécanique : votre miroir vous renvoie une image de vous inversée, mais à laquelle vous êtes habitué. Dans le miroir, la joue droite de celui ou de celle que vous regardez, c'est votre joue gauche.

Comme nous ne sommes pas symétriques et que la caméra, elle, nous remet dans le bon sens, nous nous trouvons le visage un peu de travers sur l'image. Nous ne nous reconnaissons pas très bien et cela nous laisse une impression de malaise.

Une image en mouvement

Et puis, se voir bouger sur un écran, alors que l'on est immobile en train de se regarder, n'est pas courant non plus : le malaise s'accroît encore ! Dans votre miroir, votre image bouge en même temps que vous, c'est rassurant.

Apprivoiser son image

C'est pourtant ce que les autres voient de vous ! Refuser son image n'est pas la solution, l'apprivoiser en se voyant souvent sur des enregistrements vidéo est la bonne démarche. Vous verrez qu'on s'y habitue.

Et, s'y habituant, on peut mieux comprendre la réaction des autres en nous voyant. Savoir quelle image je fais passer quand je regarde comme ceci ou comme cela, comprendre pourquoi ma gestuelle ou mon port de tête donne de moi une certaine impression dont je n'étais pas conscient.

A moi de décider de me corriger ou pas. Car tout se corrige, tout se travaille. Nous n'arrêtons pas de changer, nous changerons encore. Heureusement ! Et notre non-verbal se modifiera en conséquence.

Un langage silencieux qui parle fort

Ce «langage silencieux» dont parle E.T. Hall vous trahit, comme il trahit les autres. Aussi indispensable à la verbalisation qu'à l'écoute, il est le support essentiel à toute approche relationnelle.

Un code particulier

Mais attention ! Ce langage silencieux n'est pas codé explicitement comme le langage alphabétique des sourds-muets (je ne parle pas du langage évocatoire), le langage du sémaphore, du télégraphe, l'agitation des drapeaux sur un terrain d'aviation ou le langage gestuel des Indiens d'Amérique.

Le langage silencieux dont nous parlons est implicite ; il est né du mimétisme que nous avons déjà noté, il façonne les rapports de notre vie relationnelle en société.

Parce que tous les hommes de tous les pays, de toutes les races, de tous les âges peuvent marcher sur leurs pieds, croiser les bras, regarder ou pas, montrer du doigt, etc., le langage silencieux peut paraître universel. Il ne l'est pas totalement, car il est avant tout culturel.

Ce qui veut dire que la signification du non-verbal peut être différente, non seulement d'une culture à une autre, mais d'une époque à une autre comme d'une mode à une autre.

Inné ou acquis ?

Innés ou acquis ? Culturels ou pas ? On peut, à notre avis, accepter une thèse mixte : certains comportements, certaines postures, certains gestes sont innés, en particulier ceux qui sont autonomes (sudation,

Le non-verbal est-il acquis ou inné ?

Les anthropologues du signifiant non verbal se cassent le nez sur cette question qui somme toute ne change rien à l'affaire : un nouveau-né tète le sein de sa mère sans avoir besoin d'un apprentissage spécifique. Alors, le geste est inné !

Oui, mais le refus de la tétée nous amène au geste de la négation de tête (évitement)... Alors, le geste est une action découverte.

Cependant, les Turcs font «non» en rejetant la tête en arrière ! Alors, le geste est culturel !

Le refus de nourriture nous entraîne à sortir la langue pour la rejeter, et tirer la langue devient donc par la suite un geste de rejet, de refus... Alors, acquis ?

Mais les Tibétains tirent la langue pour dire bonjour ! Transfert d'un geste inné en geste acquis, puis culturellement ritualisé ?

tremblement, rougeur...), ceux qui sont liés aux possibilités et obligations physiques de notre corps (respirer, manger, dormir...) ; les autres sont des activités découvertes ou acquises.

Toujours est-il que Bébé suce bien déjà son pouce dans le ventre de sa maman !

Oublions donc la question bateau du «geste acquis ou inné». Les informations données par ce langage silencieux nous intéressent d'autant plus qu'elles ne peuvent être lexicalisées.

Méthodes et moyens de décryptage

Depuis une trentaine d'années seulement, les spécialistes en communication (surtout américains) se sont penchés sérieusement sur le non-verbal. Dans la panoplie des recherches, Ekman a décodé cinquante sourires différents, Scheflen a étudié les postures et leurs fréquences, Goffman s'est intéressé aux rituels de la vie en société, Exline a travaillé sur les différences comportementales d'un même individu, Dittman s'est attaché aux mouvements des pieds et des mains, Mehrabian a classifié les paramètres des degrés d'intimité et de relâchement, etc.

Tant d'études, tant d'analyses pour cerner le jeu complexe du non-verbal et ne parvenir qu'à une seule conclusion sur laquelle tous les spécialistes sont d'accord : la part qui revient au non-verbal est capitale dans nos relations avec autrui.

Mais tous les travaux faits par de nombreux chercheurs, comme ceux que nous avons entrepris au Laboratoire de Psychologie sociale de l'université d'Aix-en-Provence, avec le professeur Abric, prouvent que l'expression du non-verbal n'est pas un véritable langage organisé et que le dictionnaire des gestes et des comportements n'est pas pour demain, même si certains s'y sont essayés.

Il n'est naturellement pas question ici de reprendre toutes ces recherches, mais d'en retirer les aspects pratiques et faciles à mettre en œuvre. S'attacher à cette observation de l'autre, c'est donner «des oreilles à ses yeux», c'est mieux appréhender son interlo-

«Bougez, vous penserez mieux !»

Bernard Rimé, chercheur à l'université catholique de Louvain, démontre clairement la relation entre les mouvements du corps et l'aspect cognitif du langage (*Psychologie Sociale*, S. Moscovici, 1984, P.U.F.). Ses expérimentations prouvent que l'homme pense moins bien quand il est immobile que lorsqu'il bouge ; mais aussi, chose surprenante, que plus il possède un vocabulaire riche, plus il fait de gestes en parlant, de même qu'il effectuera plus de mouvements en situation de réflexion poussée que dans une réflexion simple. Ainsi, le rôle facilitateur de l'expression kinésique est primordial dans l'élaboration du message.

cuteur, et par conséquent mieux agir sur la relation interpersonnelle.

Les moyens de décryptage

C'est donc sur un ensemble de variables que l'on devra s'appuyer pour découvrir la signification du non-verbal sous le langage des mots. Il faut être prudent et ne pas jouer les apprentis sorciers en «psychologie sauvage». C'est tentant, certes ! Les abus sont légion. Il est dangereux de faire croire à une science exacte en partant d'observations personnelles, souvent subjectives, sans se référer à des études sérieuses.

«Celui-là se touche le nez quand il ment. Cet autre se touche le nez, donc il ment» : ce genre de sophisme ne nous convient pas !

Quelques notions empiriquement démontrées aideront cependant à mieux cerner l'impact de l'image pour l'utiliser à votre avantage... Nombre de constats prouvent la fiabilité de cette investigation.

Les méthodes de décryptage

Lire le non-verbal peut se faire de deux manières totalement différentes avec des objectifs opposés :

- **La méthode des constituants :** elle s'attache à mesurer les éléments constitutifs non verbaux apparaissant dans une situation définie, sur des échantillonnages représentatifs bien cernés et en réduisant les effets pervers et les biais qui pourraient parasiter les données, comme les résultats.

Ces expérimentations, qui sont hélas souvent faites en laboratoire (pas toujours heureusement !), permettent de maîtriser les variables. On enregistre en vidéo des comportements provoqués et l'on travaille ensuite au décodage souvent image par image. Un travail de statistiques permet ensuite d'analyser les comportements étudiés en se référant à une situation contrôle.

C'est le message émis qui intéresse le scientifique.

Ce message-là s'intéresse uniquement à l'émetteur.

En principe, cette démarche scientifique est fiable mais demande à être recoupée pour être validée !

- **La méthode des jugements :** il s'agit ici de relever les éléments observés et souvent interprétés comme significatifs par un certain nombre de «juges observateurs». On prépare les «juges» par un apprentissage au «savoir-regarder». Les juges observent ensemble, en direct, derrière des glaces sans tain ou sur une vidéo. Chacun va noter individuellement sa façon de percevoir le message d'un élément particulier que l'on étudie.

Il y a des coups de pied qui se perdent !

Un mauvais chercheur, dont nous tairons le nom, a travaillé «scientifiquement» sur les mouvements des pieds. Parmi les variables (les directions, déplacements, positions...) qu'il étudiait, se trouvaient les «pieds-en-départ» de quelqu'un qui parle dans la station debout. (On appelle «pied-en-départ» le pied qui ne repose plus que sur le talon, la pointe du pied dressée donc.)
Sa conclusion statistique était sans appel : les femmes font 4 fois plus de «pieds-en-départ» que les hommes.
Bon ! Après tout, pourquoi pas ? Soit !
Mais vous me voyez venir ! Le «biais» était de taille ! On a repris cette expérimentation : quand ces dames se retrouvent avec les mêmes hauteurs de talons que les hommes, elles ne font pas significativement plus de «pieds-en-départ» qu'eux !
Notre brave chercheur psychologue venait en réalité d'étudier la facilitation qu'apportent les talons hauts pour relever le coup de pied. Quelle perspicacité !

Cette méthode-là semble moins «scientifique», mais elle s'intéresse au message perçu par le récepteur. Et comme, en communication, le message émis n'existe que par la façon dont il est perçu, cette méthode est essentielle.

C'est le message reçu qui nous intéresse ici.

Le grand sorcier «œil de lynx» vous parle !

La méthode des juges peut aussi donner des résultats catastrophiques, quand on confond «des juges» et «un juge».

C'est ce que nous découvrons régulièrement dans de nombreux magasines, où fleurissent de faux «gestuologues» qui prônent leurs impressions comme des vérités.

Cela va de «si votre interlocuteur regarde souvent sa montre, c'est qu'il est pressé, qu'il a un rendez vous ou qu'il trouve ça long !» (on ne nous prend pas pour des débiles là ? !), jusqu'à cette analyse judicieuse : «La femme, que vous voyez sur la photo en train de parler à deux hommes, a la pointe du pied droit tournée vers celui de droite. Cela signifie que c'est avec celui-là qu'elle veut coucher...» (Texto. Je vous en garantis l'authenticité.)

Et, puisque on y est, si en plus elle regarde sa montre plusieurs fois, je suppose qu'elle veut que ça se passe tout de suite, non ?

J'espère que les deux hommes en question ne sont pas son frère et son père !

C'est en recoupant les résultats d'un nombre de juges suffisamment représentatifs, regardant le même événement, que l'on va valider la recherche et en tirer des constats statistiques.

Apprendre à décoder le non-verbal

Le décodage du non-verbal est donc apparemment complexe.

Pourtant, il fait déjà partie de notre vie relationnelle de tous les jours. Vous l'utilisez inconsciemment pour découvrir chez l'autre sa manière d'être, son comportement, son état affectif. Le non-verbal qu'émet votre interlocuteur vous renvoie à ce que vous faites vous-même ou à ce que d'autres ont déjà fait devant vous et, par analogie, vous comprenez ce qui se passe.

Notre vie est faite de ces décodages spontanés, qui nous permettent de nous adapter à la vie en société. Si nous ne comprenions pas ce non-verbal, ce serait l'enfer.

Pour améliorer à la fois votre image et votre façon de voir les autres, nous vous proposons des outils de détection simples. Le bon sens et l'observation objective vous permettront toujours de vérifier vous-même la fiabilité de ces constats. Bon nombre de ces outils ont été obtenus par la méthode des juges, que nous pratiquons depuis des années avec nos stagiaires. Les autres, s'ils ne «sautent pas aux yeux», sont expérimentalement démontrés.

Vous trouverez aussi certains exercices d'entraînement pour aiguiser votre œil à la lecture de ce langage silencieux.

Avec un peu de pratique, vous saurez «que» regarder et «quand» regarder, pour mieux jouer avec ce non-dit qui parle à bouche cousue.

Mieux voir pour mieux reconnaître les autres.

Mieux reconnaître les autres pour mieux être reconnu.

Du massage des tempes au grattage de fesses

- Quelqu'un se masse les tempes avec le bout des doigts en plissant les yeux : vous en déduisez qu'il a mal à la tête. Parce que lorsque vous avez mal à la tête, vous faites le même geste ou parce que quelqu'un faisant ce geste vous a expliqué un jour qu'il avait mal à la tête.

- Je me gratte la nuque en regardant sur le côté : vous vous dites que je réfléchis ou que je suis perplexe, selon la situation. Quand je me gratte la tête, je montre bien que c'est là-dedans que ça se passe quand je réfléchis. Votre décodage ne sera sans doute pas le même si je me gratte les fesses !

A retenir en priorité

■ **Vous êtes d'abord vu et vous connaissez mal votre image.**

■ **Le non-verbal est plus «authentique» que les mots.**

■ **Le non-verbal, c'est :**
- nos territoires
- nos distances d'interactions
- nos postures
- nos expressions de visage
- notre gestuelle.

■ **Deux méthodes de décryptage :**
- les constituants : le non-verbal émis
- les juges : le non-verbal perçu.

■ **Apprendre à décoder le non-verbal, c'est apprendre à mieux écouter l'autre.**

Les territoires

Nous organisons notre espace

Comme l'animal, l'homme marque son territoire. Bien sûr, nous ne faisons pas pipi aux quatre coins de notre appartement ou de notre bureau, mais notre comportement se rapproche du comportement animal par bien des aspects.

Nos territoires sont définis par des lois, des usages ou des nécessités fonctionnelles qui nous préservent des intrusions.

Dans l'entreprise, tout le monde sait que déplacer quelqu'un d'un bureau à un autre, c'est lui faire perdre ses repères, ses habitudes. Cela peut avoir du bon !

On peut facilement décoder chez l'homme trois territoires : le territoire tribal, le territoire familial et le territoire personnel. Certains de ces territoires sont bien définis et s'installent dans la durée, d'autres ne sont que ponctuels.

Cette notion de territoire engendre naturellement des comportements de défense. Ces comportements de défense vont nécessairement influencer notre type de relation aux autres. Il n'y a pas de territoire neutre : *«L'ambassade est un territoire tribal enclavé dans un autre territoire tribal.»* Les eaux territoriales, les no man's lands, et peut-être encore la Lune... sont encore partagés.

Vous marquez votre territoire

Si vous allez au restaurant, surtout si vous êtes tout seul, on vous propose une table au milieu de la salle ou contre le mur. Vous choisirez le mur et vous vous mettrez dos à celui-ci. La peur d'être attaqué ?

Et une fois assis, avant que l'on vous donne la carte, que faites-vous ? Vous touchez les couverts, déplacez légèrement un verre, repositionnez votre assiette comme pour mettre votre empreinte et faire vôtres ces objets qui ne vous appartiennent pas. Vous organisez votre «territoire personnel ponctuel».

Trois types de territoire

Dans le métro, sur la plage, au bureau,... il est important de prendre «les bonnes distances».

Le territoire tribal

Le territoire familial

Le territoire personnel

Le territoire tribal

L'appartenance à la tribu passe par des signes de reconnaissance bien spécifiques. La tribu des Français a son drapeau, son code de langage, son hymne, ses usages...

Les clubs, les associations ont leur charte sous forme de règlement intérieur et pratiquent des sortes de rituels. Leurs membres doivent satisfaire à des obligations, des us et coutumes qui garantissent leur appartenance.

L'entreprise fait partie de ces territoires. Qu'un étranger veuille entrer dans ce territoire, on le badge «visiteur». Il ne fait pas partie du cheptel... Et tout le monde doit le savoir !

A l'intérieur de ce territoire d'entreprise, d'autres tribus plus petites ont aussi le leur. Il y a la tribu des «informaticiens» ou «ceux du deuxième étage».

Le territoire tribal ponctuel

■ LE MÉTRO

C'est un territoire qui n'appartient que momentanément à ceux qui l'occupent.

- Dans le métro, les gens font partie de la tribu de «ceux qui prennent le métro». Ils en acceptent les règles. Dans toute autre circonstance, ils ne toléreraient pas qu'un étranger vienne se coller à eux, mais là ils l'acceptent : c'est la loi de nécessité. Nous remarquerons que tout le monde se met le plus possible le corps tourné vers la porte. Ainsi, chacun évite le regard trop proche de l'autre. C'est une façon de prendre ses distances.

■ UNE FILE D'ATTENTE

- Les gens qui forment une file d'attente pour voir un même film créent un territoire tribal ponctuel. Les règles s'établissent par un accord tacite et la vieille dame, devant laquelle chacun se serait effacé partout ailleurs, s'entend dire «A la queue comme tout le monde !».

L'espace laissé libre entre chaque individu est, en France, de 30 à 50 centimètres (limite de zone personnelle). Que quelqu'un veuille s'infiltrer, chacun se serre contre celui qui le précède (zone intime). Les normes de politesse et de savoir-vivre sont rompues.

La tribu préserve son territoire.

Le territoire familial ponctuel

Ce territoire familial peut être ponctuel.
Regardez la famille Dupont arrivant sur la plage. Le premier devoir de tous les Dupont est d'occuper l'espace : «Etalez vite vos serviettes les enfants. Après vous irez vous baigner.»
Et que dire du pique-nique, où chaque famille s'attache à bien faire voir aux autres qu'on est installé, que le terrain est pris. Généralement, la voiture délimite ce terrain. Qu'un intrus ait l'outrecuidance de passer entre la voiture et la table de pique-nique, il est aussitôt fusillé par le regard de tous les membres de la famille Dupont, de la grand-mère au petit dernier : « Il ne peut pas passer plus loin, celui-là ?»

Le territoire familial

Reconnus et validés par la loi, l'appartement, la maison sont les territoires naturels de la famille. C'est là qu'elle se sent vraiment bien : elle a son bail, sa boîte aux lettres, ses clés, son paillasson et ses nains plantés dans le jardin.

80 % des gens qui emménagent dans un nouvel appartement changent les tapisseries, même si les anciennes sont en bon état. Et puis, nous décorons nos murs de tableaux, nous indiquons notre nom sur la porte... Certaines familles ont encore leur écusson et leur devise.

A l'intérieur de ce territoire familial, il y a des territoires communs à tous les membres de la famille (l'entrée, la table de la salle à manger, les toilettes, la salle de bains...).

D'autres, au contraire, sont organisés pour chacun des membres et deviendront leur territoire personnel.

Le territoire personnel

A l'intérieur du territoire familial, chacun a sa place reconnue et acceptée par les autres membres de la famille. Sa chaise autour de la table : *«Ne te mets pas là ! Tu sais bien que c'est la place de papa !»*, sa place dans le lit, sa table de nuit... Au bureau : *«C'est mon armoire... mes outils»*, *«Je te prête ma gomme, mais elle s'appelle reviens !»* L'importance de ce territoire personnel nous frappe, lorsque la personne qui l'occupait disparaît et que son territoire personnel reste.

Sully Prudhomme l'exprime par quatre vers :

«C'est aux premiers regards portés
en famille autour de la table
sur les sièges plus écartés
que se fait l'adieu véritable.»

Pour préserver ce territoire personnel lorsqu'il est ponctuel, vous marquez votre place. Vous êtes dans un train archi-plein et vous quittez votre place pour aller prendre un café : que laissez-vous à votre place ? Si vous y laissez votre journal, une expérimentation (Sommer et Becker) prouve qu'il gardera votre place moins longtemps qu'un livre ou un vêtement... Le marqueur est d'autant plus efficace qu'il est lié à sa valeur et à son intimité.

La bataille du coude à coude

Souvenez-vous de la dernière bataille que vous avez menée lors de votre dernier voyage en avion !

Une bataille sournoise avec votre voisin, la bataille de l'accoudoir. Parce que votre siège est à vous pour le temps d'un voyage, le sien à lui, mais la frontière entre vos deux territoires est mal définie. A qui appartient l'accoudoir ? Malheur à vous si vous laissez tomber votre journal : le temps de vous baisser pour le ramasser, l'ennemi frontalier en aura pris possession !

Il n'est pas prêt de vous le laisser.

Décodage culturel

Décodage relationnel

Le décodage territorial

Ces prises de conscience, loin d'être de simples connaissances, vont vous être fort utiles pour communiquer avec les autres. Encore faut-il apprendre à décoder ces territoires.

Les territoires à l'étranger

- Les Allemands portent beaucoup d'attention à la disposition de leur territoire. C'est le prolongement de leur ego.
E.T. Hall assure que la femme d'un diplomate suisse-allemand recevant beaucoup d'étrangers avait demandé qu'on visse au sol sièges et fauteuils qu'elle ne supportait plus de voir déplacer.

- Un Japonais, que nous avons eu en formation, nous racontait que, lors de son arrivée à Paris, il cherchait un appartement de 70 m². On lui en proposa un qui correspondait en tous points à ce qu'il souhaitait, mais il l'avait refusé parce qu'il faisait 80 m², donc 10 mètres de trop ! J'ai bien dit de trop !

Décodage culturel

Les territoires répondent à des critères culturels qu'il faut décrypter.

L'ordonnancement des meubles, des espaces est différent d'un pays à l'autre. Déranger cet ordonnancement peut créer des difficultés d'échange.

L'occupation d'un espace est le prolongement de la personnalité et du statut social : *«Il a un gros bureau, il siège dans un grand fauteuil et je suis sur une petite chaise basse !»*

Décodage relationnel

La rencontre de deux êtres humains est influencée par le territoire.

Si vous souhaitez négocier, le terrain choisi sera capital. Chez lui ou chez vous ? Dans votre bureau ou dans le sien ? La démarche est importante.

Ce n'est pas un hasard si les négociateurs choisissent généralement un lieu neutre. Les leaders syndicaux le savent bien, eux qui refusent de discuter avec le patron dans son bureau.

Avoir le choix du terrain de rencontre n'est pas négligeable.

La place donnée à chacun, à l'intérieur d'un territoire défini, n'est pas sans intérêt non plus.

Nous le verrons en parlant des «zones» d'interaction.

Trois «C» autour d'un bureau

■ **Territoires de Confrontation :**
Les interlocuteurs sont de chaque côté de la table (bords opposés). Les deux territoires sont bien délimités. Chacun préserve ses outils (documents, dossiers, notes... non lisibles par l'autre). Celui qui avance va empiéter directement sur le territoire de l'autre.

■ **Territoires de Coopération :**
Les deux interlocuteurs sont à angle droit (bord à bord). Ils n'empiétent pas frontalement sur le territoire de l'autre. Ils se prêtent plus facilement les outils (échange de documents...).

■ **Territoires de Collaboration :**
Les interlocuteurs sont côte à côte (du même bord). Le territoire est commun. Ils se partagent les outils (même document...).

A retenir en priorité

■ Notre relation s'établit dans trois types de territoires :
- tribal
- familial
- personnel.

■ Nos territoires sont ponctuels ou durables.

■ Le territoire de rencontre conditionne nos relations.

■ Tout changement de territoire change le type de relation.

LES ZONES D'INTERACTION

Les distances qui nous séparent

Outre les territoires dont nous venons de parler, la distance qui sépare les hommes dans leurs interactions est un vecteur de communication essentiel. Cette distance est un bon moyen de lecture pour évaluer la relation. Elle dépend de la culture tribale (la distance d'interaction utilisée par un méridional français est déjà différente de celle des gens du Nord), mais aussi du ressenti psychique provoqué par la représentation que chacun se fait de la situation, de la tâche à effectuer et de l'attitude de l'autre.

Naturellement, la personnalité vient moduler ces données culturelles tribales. Selon le vécu, l'éducation et le statut, la distance à respecter est modifiée. D'une manière générale, la bonne éducation apprend à «garder ses distances». Mais lesquelles ? Hormis les cas ponctuels de contrainte (place dans un avion, métro, file de théâtre, ascenseur, manifestation de foule...), chacun se positionne à une distance qui lui paraît favorable et acceptable dans une situation définie.

Les expressions populaires expriment bien l'importance de la distance dans les relations interpersonnelles : *«Ils sont trop loin l'un de l'autre pour se comprendre»*, *«Ce sont deux amis très proches»*, *«Il reste très distant»*...

Ainsi, à la notion de territoire, vient s'ajouter celle de distance relationnelle à l'intérieur de ce territoire.

Les 4 zones d'interaction

Dans l'interaction, nous intervenons en occupant quatre zones distinctes. «Selon sa culture, son environnement social, sa position hiérarchique et l'attitude de son interlocuteur, l'homme délimite son type de relation spatiale.» E.T. Hall

Prendre conscience de la distance recherchée par son interlocuteur, c'est appréhender le processus d'interaction qui s'établit volontairement ou pas. La distance qui nous sépare de notre interlocuteur est chargée de tant d'informations qu'elle conditionne à la fois les rapports humains et les ressentis individuels. Dans une rencontre, cette distance va varier. Ce sont ces altérations et les moments où elles se produisent qui sont à prendre en compte.

La zone intime

(distance de l'avant-bras)

Dans cette zone qui va du toucher jusqu'à 50 cm, les relations sont souvent des relations de cour. Elle permet d'enlacer l'autre. Réservée aux personnes qui nous sont très familières, cette zone est très préservée. C'est la zone des secrets, des chuchotements.

Culturellement, cette zone est plus souvent occupée par les gens du Sud qui n'hésitent pas à vous toucher.

D'une manière générale, qu'un étranger pénètre dans cette zone et nous sommes très mal à l'aise. Nous le percevons alors comme un intrus. C'est ce que cherche à créer quelqu'un d'agressif qui s'avance jusque-là pour nous faire peur et montrer sa dominance.

L'agression en zone intime est illustrée par le chef du G.I. se mettant nez à nez avec son inférieur et lui criant les

Des ascenseurs à zone intime

- Je me souviens d'un grand hôtel parisien dont l'un des ascenseurs avait des portes mal automatisées. Elles s'ouvraient et se fermaient si rapidement que seules deux ou trois personnes avaient le temps de s'y glisser. Ma joie était de voir que les Japonais arrivaient à y pénétrer une quinzaine à la fois, comme un seul homme, serrés les uns contre les autres ! L'habitude des territoires surpeuplés, leur culture proxémique, y étaient sans doute pour quelque chose !

Les cocktails d'ambassade

En observant les réceptions où sont mêlées des cultures différentes, il n'est pas rare de constater que lorsqu'un Arabe parle avec un Américain, celui-ci recule. Alors l'Arabe avance à nouveau et, dès qu'il le peut, l'Américain recule encore. Ils peuvent parcourir un chemin important dans la foule. Les zones personnelles et intimes n'existant pas pour un Arabe, celui-ci a tendance à se rapprocher tandis que l'Américain, dont la zone intime est de plus d'un mètre, reprend ses distances favorites.

ordres comme s'il était à 50 mètres de lui. Et le G.I. de répondre en hurlant «Yes Sir !».

La zone personnelle

(distance d'un bras tendu)

De 60 cm à 1 m 20, cette distance est celle choisie par deux amis qui se parlent. Nous sommes dans une zone de convivialité. Chacun montre à l'autre qu'il n'a rien à redouter. Si cette zone relationnelle est ouverte, elle permet à un troisième individu de se mêler à la conversation.

En revanche, si elle est fermée, c'est-à-dire en position de face à face, la barrière sera difficile à franchir.

La limite imaginaire, que marquent nos bras tendus, est souvent appelée périespace. Pénétrer dans ce périespace, c'est accepter que l'autre puisse nous toucher.

La zone sociale

(à partir de deux zones personnelles)

De 1 m 20 à 3 m, cette zone se retrouve dans un relationnel courant. Chacun peut aller serrer la main de l'autre, s'il le veut bien, même si les deux interlocuteurs ne se connaissent pas.

C'est la distance de l'échange, de l'interview, de la négociation, de l'entretien (il y a souvent un bureau entre les interlocuteurs).

La zone publique

(au-delà de la zone sociale)

Au-delà de 3 m, c'est la zone des discours, des

La zone sociale en animation

Cette zone sociale est aussi, dans sa grande dimension, la zone d'interaction de l'animateur dirigeant les réunions de petits groupes.

L'importance de la zone sociale en interaction avec un groupe est très importante. Si je veux organiser un véritable échange avec les participants, je dois m'inclure dans cette zone et tâcher de ne pas en sortir. En sortant de cette zone vers moins de distance, je vais «intimiser» nos relations et perdre une partie de mon leadership. En en sortant pour plus de distance, je passerais en zone publique et installerais une relation professeur-élève, père-enfant, nuisible à la participation.

exposés, des prises de parole en public, des débats. Cette zone n'est que très rarement utilisée pour deux personnes. C'est la plus occasionnelle. La communication y est donc très difficile. Les échanges y sont peu personnalisés. Imaginez ce que pourrait donner la relation, si un homme criait en zone publique : *«Je t'aime.»*

Seul contre tous

La prise de parole en zone publique est typiquement la zone des messages descendants. Elle positionne l'intervenant comme «donneur de leçon», elle est souvent liée aux rapports hiérarchiques. Même si l'on souhaite un débat dans cette zone, l'échange prend des allures de questions - réponses, où l'orateur est seul habilité à donner les réponses. Cette prise de pouvoir s'accentue par la position souvent élevée du leader, les lumières qui l'éclairent, etc. Contrôler le passage de son message dans de telles conditions est extrêmement difficile. Nous y consacrerons une attention toute particulière dans le «face public».

Les 4 zones d'interaction

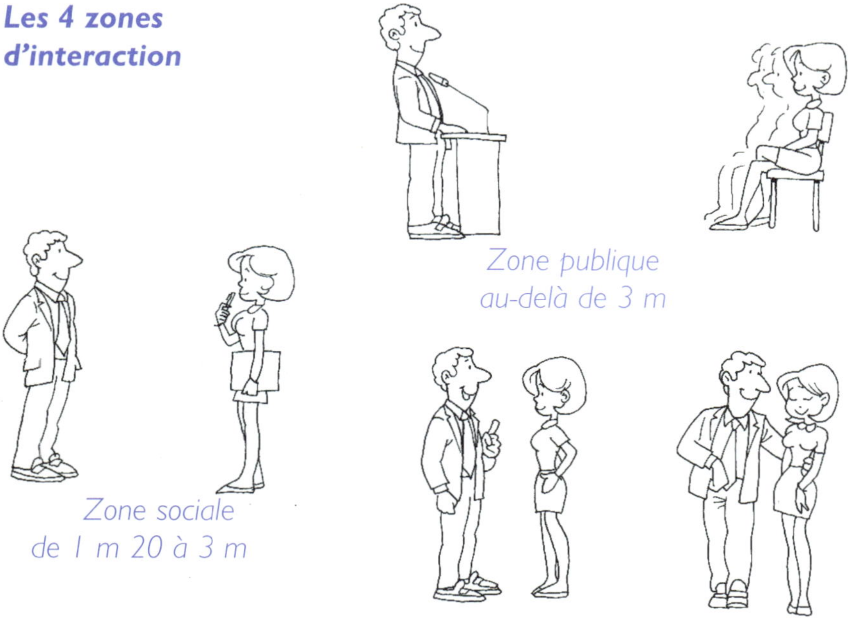

Zone publique
au-delà de 3 m

Zone sociale
de 1 m 20 à 3 m

Zone personnelle
de 60 cm à 1 m 20

Zone intime
de 0 à 60 cm

5 questions à se poser

Voilà les règles du jeu posées. Les territoires sont organisés, les zones d'interaction sont définies. La codification du savoir-vivre est ainsi établie. Mais voilà, les capteurs peuvent pousser les acteurs à ne plus vouloir ou pouvoir jouer le jeu. La relation est faussée et ce bel ordonnancement rompu... Sa lecture est d'autant plus instructive.
En interaction, se poser les bonnes questions, c'est se donner les moyens d'agir sur nos relations à l'autre.

Quel est le territoire de rencontre ?

- **Tribal ? - Familial ? - Personnel ?**
  Quelle zone choisit-il avec moi ?

- **Intime ou personnelle ?**

- **Sociale ou publique ?**
  Y a-t-il conformité entre la zone utilisée et ce qu'il dit ?

- **Son ton de voix. - Le sens de ce qu'il dit.**
  Quand passe-t-il d'une zone à une autre ?

- **Quand recule-t-il ? - Quand avance-t-il ?**
  Quelle zone dois-je utiliser ?

- **Dois-je m'adapter à sa zone préférentielle ? (Je facilite sa communication.) - Dois-je rompre avec ? (Je le déstabilise).**

Les ruptures de territoires et de zones

- «Vous viendrez me voir dans mon bureau !»
S'il a quelque chose à me dire, pourquoi ne me le dit-il pas là ? (rupture de territoire)

- Comment se fait-il qu'à mon premier retard, mon patron m'ait dit «Vous êtes en retard !» en zone intime et, qu'à mon troisième retard, il ait changé de zone et se tienne à trois mètres de moi pour me dire les mêmes mots ? Ce changement de distance est inquiétant ! La prochaine fois, il va peut-être me parler en zone publique... Celle où l'on parle fort ! (changement de zone)

- Pourquoi cet acheteur potentiel m'a-t-il dit : «Oui ! Cela m'intéresse» en s'enfonçant dans son fauteuil, alors que jusqu'à maintenant il était penché vers moi ? Est-ce une manière de s'éloigner, de m'éviter ? Je sens qu'il ne va rien acheter du tout ! (rupture de zone)

- Et celui-là qui s'installe à trois mètres de moi pour me dire : «Je vais vous faire une confidence...» Drôle de distance pour des confidences ! (zone non adaptée)

- «Pouvez-vous me raccompagner en voiture tout à l'heure ?» Et mon interlocuteur en me disant «Oui, oui» recule un peu... Ça l'ennuie ! Je prendrai un taxi ! (rupture de zone)

- «Si on déjeunait ensemble pour en parler ?» (changement de territoire) Qui choisit le restaurant ?

A retenir en priorité

■ **A l'intérieur des territoires, nos distances influencent nos relations.**

■ **Les distances varient en fonction des cultures.**

■ **Les zones françaises d'interaction :**
- la zone intime : un avant-bras
- la zone personnelle : un bras
- la zone sociale : entre deux bras et 3 mètres
- la zone publique : au-delà.

■ **Le changement de zone change le type de relation.**

■ **La zone est en cohérence ou en incohérence avec la relation souhaitée.**

Les postures

Posture en contraction

Posture en extension

Posture en approche

Posture en rejet

Un signal d'attitude affective

La posture marque un moment privilégié dans la lecture des communications non verbales, parce qu'elle est un arrêt dans les séquences motrices qui nous animent. Arrêt sur image plus ou moins fixe, plus ou moins long, la posture perçue comme statique est donc facilement repérable. «La posture est un point privilégié d'ancrage.» J. Corraze

Miroir des attitudes psychiques, la posture nous renseigne sur la manière dont notre interlocuteur vit l'interaction du moment.

On distingue 4 postures :

- Les postures de soumission.
- Les postures de dominance.
- Les postures de rejet.
- Les postures de partage.

Nous appellerons postures globales les postures indiquées ci-dessus. Ces postures globales sont «construites» par une série de postures partielles, qui viennent plus ou moins renforcer ou déstructurer l'expression de l'ensemble.

Il peut arriver que deux postures partielles soient porteuses d'éléments contradictoires. Il peut arriver qu'une seule posture partielle soit révélatrice, à notre insu, d'une vérité dissimulée, parce qu'elle n'est pas en accord avec la posture globale volontairement exposée.

Spiegle et Machotka appellent cela «la grimace du corps».

4 postures = 4 attitudes

Ces quatre postures de base se distinguent par référence à une posture imaginaire neutre : celle de l'homme debout droit, les bras le long du corps, les pieds joints, le menton horizontal.

Quand nous disons que les postures sont le reflet des attitudes, cela signifie qu'elles indiquent l'état interne de la personne. La posture est kinésique (le corps), l'attitude est psychique (le ressenti).

Posture en contraction = attitude soumise

Tête rentrée ou inclinée, épaules basses, buste courbé, coudes au corps, bras resserrés, jambes croisées, pieds rentrés, et souvent mains en supination (paumes vers le ciel)...

Le périespace est étriqué et prend peu de place. Reflet de timidité, d'allégeance. L'individu est-il introverti ou l'impressionnez-vous ?

La posture de soumission qu'utilisent les ani-

Des postures de soumission

De la plus marquée des postures de soumission, à la plus commune, nous observerons toujours le signifiant : «Je me fais plus petit.»

- **L'HOMME PROSTERNÉ, couché face contre terre. Il offre sans défense sa nuque à l'autre. Il se fait le plus petit possible. C'est la soumission parfaite. La religion catholique a ritualisé cette posture pour l'ordination des prêtres. Cette notion de petitesse se signale dans les autres postures de soumission ritualisées.**

- **L'HOMME À GENOUX (gage de soumission et d'expiation) en prière ou en imploration.**

- **UN GENOU À TERRE, cher au vassal lige comme au chevalier prêtant serment. L'un des pieds repose sur le sol. Le soumis se fait petit, mais garde la possibilité de se lever facilement.**

- **LA GÉNUFLEXION esquisse le geste de mettre un genou à terre et l'espace d'un instant indique «Je me fais plus petit». L'homme s'incline, il penche le buste pour saluer et présente symboliquement son crâne aux coups. Le baisemain est un rituel de même signification d'allégeance.**

- **Enfin, LE «OUI» que nous faisons en baissant le menton reste l'embryon d'une soumission. C'est une acceptation à caractère de soumission.**

maux leur permet d'éviter la plupart du temps le combat. L'animal se met dans la position où il serait si l'autre l'avait déjà terrassé. Le dominant s'arrête alors. Il faut croire qu'il n'y a que chez l'homme que certains, lorsque leurs adversaires sont à terre, ont encore le courage de leur donner de grands coups de pied.

Parmi les attitudes soumises, il en est une très particulière parce qu'elle est codifiée : celle du «Haut les mains !». Je mets les mains en l'air en signe d'allégeance.

Posture en extension = attitude dominante

La caricature de la posture en extension serait : menton et tête hauts, épaules ouvertes, jabot (thorax) développé, bras ouverts, jambes écartées, pieds ouverts, mains en pronation comme des couvercles (paumes vers le sol)… toutes les postures partielles ne sont pas nécessairement réunies, mais l'ensemble donne une image volontairement ou involontairement surdimensionnée.

Posture en approche = attitude participative

Tête avancée, cou allongé, buste penché en avant, bras vers l'autre, mains ouvertes, un pied en avant… Cette posture (ou quelques éléments de cette posture) est typique de l'intérêt que vous porte votre interlocuteur.

Postures et peinture

La peinture est la représentation spécifique des postures. C'est sur une pause que le peintre va travailler. Quand il s'agit de peindre les rois en pied, le maître prend bien soin de lui donner un port noble, puissant, dominant. Généralement, les bras sont détachés du corps, une main posée sur un objet (en pronation) comme pour montrer son pouvoir, l'autre souvent en appui sur la hanche pour élargir encore son périespace. L'image prend une large place dans le tableau et, si on lui ajoute un manteau, c'est pour le surdimensionner encore. Quand il ne s'agit pas d'une armure qui donne un torse bombé. Le menton est haut, le «jabot» développé. La posture est en extension.
L'homme de Léonard de Vinci, qui sert à Manpower, peut difficilement être plus en posture d'extension.

Il y a recherche de partage et de participation. Il s'intéresse à vous !

Souvenons-nous tout de même des zones d'interaction ! La posture d'approche en zone intime peut être aussi la marque de la participation au combat. Les sumos, les catcheurs, les gardiens de but qui se préparent à bondir... sur l'autre ou sur la balle sont bien dans une posture en approche participative, mais...

Posture en rejet = attitude de refus

Cette posture est très évidente lorsqu'il s'agit des animaux. Deux chiens qui se craignent mutuellement vont avoir un détournement de la tête, mais ils ne lâchent pas l'autre du regard. Chacun est prêt à bondir ou à fuir.

Chez l'homme, nous retrouvons cette posture avec des variantes. Tête en recul ou détournée par rapport au buste, bras barrières, buste profil, appuis arrière, le regard n'est pas dans l'axe de la tête (il vous regarde de travers). Attention, c'est la posture du retors qui vous attend au coin du bois ! Fuite ou menace ?

Posture d'approche et posture d'accueil

La rencontre de deux personnes est l'expression typique de cette posture d'approche. Chacun va vers l'autre, les bustes s'inclinent, le cou se tend un peu, la main tendue vers l'autre est ouverte en signe de partage. Cette posture d'accueil est encore plus marquée pour certaines fonctions. Le pape ouvre les bras, tend les mains en supination, se penche vers la foule ou vers son interlocuteur.
C'est la même posture que l'on retrouve chez celui ou celle qui veut partager un secret avec vous... C'est encore à l'identique deux amoureux qui vont vers l'étreinte.

Posture en rejet et posture d'évitement

C'est la posture du boxeur qui, pour éviter les coups, se met de profil à son adversaire. C'est celle aussi de l'escrimeur qui va se fendre...
Buste en arrière et mains en pare-chocs, c'est la posture de celui qui se préserve, qui a peur, ou tout simplement qui marque son refus.
Attention donc, quand vous voyez un sauteur en longueur, un lanceur de poids ou de javelot prendre son élan : il commence par un recul, le corps en extension arrière pour mieux bondir.
La posture en rejet peut être pour votre interlocuteur une manière de prendre son élan, de prendre un peu de recul avant de vous agresser.

A retenir en priorité

■ **Tout changement de posture globale a une signification qui permet de lire en temps réel ce qui se passe chez mon interlocuteur.**

■ **La rupture de posture est des plus importantes : c'est le «marqueur kinésique». Lorsque vous êtes en entretien avec quelqu'un, lui comme vous, changez de position ; ce n'est pas un hasard : lui comme vous, réagissez à ce qui est dit, à ce qui se passe. Ces changements apportent des indications précieuses sur la manière de vivre l'instant présent. Passer d'une posture en approche à une posture en rejet, par exemple, n'est pas un facteur innocent ! Percevoir ces moments, c'est décoder le changement des attitudes. La prise en compte de ces moments privilégiés vous aidera à mieux comprendre la communication qui s'établit.**

Posture en contraction

Posture en extension

Posture en approche

Posture en rejet

Les grimaces du corps

Il n'y a pas que le visage qui fait des grimaces. Les grimaces du corps peuvent apporter des mines d'informations.
La grimace du corps nous renseigne d'autant plus qu'elle est une fuite involontaire. Globalement, votre interlocuteur veut vous faire croire à une attitude, mais comme il ne peut maîtriser tout son corporel...

Cohérence ou incohérence ?

Dissonance ou consonance ?

Congruence ou incongruence ?

Pour comprendre ce qui se passe dans votre interaction, il suffit de vous poser trois questions :

Cohérence ou incohérence ?

C'est le rapport entre le fond de ce qu'il me dit, le sens des mots et la posture qu'il me montre.

«Je suis prêt à faire cette démarche» et vous découvrez que la posture de votre collaborateur est en contraction : les bras croisés, il rentre un peu la tête. Il va falloir le pousser à s'engager davantage. Il se soumet certes, mais «à son corps défendant».

Quelque chose le gêne ! Quoi ?

«Tu m'aimes ?»

«Oui, oui, je t'aime !», mais dans sa posture de partage vient se greffer une posture partielle de fuite : le buste se met de profil, les coudes se resserrent, il regarde ailleurs... Aïe ! aïe ! aïe !

Deux postures partielles en dissonance.

Postures en congruence

Dissonance ou consonance ?

Dissonance : de quoi s'agit-il ? Tout simplement d'une posture partielle qui ne correspond pas à une posture globale. Il y a encore dissonance quand deux postures partielles sont en opposition, par exemple, une posture du haut du corps en opposition avec une posture du bas du corps.

Quand tout s'harmonise, il y a consonance.

«*On se sent bien chez vous !*» dit votre visiteur. Les bras sont largement ouverts, mais les jambes sont en scoubidou et ses fesses au bord de la chaise. Il y a dissonance. Où est le malaise ?

Congruence ou incongruence ?

Entre deux personnes, les postures peuvent être semblables. En miroir, elles sont alors en congruence directe. Les attitudes sont en partage. Le courant passe bien.

En revanche, les postures peuvent être en incongruence. Les attitudes sont en désaccord. Le courant passe mal.

La Vénus de Botticelli

Pour vérifier le ressenti de la réception d'un message postural, Spiegel modifie la posture des bras sur les images nues de la Vénus de Botticelli. Il demande aux observateurs d'indiquer les deux images les moins attirantes sur la vingtaine d'images présentées avec des bras dans toutes sortes de positions. Les deux images considérées comme les moins attirantes sont celles où le personnage nu ouvre un bras comme pour se livrer, mais se couvre une partie du corps avec l'autre comme pour interdire le passage.

Il s'agit bien d'une grimace : les deux postures de bras se contrarient et ne correspondent pas à la posture globale. Au début de son expérimentation, Spiegel avait employé le terme de sympathie : «Quelles sont les images que vous trouvez les plus sympathiques ?» L'expérience ayant lieu avec un panel mixte, Spiegel s'est très vite rendu compte que le mot «sympathie» face à une image de femme nue n'avait pas la même signification pour un homme que pour une femme ! Est-ce que le mot «attirante» arrange les choses ?

«Quelle joie de vous voir ici !» L'un a les bras ouverts vers l'autre, l'autre croise ses mains sur son estomac.

Toutes les études prouvent que le rapprochement de deux êtres se fait davantage sur des comportements semblables que sur une convergence d'opinions.

Facilitez votre communication

«Faciliter : c'est l'art de rassurer» disait J.-P. Sartre. On est toujours rassuré lorsque l'on sent que l'autre nous ressemble : «Je m'entends bien avec lui, parce que nous sommes pareils.» Alors, pour faciliter toutes vos communications, tâchez d'un peu ressembler à celui qui vous parle ou qui vous écoute. Il ne s'agit pas de le caricaturer, mais de vous mettre en accord postural avec lui.
La technique de synchronisation (ou syntonique), qui consiste à bouger avec votre interlocuteur, est aussi un bon moyen de montrer que vous faites le chemin ensemble.

Postures en incongruence

Le jeu de paumes

Parmi les postures partielles, les postures des bras et des mains sont très représentatives des attitudes. Mais ce sont les paumes des mains qui sont porteuses des signifiants les plus forts.

Paumes tournées vers le ciel («en supination»)

Elles apportent partage et bienveillance. C'est la posture favorite des prêtres : *«Laissez venir à moi les petits enfants.»* C'est aussi dans la vie courante : *«J'ai les mains vides. Regardez, je suis sans arme... ou sans outil.»*

Paumes tournées vers le sol («en pronation»)

C'est une sorte de couvercle, qui apaise mais aussi qui pèse et domine. *«Nous allons travailler ensemble !»* dit le manager debout devant les participants assis, et ses paumes de mains ont l'air de couvrir le groupe. Ensemble oui, mais *«sous ma conduite, sous mon pouvoir !»*.

Paumes parallèles, perpendiculaires au sol

Elles marquent par leur tranchant (plus ou moins raide) l'attachement à un argument, la préservation d'un objet. La canalisation de la pensée : *«Voilà le créneau qui nous intéresse.»*

Quand il s'agit d'une seule main en tranchant, c'est carrément le couperet : *«C'est comme ça et pas autrement !»*

Paumes en avant (bras tombant le long du corps)

C'est l'impuissance des mains vides : *«Les bras m'en tombent et je n'ai rien dans les mains.»* C'est la marque de l'incapacité, et de l'impossibilité :

«Je ne sais pas... Je ne peux pas.»

Paumes en avant vers l'autre (levées devant le buste)

Il s'agit d'un geste pare-chocs : les paumes des mains marquent le refus en faisant un geste repoussoir.

Cette posture barrière est utilisée dans la peur, l'interdit... : *«Non, non, il n'en est pas question !...»*, *«Ne me parlez pas de cela.»*

Paumes cachées

Les doigts se referment, c'est le poing. Cette posture partielle est vite reconnue de tous. Elle marque la menace, la colère, la tension, mais aussi l'énergie : *«Il faut se battre pour y arriver !»*, *«Serre les poings, et vas-y !»*

C'est aussi une manière de crispation pour lutter contre la douleur.

Mains en supination :
«Je veux bien partager avec vous.»

Mains en pronation :
«Vous travaillez sous mon autorité.»

Paumes parallèles :
«Vous êtes en liberté surveillée.»

«Je ne sais pas, je ne peux pas.»

«Attendez ! Attendez !...»

Je le jure !

La paume de main vers le sol tendue à bout de bras signifie l'engagement symbolique de couvrir quelque chose de sacré, on jure sur la Bible, sur le règlement, sur... la tête de quelqu'un. C'est aussi le toit que l'on met pour préserver. Signal d'allégeance dans le salut à César ou à Hitler. Il est remarquable de constater que plus le Reich s'effondre, plus le geste se raccourcit et devient furtif. «Ma paume de main, tu la vois, tu l'as vue, tu la vois plus !»

Le geste de prière

Mains jointes, les paumes rentrent en contact l'une avec l'autre. Ce geste existait déjà en Inde, 2000 ans avant le christianisme. Il s'agissait de montrer symboliquement : «Je suis à toi mains et poignets liés.» C'est aussi le geste du vassal lige couvert par les mains de son suzerain qui lui doit protection.

Quelques tests de postures !

Les postures partielles des bras et des jambes sont souvent des postures acquises par apprentissage personnel. Nous les reproduisons souvent sans nous en rendre compte. Mais les habitudes que nous avons prises sont difficiles à changer.

Les croisements de doigts

Croisez les mains, doigts entrelacés et serrez. Un pouce passe sur l'autre. Vous êtes bien !
Inversez maintenant le croisement, l'autre pouce passe au-dessus, tous les doigts changent de position. Comment vous sentez-vous ? «Mal !»

Les croisements de bras

Croisez vos bras. Vous êtes bien. Vous l'avez fait spontanément sans difficulté !
Inversez maintenant votre croisement. Prenez votre temps. Ce que vous avez fait facilement dans un sens est difficile dans l'autre. Vérifiez ! Comment vous sentez-vous ? «Mal !»

Les postures de pieds

- Quels personnages introvertis sont dessinés les pieds souvent en dedans ? Bécassine, Olive femme de Popeye, Obélix quand il est amoureux et intimidé !
- Quels personnages extravertis marchent les pieds très ouverts ? Charlot, le clown Auguste, Obélix quand il y a du sanglier ! Les petites ailes du casque d'Astérix en disent autant.

A retenir en priorité

■ **Ne confondez pas posture (l'image physique) et attitude (état psychique).**

■ **Décodez les marqueurs kinésiques (changements de postures).**

■ **4 postures globales de base :**
- en contraction : attitude de soumission
- en extension : attitude de domination
- en rejet : attitude de retors
- en approche : attitude de partage.

■ **3 questions :**
- Y a-t-il dissonance ou consonance entre ses postures partielles ? (Le haut et le bas du corps expriment-ils la même chose ou pas ?)
- La posture globale est-elle en cohérence avec ce qu'il dit ? (Sa posture correspond-elle ou non au sens de son message ?)
- Nos deux postures globales sont-elles en congruence ou en incongruence ? (Elles se ressemblent ou pas ?)

LE VISAGE

Darwin s'y intéressait déjà

«Ne pas perdre la face»

Un menteur privilégié

Le visage prend une place prépondérante dans notre communication. C'est la partie du corps que nous regardons le plus lorsque nous parlons avec quelqu'un. C'est là que s'expriment les mots et c'est là que les émotions sont les plus représentatives a priori. «L'affect est, au premier chef, un comportement facial» nous dit Tomkins. Soit, mais cet affect va passer par 400 combinaisons possibles. Comment s'y retrouver ?

Darwin s'y intéressait déjà

Il est sans doute l'un des premiers chercheurs à s'être intéressé aux mimiques et aux transports des émotions qu'elles reflètent.

En demandant à une vingtaine de correspondants dans le monde ce que signifiaient pour eux diverses expressions et autres mouvements du visage qu'il leur décrivait, il se rendit compte du caractère quasi universel de certaines expressions faciales. Il fit une première classification des émotions fondamentales chez l'homme.

Cette classification est souvent reprise aujourd'hui, même si certains chercheurs y apportent quelques modifications de détail.

Oui ! Mais autour de ces émotions de base vont se greffer quantités d'expressions dues à la mobilité des muscles du visage. Nulle autre partie du corps ne peut en si peu d'espace développer une telle palette de ressentis.

Les méthodes de lecture par les constituants, comme celle élaborée par Ekman, Friesen, Malmstrom (le FAST : Facial Affect Scoring Technique), donnent

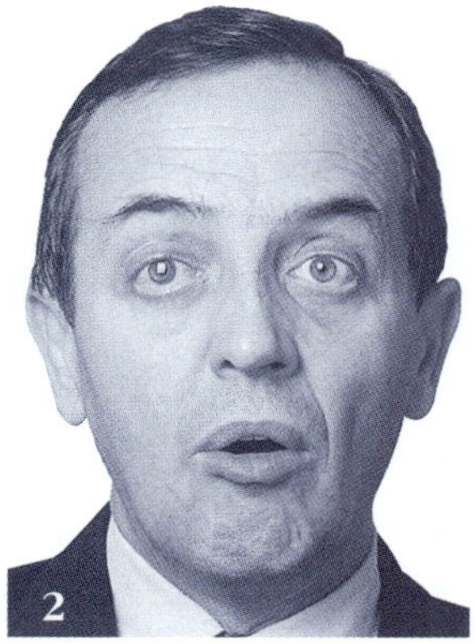

Les 6 émotions fondamentales

La joie (1), la surprise (2), la peur (3), la colère (4), la tristesse (5), le dégoût (6) sont reconnus de manière significative dans le monde entier, quels que soient les visages, les cultures et les races.

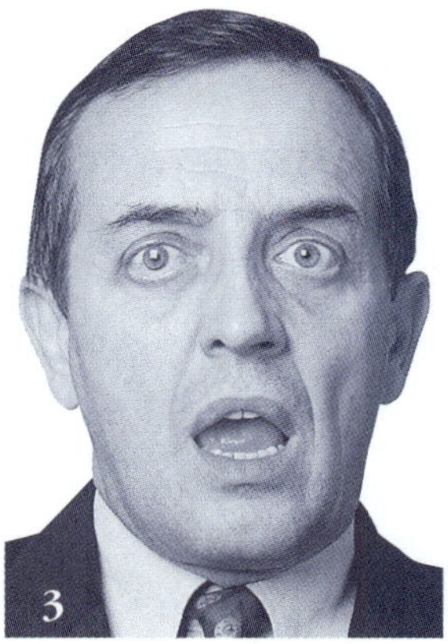

REMARQUES :

Certains chercheurs ajoutent à cette classification trois autres émotions : l'horreur, la satisfaction, l'intérêt.
Mais l'horreur est-elle si loin de la peur ?
La satisfaction est-elle si loin de la joie ?
L'intérêt est-il très loin de la bonne surprise ?

C'est parce que justement on retrouve des signaux communs à plusieurs expressions qu'il est difficile de les définir radicalement.
Et pourtant nos capteurs ne nous trompent pas !

peu de résultats satisfaisants pour décoder de façon empirique la signification des gestes faciaux. En revanche, par la méthode des juges, on s'aperçoit que nous arrivons à comprendre l'état affectif de l'autre avec beaucoup de perspicacité.

«Ne pas perdre la face»

L'expression dit bien ce qu'elle veut dire. Perdre la face, c'est perdre la plus importante partie de nous-mêmes.

Oui ! Mais voilà ! Ce que nous voyons et percevons sur le visage des autres, les autres le perçoivent sur le nôtre. Nous le savons, nous l'expérimentons dès notre plus jeune âge. Alors, nous apprenons à maîtriser cette partie du corps mieux que toute autre. Nous apprenons à tromper notre monde, soit en interdisant à notre mimique de manifester une émotion, soit encore en la remplaçant par une mimique d'expression différente. C'est la raison pour laquelle Ekman appelle le visage «un menteur privilégié».

Cela s'explique d'autant mieux que nombre de chercheurs, dont Mehrabian, ont prouvé que plus notre gestuelle s'effectue sur une partie du corps proche du cerveau, mieux elle est maîtrisable.

Pas d'expression du visage ? Pas de communication !

Izard, en sectionnant les muscles bilatéraux du singe Rhésus, met en évidence le rôle facial dans l'interaction. Le singe, dont la face est devenue sans expression, est relégué tout en bas de la hiérarchie par les autres singes. Les rapports agressifs augmentent, même entre les enfants et leur mère.

Deux zones faciales

La zone des yeux

La zone du museau

Parmi ces mimiques ou gestes du visage, on retient l'importance de deux zones :

La zone des yeux

Froncement de sourcils, clignement des paupières, froncement du front et surtout le regard dont nous allons reparler.

La zone du museau

Elle s'étend du menton au nez. C'est la plus mobile. Ce qui se passe à ce niveau est des plus importants, puisque c'est la région qui entoure la bouche. Celle qui parle et qui sourit.

La caricature des expressions

■ LE HAUT DU VISAGE	
Les différents regards	**Directif, sournois, étonné**
Plissement du front	**Difficulté, douleur, étonnement**
Froncement des sourcils	**Problème, difficulté**
Un seul sourcil baissé	**Doute, suspicion**
Ridules autour des yeux	**Sourire, gentillesse**
■ LE BAS DU VISAGE	
Les narines se pincent	**Colère, sévérité**
La bouche s'ouvre	**Etonnement, curiosité, peur**
La bouche sourit	**Plus de 50 sourires différents**
La bouche asymétrique	**Rictus, doute**
Mordillement des lèvres	**Mensonge, difficulté**
Commissure basse	**Tristesse, dégoût**
Commissure haute	**Joie, satisfaction**
Mâchoires serrées	**Douleur, colère**

Echange de regards

- Dans une zone sociale rapprochée (1,50 à 1,80 m) en interaction avec un inconnu, nous passons 60 % du temps à regarder l'autre. Mais les regards réciproques (se regarder en même temps) ne font que 30 % du temps.
- Quand quelqu'un parle, il regarde moins son interlocuteur (41 % du temps), que lorsqu'il l'écoute (75 % du temps).
- Les femmes regardent globalement plus que les hommes.
- C'est dans la relation homme - femme que l'on obtient les chiffres les plus hauts.
- Le sujet dominé (avec son supérieur hiérarchique) regarde plus, quand il écoute son supérieur, que quand il lui parle. Le supérieur, en revanche, regarde plus quand il parle que quand il écoute (Exline et coll.).

Le regard
Mauvais œil ou partage ?

Un geste de partage

C'est le premier geste de rencontre : *«Ils ont échangé des regards.»*

Le regard est un geste qui touche à distance. Nous avons dit son importance dans la partie «communication». Regarder quelqu'un, c'est marquer l'attention qu'on lui porte.

Le regard éveille l'attention : le canal visuel est ouvert. Il sert de stimulus : *«Je me suis senti regardé.»*

La nature fait bien les choses. Elle souligne par un trait de poils fournis (les sourcils), mieux qu'un trait de crayon, une zone de communication primordiale. Le sourcil est un signal de repérage de l'œil. Un rituel que l'on retrouve dans de nombreux pays place «le clin de sourcil» comme le signifiant d'un signe de rencontre amical. Chez nous, ce «clin de sourcil» amical qui consiste à relever le sourcil, et donc à ouvrir grands les yeux, est souvent un palliatif pour signaler à l'autre qu'on l'a vu, même si l'on est occupé à autre chose. Au Japon, ce mouvement de sourcils est considéré comme indécent.

En revanche, dans notre culture, quand vous parlez ou écoutez, si vous regardez trop ailleurs, vous exprimez la timidité, l'évitement, l'instabilité ou la réflexion profonde peut-être. Mais vous ne dites pas à l'autre *«je suis avec vous»*.

Le *«regarde-moi quand je te parle»* que nous avons entendu si souvent dans notre enfance est un rappel d'attention. C'est une façon d'interdire à l'autre de s'occuper d'autre chose.

«Tu peux me redire cela en me regardant, s'il te plaît!» prend la même signification, c'est-à-dire : *«Ne fuis pas !»*

Regarde-moi dans les yeux !

Ce regard directif est communément considéré chez nous comme un facteur de franchise. En réalité, sachez que quelqu'un qui ment vous regardera encore plus dans les yeux que dans une situation normale (voir nos expérimentations pratiquées au laboratoire de Psychologie sociale de l'Université d'Aix-en-Provence). Il semble, en effet, que le menteur «surcompense» pour ne pas être pris en défaut. Dans notre enfance, nous avons dû nous faire «avoir» tant de fois sur des fuites de regards incontrôlées que, devenus adultes, nous les maîtrisons (trop) pour ne pas être pris en défaut. Le balancier repart dans l'autre sens mais avec exagération.

Votre regard peut être directif pour indiquer l'attention mais, dans certains cas, il peut aussi être menaçant. Regarder l'autre dans les yeux va, selon la distance, la situation, le contexte prendre des allures toutes différentes. Il peut être pris alors comme facteur agressif en zone intime. Regardez la façon dont deux boxeurs arrivent à se regarder nez contre nez et les yeux dans les yeux pour impressionner leur adversaire.

Le regard peut aussi souligner une attitude hautaine et évaluatrice sur une posture en extension. Ce pouvoir de dominance du regard passe

Le regard : déclencheur de fuite ?

Un test pratiqué aux Etats-Unis (Ellsworth) montre que le regard, loin d'être toujours un facteur de rencontre, peut, au contraire, engendrer parfois la fuite. L'expérimentateur se place à un feu rouge de carrefour et regarde les conducteurs à l'arrêt (moins de 3 mètres). Ceux-ci manifestent tout d'abord des signes de gêne, d'agitation. Chronométrés de l'autre côté du carrefour, les «regardés» traversent significativement beaucoup plus rapidement après avoir démarré plus vite que ceux qui ne sont pas regardés.
Le même résultat est obtenu avec des piétons.

Alors, regards facilitateurs ou pas ?

Une expérience intéressante va nous aider à comprendre (Ellsworth).

Dans une galerie marchande, une jeune femme est accroupie. Une autre jeune femme portant une valise demande aux passants d'aller l'aider, prétextant qu'elle a, elle, un train à prendre.
Si elle aborde les gens en expliquant : «Regardez, cette jeune femme a perdu ses verres de contact ! Je ne peux aller l'aider, j'ai un train à prendre. Voulez-vous y aller ?» : la situation est claire (a).
Si elle demande au contraire : «Regardez cette jeune femme, elle a besoin d'aide. Je ne peux aller l'aider, j'ai un train à prendre. Voulez-vous y aller ?» sans spécifier pourquoi la jeune fille est accroupie : la situation est ambiguë (b).
Dans chacun des deux cas, on mesure le nombre de personnes qui vont aider la jeune femme, quand celle-ci regarde.

Quand la jeune fille accroupie regarde le passant :
Si la situation est claire (a), 83 % des gens viennent l'aider.
Si la situation est ambiguë (b), il y en a seulement 25 %.

Quand la jeune fille accroupie ne regarde pas le passant, le pourcentage d'aide n'est pas sensiblement modifié entre les situations claires et ambiguës (autour de 50%).

dans les expressions : *«baisse les yeux, petit effronté»*, *«et cesse de me regarder comme cela !»*

Oui ! Mais dans l'intimité affective, tout le monde sait que *«regarder dans les yeux, c'est voir l'autre au fond de l'âme»*. Le regard est alors un signal d'attraction. Ce pouvoir attractif s'exprime dans le domaine de la sympathie et de la sexualité. Le rôle de signal sexuel dû à l'élargissement des pupilles est bien connu depuis longtemps des femmes (italiennes en particulier), qui élargissent artificiellement leur diamètre pupillaire. Cette dilatation des pupilles est déjà un phénomène naturel, qui se produit sur un individu qui se montre plus attentif.

Quant aux effets sur les hommes, à partir d'une même photographie d'un visage féminin en deux exemplaires, dont l'un a été légèrement corrigé pour élargir les pupilles, c'est systématiquement celui-ci qui sera préféré à l'autre.

Situation ambiguë : le regard provoque la fuite.
Situation claire : le regard aide au rapprochement.

Communiquez dans une situation claire

C'est bien celle que vous vivez lorsque vous êtes en entretien, en débat avec quelqu'un ou que vous faites un exposé en public. Les rôles sont bien définis, chacun sait pourquoi l'autre est là.

Dans ces conditions, efforcez-vous de regarder votre interlocuteur ou votre public, sans plonger pour autant votre regard au fond des yeux de chacun.

En revanche, pensez que vos fuites de regards seront perçues de façon négative.

N'oubliez pas que votre regard vous informera en temps réel de ce qui se passe ici et maintenant. Ces informations-là sont capitales, elles vous aideront à décoder le non-verbal.

Vous parlez avec des étrangers ?

Le regard que vous portez sur l'autre en interaction n'a pas la même fréquence selon les cultures. Vous qui rencontrez des personnalités, des collaborateurs ou des clients étrangers, tenez compte de quelques particularismes :
Les Arabes, Sud-Américains, Européens du Sud ont un temps de regard mutuel plus élevé que les Asiatiques, Indiens et Européens du Nord.
Pour les Arabes, détourner son regard est une impolitesse, beaucoup plus forte encore que chez nous.
Le regard directif est, pour un Africain, un manque de respect.
Mieux encore, si vous travaillez avec des Japonais, ne soyez pas étonné s'ils détournent souvent le regard : c'est une marque de respect, comme en Chine. Regarder l'autre est pour eux un signe d'agressivité.

Mauvais œil ou partage ?

Petite histoire de dictons sur des regards qui en disent long

Elle lui avait tapé dans l'œil, cela sautait aux yeux. Alors, pendant qu'elle regardait ailleurs, il entreprit de la déshabiller du regard pour mieux se rincer l'œil.

En un clin d'œil, elle eut la sensation d'être mise à nu sous ses yeux. Elle jeta un coup d'œil dans sa direction, tandis qu'il promenait indécemment son regard sur elle.

Comme elle n'avait pas froid aux yeux, elle lui fit bien voir qu'il n'avait aucun droit de regard sur elle, qu'il se mettait le doigt dans l'œil et que, pour sa part, elle n'avait nullement l'intention de marcher au doigt et à l'œil.

Mais lui, qui visiblement s'en battait l'œil comme de sa première chaussette, soutint que c'était une vue de l'esprit et qu'en réalité, il la regardait avec les yeux de l'amour.

En le fixant droit dans les yeux, elle lui fit remarquer que c'était un point de vue difficile à défendre puisque l'amour était aveugle.

A première vue, cela ne crevait pas les yeux, mais pour lui, l'expression «loin des yeux, loin du cœur» prouvait au contraire que l'amour avait bien le compas dans l'œil...

Elle rougit quand elle s'aperçut qu'il continuait à la dévorer du regard.

«Voyons voir, lui dit-elle, vous avez sans doute les yeux plus grands que le ventre.»

Pour lui montrer illico qu'il avait bon pied, bon œil, il lui jura qu'il tenait à elle comme à la prunelle de ses yeux et soupira, en plongeant ses yeux dans les siens, «T'as d'beaux yeux, tu sais !».

A ces mots, elle faillit tourner de l'œil. Et comme il continuait à la manger des yeux, elle accepta de se laisser manger !

Ils firent l'amour les yeux dans les yeux, loin des regards indiscrets.

Et quelques mois plus tard... elle était enceinte jusqu'aux yeux.

Le sourire est communication

Convivialité

Une aide à l'échange

Vrais ou faux sourires ?

Le sourire est certainement né d'une ritualisation du rire. Le rire est, au commencement, une manifestation agressive. Montrer les dents est une manière de faire peur à l'autre. Il suffit de regarder des enfants jouer pour voir qu'ils se battent en riant. Dans tous les films d'horreur, le méchant rit d'un rire satanique ! Et les vampires, donc ? Je ne vous raconte pas les quenottes !

Convivialité

Le sourire qui cache les dents est entendu chez nous comme un rapprochement spatial. Sourire, c'est marquer sa non-agressivité. Le sourire incite à la convivialité.

Bon nombre de personnes pensent que l'on ne peut pas sourire, si l'on dit des choses tristes. Pourtant, c'est à travers ce sourire que passent les émotions. N'oubliez pas qu'un sourire peut être triste et que l'on peut faire passer la tendresse, l'affection en souriant des yeux.

Une aide à l'échange

Chez nous, il marque la reconnaissance de l'autre, il aide à l'échange. C'est par un sourire que vous signalez à l'autre que vous

Le rire est communicatif. Le sourire est communication.

êtes bien avec lui. C'est par ce sourire que vous allez marquer le style de l'interaction.

Un «bonjour» s'accompagne d'un sourire de reconnaissance, qui renforce le fait de souhaiter à l'autre une bonne journée, un «bon jour». Ne confondez pas rire et sourire.

Vrais ou faux sourires ?

Ce que l'on appelle vrai sourire aux Etats-Unis est un sourire qui montre aussi bien les dents du haut que celles du bas. Ce sourire-là est pour nous reçu comme factice, trop appuyé et non sincère. A nos yeux, il est faux.

Dans la cinquantaine de sourires différents décodés par Ekman, il est bien difficile de s'y retrouver.

Le sourire asymétrique ou crispé est souvent considéré comme un rictus. Il apparaît dans la difficulté, le mal-être, la timidité, comme si l'on voulait donner le change et qu'on n'y parvenait pas.

N'oubliez pas que le sourire est comme le bâillement, un geste qui provoque une action communicative réflexe.

Le sourire répond au sourire. Usez-en sans en abuser.

Des sourires et des hommes

Il peut être pincé, quand il n'est pas content, ou paraître forcé quand il donne le change. Il est niais, quand il naît de l'incompréhension, tandis qu'intelligent, il fleurit un regard. C'est quand il sous-entend, qu'il peut passer sournois, et jaune quelquefois, il reflète un malaise. Il joue la complaisance avec la politesse et peut être troublant, quand il se veut charmeur.

Aux coins des lèvres, il a cette pudeur timide qui sait discrètement étouffer un fou rire. Lorsque enfin débridé, il veut montrer sa joie, c'est de toutes ses dents qu'il éclaire un visage. Il a pour faux amis les rictus sarcastiques, ceux qui sont trop coincés, ceux qui restent trop froids.

Mais rien n'effacera la tendresse qu'il a, quand maternellement penché sur un berceau, il voit se dessiner en écho, doucement, la faveur du premier sourire d'un enfant.

A retenir en priorité

- **Le visage est l'expression de l'affect.**
- **Le visage est un menteur privilégié.**
- **Deux zones importantes du visage :**
  - les yeux et leur pourtour
  - le museau : du nez au menton.
- **Le regard facilite la communication, quand la situation est ambiguë.**
- **Le sourire, un geste de partage.**
- **Le rire est communicatif, le sourire est communication.**

LES GESTES QUI PARLENT

Le geste, c'est l'homme

«Il n'y a que le geste qui compte», cette phrase si souvent répétée n'est pas si loin de la réalité. Le geste est l'animation de la pensée. Non seulement il illustre nos propos, mais il décrit nos attitudes aux yeux des autres.

Gestes et personnalité

On sait que les gens du Sud font globalement plus de gestes que ceux du Nord, et les Italiens donc ! Il s'agit bien de racines. Apprentissage, sans doute. Mimétisme de l'homme avec son environnement communicatif, certainement. Oui mais...

Notre gestuelle est le reflet de nos racines.

- Deux personnes du Midi de la France ne feront pas les mêmes gestes pour raconter une même histoire. Leurs acquis culturels, personnels, leur milieu familial, leur histoire, leur éducation modifieront leur gestuelle.

Notre gestuelle est le reflet de notre culture.

- Ces deux mêmes personnes, l'une étant devenue P.-D.G. et l'autre chef de service, transformeront encore leur gestuelle lorsqu'elles parleront ensemble. Le statut vient interférer dans leurs comportements.

Notre gestuelle est le reflet de notre fonction.

- Pourtant, chacune de ces personnes changera encore sa manière de bouger, selon qu'elle sera dans une église ou dans une boîte de nuit, en colère ou détendue, influencée cette fois-ci par l'environnement physique et le vécu psychique de l'instant présent.

4 facteurs conditionnent nos gestes

- Nos racines.
- Notre culture.
- Notre statut.
- L'état psychique et l'environnement du moment.

Notre gestuelle est le reflet de notre ressenti.

Ce dernier paramètre parasite souvent les trois autres !

Est-ce à dire que, tributaire de l'émotion présente et de l'environnement, notre gestuelle ainsi influencée ne peut être représentative d'une personnalité ? Bien au contraire, c'est toujours la même personne avec sa propre gestuelle ; simplement, les conditions où elle s'exprime la modifient dans son envergure, sa direction et le type de gestes utilisés. La sélection est inconsciente, mais elle se fait toujours dans la même panoplie personnelle.

Si les constats de postures, de distances, de territoires sont relativement faciles à repérer, il en va donc tout autrement de la gestuelle. L'homme est en mouvement et percevoir, à l'intérieur de ses mouvements, les caractéristiques spécifiques à notre interlocuteur n'est pas aussi simple. Heureusement, nous vivons tous les jours ce type d'impression subjective, et nous avons souvent raison, sans savoir pourquoi.

Appuyer nos constats sur des éléments objectifs, cela est possible !

«Arrête de gesticuler !»

Des gestes pour qui ?

Vos gestes précèdent vos paroles

La figure des gestes

Le degré de relâchement

Libérer le corps pour libérer l'esprit

Des gestes pour qui ?

Pour l'autre ? (communication instrumentale)

Au départ d'un vol, les hôtesses indiquent par gestes les diverses consignes dictées par haut-parleur. Elles montrent les portes de sorties, les emplacements des masques à oxygène, le fonctionnement des gilets, etc. Ce sont bien des gestes pour les autres. Leur caractère universel garantit la compréhension de tous. Et le même message est vu par un grand nombre de personnes en même temps.

S'il fallait expliquer ! Ou se contenter d'une voix off dans la langue de chaque passager ! Sans ces gestes de démonstration, les gilets, en cas d'accident, risqueraient de se transformer en chapeaux de pêche et les masques à oxygène en punching-ball !

Ou pour vous ? (communication consommatoire)

- Téléphonez donc à un ami pour lui indiquer comment venir chez vous en voiture. Vous faites des gestes et pourtant il ne vous voit pas !
- Essayez de crier *«hourra, j'ai gagné !»* en laissant tomber les

«Ne parle pas avec les mains !»

Voilà le discours bien souvent fait par les parents à leurs enfants. Pourquoi ? Pourquoi dit-on qu'il n'est pas de bon ton de faire des gestes ?
La haute société a toujours rejeté le phénomène gestuel spontané, pour privilégier le geste de savoir-vivre admis, codifié, parce que le geste trahit des émotions qu'il n'est pas bon de dévoiler : la reine d'Angleterre n'a pas à montrer son énervement, sa colère, sa peur, son dégoût... elle doit rester une fonction avant tout, maîtresse d'elle-même dans toutes les situations. Pour éviter les «fuites» qui pourraient être interprétées comme des faiblesses, elle pratique «l'étiquette», un protocole où tout est codifié.
Et vous ne verrez jamais la reine d'Angleterre les deux mains sur les hanches. La poissonnière du coin, pourquoi pas ?

bras ! C'est bougrement dur.

- Clamez *«je suis en pleine forme !»* en voûtant le dos et les bras ballants. Ça ne colle pas.

- Dites *«je suis un homme ouvert»* en croisant les bras et les jambes...

Vos gestes précèdent vos paroles

Dans la vie quotidienne, et de façon instinctive, le geste précède la parole. Si, pour arrêter une voiture qui fonce sur vous, vous criez *«Stop !!!»* et faites le geste après, il y a de grandes chances pour que vous vous fassiez écraser.

Le seul moment où le geste peut suivre et non précéder la parole est l'illustration mimée de ce que l'on vient de dire : *«Je prends une carotte et deux oignons, je les mets dans une casserole...»* Les conseillers en recettes culinaires utilisent à la télévision ce procédé : «dire» d'abord et «faire» ensuite.

La figure des gestes

Le geste rond est généralement lent et porteur de douceur. Il arrondit les angles, il rassure. Le calme et la souplesse qu'il illustre donnent une impression de maîtrise.

- Les bons négociateurs apportent, par leur gestuelle ronde, une recherche d'accord qui passe par la non-agressivité.

- Trop de rondeur dans le geste peut aussi donner l'impression d'obséquiosité, ou tout simplement de mollesse.

Le geste en rupture et pointu est généralement rapide.

- Il donne une impression tranchante et directive.

- Si un tel geste marque le dynamisme et la rigueur, il peut aussi passer pour agressif et rigide.

Dans la colère, il nous arrive de faire de grands gestes en rupture. Tétanisés, nos gestes deviennent raides et nous rendent ridicules.

Le degré de relâchement

Mehrabian constate expérimentalement que 5 paramètres sont significatifs de relâchement. Il s'agit de caractéristiques, tant posturales que gestuelles, qui montrent que votre interlocuteur est décontracté.

A contrario, lorsque vous êtes tendu, efforcez-vous de mimer cette gestuelle de relâchement. Elle vous aidera à acquérir le calme et la relaxation.

«Mimez la bonne santé, disait Alain, *plutôt que la maladie.»*

La bilatérisation du geste : n'oubliez pas que vous avez deux bras et deux mains. Sans exagérer votre gestuelle, évitez de n'utiliser qu'un côté.

La variété étant source d'intérêt, que vous soyez droitier ou gaucher, vous avez une activité gestuelle préférentielle. Elle risque d'être monotone. Jouez donc de la bilatéralité.

Le degré de relâchement

Du plus significatif des relâchements au moins significatif, nous prendrons en compte :

- l'asymétrie des bras ou leur écartement,
- l'inclinaison du corps sur le côté,
- l'asymétrie des jambes,
- le relâchement des mains,
- le relâchement du cou.

Gaucher ou droitier ?

- Les purs droitiers ou gauchers sont rares. Quand vous passez vos mains derrière le dos, quelle est celle qui prend l'autre ? Quand vous applaudissez, laquelle frappe l'autre ?

Comment en êtes-vous arrivé là ?
A 12 semaines, Bébé utilise indifféremment les deux mains.
A 16 semaines, il devient gaucher.
A 24 semaines, il est bilatéral à nouveau.
A 28 semaines, il est plutôt droitier.
A 32 semaines, nouvelle bilatéralité.
A 36 semaines, la majorité est gauchère.
Entre la 40e et la 44e semaine, tous sont droitiers.
Entre 52 et 56 semaines, quelques-uns retournent à la main gauche, ils seront gauchers (1/10e de la population mondiale). Les autres resteront droitiers.

Geste bas

Geste autiste

Geste haut

Geste ouvert

Les gestes à éviter

Ils rendent difficile le passage du message.

■ GESTES BAS

Tous les gestes qui vont vers le bas sont porteurs de signifiants négatifs. Le geste du pouce vers le sol en est l'expression la plus forte. Les expressions populaires «les bras m'en tombent» ou «je baisse les bras» expriment bien cet aspect négatif.

■ GESTES AUTISTES

Ils vont vers soi et non vers l'autre. Ils ne cherchent pas à convaincre, mais à se persuader soi-même. Ces gestes se transforment rapidement en auto-contacts.

■ GESTES «BARRIÈRES»

Ils font pare-chocs, c'est une frontière derrière laquelle l'individu s'abrite, refuse ou se met sur la réserve. La main ou les mains devant soi, paumes tournées vers les autres, marquent bien la limite, l'interdiction d'avancer. «Je suis tout à fait d'accord avec vous» lance votre interlocuteur, mais ses mains sont en pare-chocs vers vous comme pour vous dire : «Arrêtons-là, passons à autre chose.»

■ GESTES PARASITES

Ils sont «à côté» du message. Ils marquent un état psychique, l'émotion, la peur, l'anxiété, la fatigue, l'agressivité, mais ne correspondent pas au message que l'on veut faire passer.

Les gestes à utiliser

Ils améliorent et renforcent le message.

■ FAITES DES GESTES HAUTS

Ils ont tous une connotation active ou positive. Reprenez le geste du pouce, mais cette fois-ci pouce vers le ciel. Il marque la réussite, ou «tout va bien», «c'est parfait !». Le vainqueur de l'étape, même fatigué, lève les bras en signe de victoire. Tous les signes de reconnaissance sont faits vers le haut pour affirmer la suprématie, la volonté, l'engagement : du salut fasciste au V de Churchill, en passant par le poing levé du boxeur qui vient de mettre K.O. son adversaire.
Bien entendu, nous disons gestes hauts mais, selon la distance qui nous sépare de l'autre, trop haut signifiera agression.

■ UTILISEZ DES GESTES OUVERTS

Ce sont les gestes qui s'offrent à la discussion, à l'échange. L'ouverture de votre gestuelle est le garant de votre bienveillance, de votre franchise et de votre bien-être. Tous les gestes d'accueil sont des gestes ouverts. Par votre ouverture, vous indiquez que vous ne craignez pas l'autre.

■ FAITES DES GESTES VERS LES AUTRES

Sans être agressifs, les gestes vers autrui cherchent le contact et marquent la prise en compte de l'autre. Ils sont une manière de réduire la distance qui nous sépare des autres, comme pour les toucher.
Les gestes que nous faisons vers eux véhiculent nos pensées.

Pour une poignée de mains

Certains gestes sont reconnus par tous ceux de même culture. Ces gestes sont comme codifiés naturellement.

Les gestes culturels : des emblèmes

Si les personnes d'une même culture reconnaissent certains gestes, attention, ceux-ci ont souvent d'autres signifiants «ailleurs». On les appelle des emblèmes.

Se toucher le lobe de l'oreille signifie «homosexuel» en Italie. L'index et le pouce formant un zéro veut dire zéro en France, argent au Japon, mais O.K. aux U.S.A.

Un geste emblème : la poignée de mains

Il s'agit d'une prise de contact peau contre peau. Elle est différente selon les cultures, mais elle existe presque universellement.

Ce signe de reconnaissance emblématique est reçu comme une marque de confiance : *«Je ne suis pas armé, voilà ma main vide.»*

Il s'agit d'une permission que chacun donne à l'autre de le toucher peau contre peau, ce qui n'est pas évident quand on ne connaît pas intimement la personne.

Les Arabes touchent le bout des doigts, les Africains tapent dans la paume des mains, les Sud-Américains vous enlacent en même temps du bras gauche... et les Esquimaux se frottent le nez (l'appendice nasal reste toujours à l'air libre).

Et vous ? Comment serrez-vous la main ?

Serre-moi la main, je te dirai qui tu es !

Mieux que le geste lui-même, c'est la manière dont il est exécuté qui influencera notre perception. Vous recevez des informations que vous interprétez.

- **Le bras est tendu franchement, le tranchant de la main perpendiculaire au sol ? La personne qui vous dit bonjour joue la franchise, l'énergie. Elle est directe, peut-être agressive. (1)**

- **Celui-ci vous tend une main paume en l'air pour que vous y déposiez la vôtre. Un brin paternaliste, non agressif : «Reposez-vous sur moi !» (2)**

- **Celui-là fait exactement l'inverse, sa paume de main vers le bas comme un couvercle. Il «passe pour» dominateur, son statut est peut-être supérieur au vôtre. Il saisit votre main comme avec un grappin.**

- **Cet autre ne vous prend que le bout des doigts en pince. Méprisant ou timide ? Il évite le contact et vous lâche bien vite. Généralement, il regarde ailleurs. A-t-il peur de se salir les mains ? Communication difficile ? (3)**

- **Cet autre vous attire à lui en vous serrant la main profondément. Il rajoute la seconde main par-dessus pour «faire plus chaleureux», zone intime... Il joue l'affectif ? Peut-être l'est-il vraiment ! (4)**

Franchise et énergie

Communication difficile

Reposez-vous sur moi

Affectif

Un essai de typologie

Notre méthodologie

Notre démarche

Les gestes déictiques

Les gestes pictographes

Les gestes idéographes

Les gestes quantitatifs

Les gestes kinétographes

Montre-moi tes gestes, je te dirai qui tu es

Les illustrateurs accompagnent toujours la verbalisation. Ils justifient les mots, les précisent ou les soulignent. Il y a cinq grandes familles d'illustrateurs. Pour bien comprendre l'autre, il est donc nécessaire de décoder la fréquence avec laquelle il utilise une famille plutôt qu'une autre. C'est le message perçu par ceux qui écoutent et regardent !

Un essai de typologie

Depuis plus de dix ans, nous avons mis au point, au cours de nos formations, une méthode d'analyse de la résonance produite par certains gestes sur ceux qui les voient. Cette approche nous amène à un constat qui, partant de la méthode des juges, nous conduit aux constituants psychiques de la gestuelle.

Dans le choix de gestes que nous avons dans les cinq familles d'illustrateurs qui vont suivre, chacun d'entre nous a une prédilection particulière pour utiliser certains d'entre eux plutôt que d'autres. En regroupant ces choix non réfléchis, nous découvrons quelques traits de caractère.

Notre méthodologie

En adressant aux sujets une série de mots enregistrés, nous leur demandons sur chaque mot de faire «le geste qui lui vient».

Pour éviter un effet d'ordre, qui ferait qu'un mot peut influencer le mot suivant, nous pratiquons avec des séries différentes de 30 ou 40 mots, sans changer le ton ou l'inflexion de la voix. Nous passons aussi par des mots neutres et

Qui est Monsieur Déictique ?

- S'il s'agit des déictiques pointeurs trop souvent utilisés, votre interlocuteur devient très directif. On appelle «geste bâton» l'index qui s'agite menaçant devant vous !
- L'utilisation répétée des gestes déictiques compteurs donne une image ordonnée, analytique et rationnelle.
- L'utilisateur abusif des pinces d'air est généralement ressenti comme un «donneur de leçon».

emblématiques tels que «oui !», «non !» Nous filmons en vidéo.

Notre démarche

1er temps : Nous demandons à ceux qui voient les gestes effectués quels types de caractère ils ont globalement décryptés concernant le sujet effectuant ces gestes. *«D'après vous, qui est-il ?»*

2e temps : Nous demandons au sujet lui-même de valider ou pas l'ensemble des impressions données par les juges sur ce qu'il connaît de lui-même.

Cette expérimentation a été faite sur des dirigeants d'entreprise, des cadres et cadres supérieurs, avec un pourcentage de 18 % de femmes et 82 % d'hommes, sur plus de 2000 personnes, de 35 à 60 ans.

La typologie, que nous en avons dressée, relève de résultats significatifs et validés par l'intéressé. Soit plus de 85 % des cas. Il est à noter que l'impression reçue par les observateurs est quasi unanime sur des groupes de 6 à 8 personnes.

Les gestes déictiques : gestes des doigts

a/ Les pointeurs : le doigt, généralement l'index, montre une direction. Il vise un point précis ou une personne. Parfois, l'index s'agite comme une menace.

b/ Les compteurs : l'interlocuteur s'appuie sur eux pour marquer un certain ordre. *«Trois points sont importants...»* dit votre interlocuteur et il vous montre 3 doigts.

c/ Les pinces : généralement exécutées avec l'index et le pouce, les pinces d'air indiquent la précision.

Les gestes pictographes : ils dessinent

Ils dessinent dans l'air les objets dont ils vous parlent : *«Elle a un joli visage et puis un corps...»*

Déictique pointeur

Déictique «pince»

Pictographe (dessine dans l'air)

et votre interlocuteur dessine dans l'air ses rondeurs.

Le pictographe peut dessiner dans l'air avec la main entière, mais il utilise plutôt un geste pointeur pour le faire (l'index surtout). Ces gestes sont généralement étriqués et petits.

Qui est Monsieur Pictographe ?

C'est un pointilleux qui va jusqu'au moindre détail. Il met les points sur les «i» et demande toujours des précisions. Parfois, ce n'est plus de la précision, cela va jusqu'à la maniaquerie. Il a tendance à être long dans ses explications. Ses raisonnements sont logiques et chronologiques.

Les gestes idéographes : ils volent

Ce sont les gestes porteurs d'idées, de concepts, d'abstractions. Les mains volent dans l'air et les doigts s'agitent souvent dans un flou artistique.

Les gestes quantitatifs : ils cadrent

Ce sont des gestes exécutés avec la main entière. Généralement, les deux mains fonctionnent en symétrie. Ils délimitent un espace. Ils canalisent même la pensée en la limitant.

Les gestes kinétographes : ils jouent la situation

Ce sont les gestes faits par le corps ou une partie du corps jouant l'action racontée : *«alors il s'est levé...»* dit votre interlocuteur et, pour mieux vous le faire comprendre, il se lève. *«Il a pris un livre sur l'étagère et il l'a jeté...»* et il jette un objet imaginaire.

Naturellement, plusieurs gestes peuvent se combiner. Un cadreur peut aussi être pointeur, dans certains cas, ou pictographe, dans d'autres, etc. Nous prenons en compte la tendance première. C'est la fréquence d'une certaine famille de gestes qui donne une impression globale.

Force est de constater que certaines familles de gestes correspondent aussi à la fonction des personnes qui se sont prêtées à ce jeu-là.

Qui est Monsieur Idéographe ?

Les vrais idéographes sont rarement précis. Ils donnent une image instable et volatile. Ce sont des créatifs, en tout cas des intellectuels. La simplicité n'est pas leur domaine. Leurs gestes sont nombreux et «brouillons».

C'est la fonction qui crée l'homme ? Ou l'homme qui choisit sa fonction ?

Les pointeurs pictographes sont souvent des gens de finance, des comptables, des directeurs financiers.
Les idéographes sont souvent des gens des ressources humaines, des gens du marketing.
Les cadreurs sont des patrons d'entreprise (qui sont aussi souvent pointeurs déictiques), des ingénieurs et scientifiques.
Les kinétographes sont souvent des commerciaux.
Il faut reconnaître qu'un commercial, qui serait trop pictographe, ennuierait très certainement ses clients par des détails superflus pour beaucoup...
Qu'un P.-D.G. soit kinétographe risque de lui donner un côté guignol peu représentatif...
Qu'un créatif soit cadreur risque de l'emmener à ne pas découvrir grand-chose...

Monsieur Idéographe

Monsieur Quantitatif

Qui est Monsieur Quantitatif ?

Ceux qui usent souvent de gestes cadreurs sont presque toujours des gens ordonnés, constructifs, structurés et solides. Ils aiment que les choses soient rangées à leur place. Dans leur management, ils délèguent une part de la tâche. Encore faut-il voir si les mains qui canalisent leurs commandements sont rapprochées ou pas. Certains cadreurs montrent que votre liberté est très surveillée !

Monsieur Kinétographe

Qui est Monsieur Kinétographe ?

Il se projette dans ses propos. Il vit les situations qu'il raconte. Il prend de la place. L'écoute n'est certainement pas son point fort. Il aime surprendre et être aimé. C'est un affectif. Quand il se prend un mur, il le prend bien... et en sort très meurtri !

Testez-vous !

Faites, le plus spontanément possible, le geste qui vous vient sur les mots en gras et lisez ensuite la définition de ce que vous avez fait :

■ CROIX
- Vous avez croisé les index, c'est pointeur.
- Vous vous êtes mis en croix, vous êtes kinétographe.
- Vous avez dessiné une croix, le geste est pictographe.

■ PASSOIRE
- Vous avez montré l'idée du «passage», c'est idéographe.
- Vous avez dessiné les trous, c'est pictographe.
- Vous avez secoué une passoire, le geste est kinétographe.

■ PETIT
- Vous vous êtes baissé, c' est kinétographe.
- Vous avez cadré une dimension, c'est quantitatif.
- Vous utilisez l'index et le pouce, c'est pointeur.

■ SOLEIL
- Vous avez montré le soleil, le geste est déictique pointeur.
- Vous avez dessiné le soleil, c'est pictographe.
- Vous vous épongez le front, c'est kinétographe.

■ MUSIQUE
- Un geste vague de la main, c'est idéographe.
- Jouer du violon, danser..., c'est kinétographe.
- Vous avez dessiné des notes, c'est pictographe.

■ CRÉNEAU
- Vous avez cadré un espace, le geste est quantitatif.
- Vous avez mimé l'action de vous garer, c'est kinétographe.
- Vous avez dessiné des créneaux de château : pictographe.

■ NUAGE
- Vous avez dessiné la forme avec les doigts, c'est pictographe.
- Un vague mouvement des mains, c'est idéographe.
- Vous avez pointé un doigt vers le ciel, c'est pointeur.

■ **CIBLE**
- **Vous avez indiqué une direction du doigt, c'est pointeur.**
- **Vous avez formé un cercle avec vos mains, c'est cadreur.**
- **Vous avez dessiné plusieurs cercles, c'est pictographe.**

■ **NOËL**
- **Vous avez dessiné sapin, étoile et boules : pictographe.**
- **Vous avez délimité avec les mains un triangle : cadreur.**
- **Vous avez porté une hotte imaginaire : sacré kinétographe !**

■ **ARC**
- **Vous avez joué les Robin des Bois, c'est kinétographe.**
- **Vous avez dessiné la forme arrondie, c'est pictographe.**
- **Vous avez montré la cible d'abord, c'est pointeur.**

■ **ENSEMBLE**
- **Vous avez fait un geste arrondi avec les mains, c'est cadreur.**
- **Vous avez montré les autres et vous, c'est pointeur.**
- **Vous avez agrippé une main à l'autre, c'est kinétographe.**

La croix : rencontre de deux familles de gestes

Le *geste* d'Auguste

Ce texte parle du geste, du geste large. Il force une gestuelle. Mais une gestuelle maîtrisée, illustratrice. C'est un bon travail sur l'expression kinésique. Mimez-le en le lisant.

«Allons Auguste ! Refais-nous ton grand geste !»

Tel un prestidigitateur, Auguste sortit de sa manche une main, sa main. C'était une main ordinaire, dont il se servait ordinairement pour faire la manche. Il la tendit en supination, paume ridée vers le ciel.

«Allons M'sieurs Dam's ! Faites un bon geste.»

Personne n'esquissa le moindre geste pour aider cet auguste inconnu. Sortant de sa boîte à malices un œil en coulisse, il rajouta d'une voix nasillarde :

«Dieu vous le rendra au centuple.»

Les financiers firent fébrilement le geste de chercher dans leurs poches de quoi faire un bon geste à fort rendement.

Les petits enfants, qui n'ont pas les oreilles dans leurs poches, se mirent à compter leurs billes.

«Il n'y a que le geste qui compte !» poursuivait Auguste. Et chacun des financiers de donner, qui un sous, qui deux sous, qui trois sous, sous prétexte qu'il vaut mieux avoir Dieu dans sa poche, pour le jour où il faudrait rendre les clefs à saint Pierre.

«Allons, allons M'sieurs Dam's ! Ayez le geste large.»

Joignant le geste à la parole, son bras s'allongea, démesurément comme une ombre au soleil couchant.

Les enfants, qui n'ont pas les yeux dans leurs poches, éclaboussèrent de rire le parterre.

Les financiers, qui avaient des poches sous les yeux, pensèrent «cet Auguste-là a le bras long !» et se félicitèrent d'avoir fait le bon geste en donnant quelques sous. C'était de bon augure.

Les enfants, qui n'ont pas la langue dans leurs poches, s'écrièrent encore : «Allons Auguste ! Refais-nous ton grand geste !»

Auguste revint la main pleine de cliquetis et se figea plein centre au milieu de la corbeille. Les financiers, très attachés aux faits et gestes de la corbeille, virent là le signe d'une bonne gestion. Ils se mirent à gesticuler en faisant de la surengeste :

«Oui, oui, Auguste ! Fais-nous donc ton grand geste ! Ton grand geste ! Ton grand geste ! Ton grand geste !»

Auguste alors, pointant son nez rouge aux étoiles, lança d'une voix solennelle :

«Le geste est une métaphore !» Et, jetant à l'envi les pièces récoltées, fit enfin... «le grand geste auguste du semeur».

«Hourra !» crièrent les financiers persuadés de la parabole, et ils s'installèrent sur des pliants pour attendre que leurs oboles poussent.

Les petits enfants, qui n'ont pas les mains dans leurs poches, applaudirent pour la beauté du geste.

Auguste fit alors son grand pied de nez en guise de révérence avant de lancer :

«T'as l'bonjour d'Auguste !»

... Et il disparut dans les étoiles.

Les gestes rythmiques

Les rythmiques n'accompagnent pas le sens des mots. Ils scandent la fluidité verbale, ils accompagnent le rythme du locuteur ou du récepteur. Il faut apprendre à les maîtriser. Ils fatiguent !

Les gestes de ponctuation

Ils scandent

Ce sont ceux qui, lorsqu'ils accompagnent la verbalisation de l'émetteur, scandent et rythment son débit. Ces gestes n'apportent pas grande signification, si ce n'est qu'ils martèlent l'air et appuient sur les mots de valeur forte.

S'ils marquent généralement une volonté de convaincre, ils peuvent aller jusqu'à l'agressivité. Les aboiements d'Hitler sont bardés de gestes de ponctuation, poings fermés, de plus en plus agressifs, au fur et à mesure qu'il avance dans son discours.

Attention : ce type de geste étant répétitif, il devient mécanique. Nous les utilisons particulièrement lorsque nous sommes en colère. Ce sont ces gestes-là qui «gesticulent» Leur répétitivité est désagréable pour l'autre.

Ils régulent (gestes d'écoute active)

Ce sont ceux qui accompagnent l'écoute du récepteur. Ils sont le plus souvent faits avec un mouvement de tête de haut en bas. Ce mouvement ne signifie pas toujours à celui qui nous parle que nous sommes d'accord avec lui. Il peut indiquer tout simplement que l'on suit ses propos, que l'on comprend.

Les gestes régulateurs sont de magnifiques signifiants du partage et de l'intérêt que l'on prête aux propos de l'autre. Ils l'invitent à poursuivre, participent et favorisent sa verbalisation.

Pour une fois, vous êtes d'accord avec moi !

Pour avoir la possibilité de couper la parole à Georges Marchais (ce qui n'était pas commode !), François Léotard, dans un débat T.V., utilisa de façon répétitive un hochement de tête affirmatif qui déstabilisa si fort son adversaire que celui-ci, étonné, dut s'arrêter de lui-même pour dire : «Ah ! Je vois que pour une fois vous êtes d'accord avec moi !»
François Léotard changea alors son régulateur positif et transforma son mouvement de tête en signe de négation en disant : «Pas du tout, mais puisque vous me donnez la parole, je dirai...» et le tour était joué !
Marchais venait lui-même de lui céder la parole.

Un régulateur très japonais

Les Japonais utilisent fréquemment ce geste régulateur de façon très appuyée.
Un jour que nous formions quelques Japonais à la communication «à la française», nous nous sommes amusés à ne dire que des choses désagréables sur leur propre société. Les quatre participants acquiesçaient fortement de la tête en souriant. Nous leur avons demandé :
- Comment se fait-il que vous utilisiez ce signe de tête qui signifie, chez vous comme chez nous, «oui». Vous ne pouvez pas être d'accord ?
L'un d'eux nous répondit très sérieusement, sans se départir de son sourire :
- Cela ne signifie pas que nous sommes d'accord, mais que nous vous autorisons à penser différemment de nous !

Question de culture ! La politesse au Japon interdit de s'opposer à quelqu'un en public. Il vaut mieux le savoir lors d'une négociation car, au moment de signer, ils savent très bien dire «non».

Des régulateurs qui manipulent

Les gestes régulateurs peuvent aussi déstabiliser votre interlocuteur. Puisqu'il s'agit d'un accompagnement de l'autre, il suffit de manifester un changement comportemental sur le régulateur, pour que votre interlocuteur se pose des questions.

Ces changements, qui s'opèrent pendant que l'autre verbalise, sont aussi une manière de lui couper la parole sans intervenir vocalement.

Il suffit de peu de chose. Lorsque vous êtes proche de votre interlocuteur et que vous l'écoutez attentivement, servez-vous de ce geste régulateur de la tête. Et, si vous souhaitez le déstabiliser, stoppez net votre geste, gardez tout à coup la tête immobile : vous verrez deux grands points d'interrogation dans ses yeux. Il aura du mal à poursuivre.

Les gestes qui vous dénoncent

Certains gestes peuvent être faits indifféremment avec ou sans expression orale. Ces gestes ne sont pas contrôlés, ils sont généralement à côté du message et nous échappent : on les appelle des adaptateurs.

Ils sont porteurs de messages capitaux pour le décodage. Ils expriment les ressentis, l'affectif, la pensée profonde que l'on voudrait bien cacher. Ils nous dénoncent !

Les auto-contacts

(self-adaptateurs)

Ce sont les grattages, pincements, caresses, nettoyages de peau ou de cheveux que l'on se fait à soi-même.

Les auto-contacts, surtout ceux du «museau», c'est-à-dire entre le nez et le menton (c'est la zone du parler, c'est par là que l'on dit des bêtises !), sont très significatifs de l'état psychique du locuteur. Ces gestes de réassurance marquent un état de réflexion intense ou de difficulté interne.

Parfois, ils sont en cohérence avec ce qui est dit et ne font que conforter le message. *«Je trouve ce travail difficile»* dit votre interlocuteur en se grattant l'aile du nez. Mais si le même grattage se manifeste au moment où il vous dit *«c'est facile !»*, tenez-en compte, revenez sur le sujet en lui posant la question *«c'est facile ?»* : il y a de grandes chances qu'il vous apprenne alors que *«ce n'est pas si facile que cela»* ou *«qu'il ne va pas avoir le temps»* ou *«qu'il ne sait pas trop comment s'y prendre»*...

Je vous le garantis à 10 contre 1.

Les auto-contacts

Les activités de dérivation

Les contacts autrui

Pour choisir son menu

L'un de nos formateurs gestuologues, le comédien Michel Degand, tombe malade comme un chien s'il a le malheur d'avaler un plat d'une fraîcheur douteuse. Lorsqu'il commande un plat, il demande toujours s'il est frais et ne lâche pas le garçon du regard. S'il demande «Votre poisson est-il frais ?» et que le garçon lui répond «oui ! oui !» en se grattant même très discrètement... il refait ce petit manège avec la viande... Il lui arrive de changer de restaurant !

Les auto-contacts des hommes publics

Giscard en difficulté passe souvent la main sous son veston. Marchais, dans les mêmes conditions, resserrait sa cravate. Le Pen ouvre et referme sa veste et Tapie se gratte souvent le nez... Allez savoir pourquoi ? !
Mitterrand faisait de savants croisements de mains. Croisement de doigts normal : «tout va bien». Croisement des doigts laissant deux doigts d'une main non croisés : «tout va mal». Croisement-caresse des doigts d'une main sur le dos de l'autre main : «je prends mes distances». Il employait de plus en plus fréquemment ce croisement vers la fin de sa vie.

Pourquoi ces grattages plutôt sur le nez ou son pourtour ? Tout simplement parce qu'une petite élévation de température va se produire là. Les muqueuses du nez sont extrêmement sensibles aux changements de température (c'est bien par là que l'on s'enrhume !). Il va donc se produire une démangeaison et le besoin de se gratter.

Evitez les auto-contacts

Les auto-contacts nous rassurent certes, mais rassurent-ils les autres ? Naturellement non ! Ils vont contre toutes les règles que nous vous avons conseillées.
Ce sont des gestes tournés vers vous.
Ce sont des gestes qui vous ferment aux autres.
Ce sont des gestes qui sont à côté du message et qui vont le parasiter.

Tous les grattages et les auto-contacts sont une manière de se toucher pour se prouver qu'on existe. Prenez ces gestes en grande considération, ce sont des marqueurs d'une importance capitale.

Les grattages de nuque sont le plus souvent liés à la réflexion difficile ou intense. *«Je réfléchis et quand je réfléchis, cela se passe ici»* semble-t-il dire. Bien sûr, il peut toujours y avoir l'exception qui confirme la règle : votre interlocuteur peut avoir des poux ou s'être fait piquer par un moustique !

Vérifiez ce décodage des grattages. Vous serez surpris du résultat !

Les activités de dérivation

(adaptateurs-objets)

Prises d'objets, manipulations, déplacements, appuis... Ces activités sont la plupart du temps inconscientes, elles aussi, et se substituent aux gestes illustrateurs. Décryptez-les !

Si votre conjoint, en colère contre vous, casse une assiette en la jetant par terre, dites-vous qu'il s'agit d'une activité de dérivation redirigée. Il ou elle aurait envie de vous faire la même chose...

Sous l'effet du stress qui ne disparaît jamais tout à fait, nous voyons à la T.V. Bruno Masure cadrer et recadrer ses feuilles, prendre son stylo et le reposer... Stylo avec lequel joue très bien Anne Sinclair... Et Bernard Pivot manipule avec talent ses lunettes... Le Journal des Nuls, il y a quelques années, refaisait de façon caricaturale le geste des présentateurs n'ayant plus rien à faire, tassant leurs feuilles en attendant de disparaître de l'image à la fin du journal T.V.

Les contacts autrui (hétéro-adaptateurs)

Manipulations de l'autre, triturateurs, prises de mains, prises de bras, contacts avec l'interlocuteur... certaines personnes ont tendance à toucher l'autre en lui parlant. Ce sont des gestes liens. On connaît aussi le management par l'épaule !

Les hétéro-adaptateurs sont plus souvent utilisés par les gens de culture latine, qui communiquent souvent en zone intime.

Les auto-contacts vous trahissent.

Lisez dans les miettes de pain

L'activité portée sur la miette de pain à table est un véritable champ d'investigation. Vous pouvez vérifier cette activité en observant les personnes que vous connaissez bien. Vous validerez très vite les constats ci-dessous :

- Votre interlocuteur nettoie la table en rejetant les miettes de la main puis, tout à coup, il fait ce même geste du revers de la main ? Même s'il ne le dit pas, il n'est peut-être pas tout à fait d'accord ? Il fait table rase, puis il rejette.

- Il n'y a plus de miettes, il continue ? Tiens, tiens ! Parlons d'autre chose, je dois l'agacer.

- Il ôte les miettes une par une ? Timide, un peu petit dans sa réflexion, un brin pointilleux ?

- Il regroupe les miettes devant lui. Il fait son tas ? Il rassemble ses idées.

Le sexe des gestes

Les gestes sont souvent communs aux hommes et aux femmes. Cependant, ils ne sont pas toujours asexués, soit parce qu'ils sont spécifiques du genre, soit parce que leur fréquence varie.

Des gestes au féminin

L'un des gestes de dérivation les plus courants chez la femme est certainement le passage d'une main ou des doigts dans les cheveux. Ce geste est 3 fois plus fréquent chez elle que chez l'homme.

Les femmes posent dix fois plus souvent que les hommes les mains sur les cuisses.

La position assise, les genoux repliés et enlacés par les bras, est 19 fois plus fréquemment employée par les femmes que par les hommes. La proportion est la même en ce qui concerne une jambe enroulée autour de l'autre en scoubidou.

Parmi les gestes de présentation, c'est-à-dire au départ d'une prise de parole ou d'une action engageante, les femmes remontent fréquemment leurs manches.

Des gestes au masculin

Le doigt sur la tempe est utilisé deux fois plus par les hommes que par les femmes.

L'homme se caresse le menton à rebrousse-poil, c'est un geste de réassurance que la femme n'utilise pas !

Les deux mains sur les hanches sont utilisées dix fois plus par les hommes.

L'homme peut mettre ses mains au revers du veston, la femme ne le fait que très rarement.

Au démarrage d'une prise de parole ou d'une

action engageante, le geste de présentation des hommes est de se remonter le pantalon. Les femmes, même en pantalon, l'utilisent peu.

L'homme pianote sur le revers de son veston, le shérif joue avec ses bretelles en bombant le torse... Ne serait-ce pas le vestige du tambourinage des grands singes se frappant la poitrine comme sur un tambour pour faire peur ?... A la Tarzan !

La main dans les cheveux : un appel sexuel ?

Une expérimentation montre l'impact que peut avoir sur l'homme le geste dans les cheveux.
Pour accentuer la perception que l'on peut avoir face à ce geste, l'expérimentateur fait un renforcement, c'est-à-dire qu'il fait passer plusieurs femmes se touchant les cheveux de diverses manières devant une salle où il n'y a que des hommes. Les observateurs, après ce défilé, doivent mettre une croix et une seule face à l'un des choix qui leur sont proposés. Ces choix vont de «Est-ce que pour vous cela représente : la gêne, la coquetterie, un geste de présentation, un auto-contact comme un autre, un grattage...»
Tous les hommes mettent la croix face à la proposition «un appel sexuel».
N'oublions pas qu'il y a eu renforcement par la répétitivité du geste sur des femmes différentes. Il ne s'agit pas d'un message intentionnellement émis, mais d'un message perçu comme tel !
Et ne pensez pas que ce geste est féminin, parce que ces dames ont plus de cheveux : même avec des cheveux courts, vous verrez souvent un petit geste de l'index passer derrière l'oreille.

Un même geste fait différemment

- L'homme qui, pour passer très près d'une femme, doit se mettre de profil, se tourne dans 75 % des cas face vers elle. La femme dans la même action le croisera de dos dans 62 % des cas.

- Le croisement de jambes, cheville sur genoux, si cher aux Américains, est typiquement masculin. Même si la femme est en pantalon. Les femmes croisent les jambes, l'une dans le prolongement de l'autre.

- Le poing fermé laisse ressortir le pouce chez les hommes, les femmes le cachent dans la main.

- Les hommes frottent les allumettes en allant vers soi, les femmes font le plus souvent l'inverse.

Les gestes réflexes

On les appelle des gestes autonomes. Restes de notre comportement ancestral, les gestes autonomes sont encore plus éloignés de notre volonté que les auto-contacts, puisque ce sont des gestes réflexes.

Vous tremblez de trac ? Bougez !

C'est dans l'immobilisme que sont visibles les tremblements, pas dans le mouvement.
- Bougez, faites des gestes, changez la feuille de main...
- Si vos jambes tremblent de peur, déplacez-vous.

Poils hérissés

Le peu de poils qu'il nous reste se dresse encore dans la peur ou la colère, comme le ferait un chat pour doubler de volume. Cela ne se voit plus et ne fait plus peur à personne, mais notre corps poursuit sa manœuvre d'intimidation. Le poil reste pour l'homme un symbole de virilité, un rappel du vieux «singe nu» que nous sommes. Les expressions ne manquent pas de nous le rappeler : «les poilus de 14», «il reprend du poil de la bête», «il a du poil au menton», «c'est au poil», «à poils», «pile poil», «il a un poil dans la main», «dans le sens du poil», «à rebrousse-poil»...

Tremblements

Le tremblement, manifestation du froid ou de la contraction musculaire, n'est pas autre chose que l'expression du corps ou d'une partie du corps en hypertonicité. Le trac, par un débordement d'adrénaline, crée ce phénomène et paralyse les muscles. *«Je tremble à l'idée de...»*

Le tremblement dans la voix est dû à une mauvaise émission de l'air. L'émotion nous fait parler en apnée, on a du mal à reprendre son souffle.

Vous transpirez ? Prenez du sel !

Mais pas trop !
Si vous n'êtes pas au régime sans sel et que le moment est capital, s'il est important pour vous d'éviter une transpiration qui peut vous être néfaste, lors d'un rendez-vous ou d'un événement à fort enjeu, prenez une cuillère de sel une demi-heure avant. Cela provoquera une rétention d'eau, votre front restera sec, mais vous aurez soif en sortant !

Sudation

La transpiration, effet d'une surchauffe, n'est que la manifestation d'un feu intérieur qui n'est pas toujours dû à la chaleur environnante. La peur, le trac, l'enjeu nous donnent la fièvre et des gouttes de sueur : *«Les moments difficiles me font suer.»*

Rougissement

«L'hominidé» que nous sommes projette du rouge sur son visage et sur la gorge (la zone du corps la plus regardée en communication), dans la peur ou dans la colère, pour se défendre ou faire peur à l'autre. *«Il rougit de honte», «Il est rouge de colère», «Il a le rouge au front.»*

Naturellement, les peaux blanches rougissent plus que les autres. Cela se voit davantage.

La bouche sèche

Le verre d'eau ne sert pas à grand-chose quand les glandes salivaires ne fonctionnent plus (comme lorsque vous dormez); trente secondes après avoir bu, à cause du stress, la bouche redevient sèche.

Les situations difficiles bloquent la sécrétion salivaire, la bouche devient pâteuse, les lèvres sèchent malgré un passage fréquent de la langue.

Une des solutions est de se mordre fortement la langue. Essayez, cela vous fera saliver. Il faut reconnaître que ce n'est pas très agréable, et puis se mordre la langue si vous êtes en train de parler... Alors il y a mieux !

Pensez au citron !

La solution la plus efficace et la moins désagréable est de se créer un réflexe pavlovien. Pensez à quelque chose qui vous fait saliver, un citron coupé ou mordu à pleines dents par exemple. Voyez-le, la mémoire du goût acide provoque une réactivation des glandes salivaires. Recréez plusieurs fois ce processus et bientôt, en toutes circonstances, le fait de penser à ce citron provoquera un afflux de salive. Et ne dites pas qu'il est impossible de penser à un citron en parlant d'autre chose... Votre cerveau, nous l'avons déjà dit, peut traiter jusqu'à 800 mots / minute et vous ne pouvez parler à plus de 240 mots/ minute. Vous vagabondez donc nécessairement. Essayez-le maintenant, ça marche !

Vous rougissez ? Dites-le !

Il est très difficile de faire redescendre le sang monté au visage. La respiration peut vous aider. Mais surtout, si vous rougissez, vous vous dites «Cela se voit !» et vous rougissez encore plus. C'est l'escalade.
La plupart de ces situations vous autorisent à dire à voix haute avec un sourire «Vous me faites rougir !» ou «Je suis en train de rougir». Cela évitera cette escalade et vous supprimera le malaise qu'elle provoque.

La mémoire du geste

Surprise

Les différentes tribus indiennes n'avaient pas le même langage. Un Sioux ne comprenait pas un Apache, un Apache ne comprenait pas un Comanche... Pourtant, quand ils décidèrent de se rassembler pour lutter contre l'homme blanc, ils y parvinrent facilement. C'est que, si leurs mots n'étaient pas les mêmes, la gestuelle pour les désigner était commune. Pourquoi ? Comment ? Personne aujourd'hui n'apporte de réponse satisfaisante.
Relique universelle d'un langage commun à l'origine ?
Plus étrange encore, les Indiens d'Amérique comprennent presque instantanément le langage idéographe des sourds-muets, alors que l'inverse n'est pas vrai !

Les gestes reliques sont des gestes culturels que l'environnement a modifiés.

Les gestes reliques

Certains gestes disparaissent ou se modifient dans le temps. Les modes, les usages, l'objet même de leur existence les modifient.

Au début du siècle, pour faire signe à quelqu'un qu'on le demandait au téléphone, on tournait une manivelle verticale imaginaire. Pour indiquer un moulin à café, on faisait de même mais à l'horizontale... Ces gestes n'ont plus cours de nos jours : le téléphone est à touches et les moulins à café deviennent des objets de collection.

Le geste relique peut perdurer tout en changeant de signification.

- Les Grecs lancent encore la main vers vous, doigts écartés, pour vous injurier : ils appellent cela «la moutza». Ils savent que c'est une injure, mais ne savent plus pourquoi. Ce geste n'est que la relique de celui qui consistait, chez leurs Anciens, à jeter réellement à la figure des prisonniers que l'on faisait défiler dans la rue les détritus et autres restes nauséabonds.

- Lorsque vous croisez le majeur sur l'index en disant «bonne chance» à quelqu'un, vous lui faites, sans le savoir, le signe de croix dont usaient les premiers chrétiens pour se reconnaître entre eux.

- Le pouce en bas, pour demander la mort du gladiateur vaincu, représentait le glaive sorti de son fourreau (la main). Pour demander vie sauve, les Romains levaient haut le poing, le pouce dissimulé sous les autres doigts. Le glaive était symboliquement entré dans son fourreau. De nos jours, plus de glaive ni de fourreau : Pouce en bas «tout va mal», pouce en haut «tout va bien».

Mémoriser par le geste

Votre corps est un aide-mémoire

Apprendre à apprendre

Votre corps est un aide-mémoire

Lorsque nous ne savons plus ce que nous sommes venus chercher dans une pièce, c'est en refaisant le trajet que nous nous en souvenons à nouveau. Combien d'entre nous sont capables de faire sans réfléchir le code d'accès de leur immeuble mais ne peuvent pas dire, sans un effort, les numéros qui le composent ?

La mémoire gestuelle vous fait vivre. Vous avez appris à tenir une fourchette et, chaque fois que vous vous mettez à table, vous ne faites aucun effort de mémorisation.

Apprendre à apprendre

Apprendre un texte les mains derrière le dos ou les bras croisés, voilà une chose dont les comédiens seraient bien incapables.

Le geste et le mouvement sont les armes secrètes de mémorisation pour l'acteur. Utilisez les mêmes procédés !

- Apprenez toujours sur le même support. Ne changez pas de document.

- Multipliez ensuite les canaux de mémorisation, lorsque vous en avez la possibilité. Si vous pouvez vous aider des 5 sens, votre mémorisation sera plus de 30 fois supérieure.

Vous n'avez pas de mémoire ?

Si vous avez un texte à apprendre par cœur :
- Scindez-le en plusieurs grandes parties.
- Apprenez chaque partie dans une pièce différente de votre appartement. La première dans la cuisine, la deuxième dans votre salon, la troisième dans votre chambre...
- Si vous n'avez qu'un studio, apprenez chacune des parties dans une situation différente : la première dans le fauteuil, la deuxième sur la chaise, la troisième assis sur la table...
Le tout, à voix haute, sans changer de parcours ou d'ordre et en faisant des gestes...
Le jour où vous aurez à restituer le texte, vous referez mentalement le trajet, et vous vous reverrez dans des lieux mémorisés par votre vécu.
Vous allez être stupéfait de votre mémoire !

Testez vos connaissances

La petite histoire qui suit reprend une grande partie des éléments constitutifs de «L'homme dans l'espace» et du «Langage silencieux». A vous d'en décoder les signifiants. Cachez la page de droite, lisez celle de gauche. Chaque ligne correspond à une information non verbale. Comptez vos points.

1/ Madame est seule à la table d'un salon de thé.
2/ Monsieur, à quelques mètres d'elle, est accoudé au bar.
3/ Il fait tinter deux glaçons dans son verre de bourbon.
4/ Elle promène un regard distrait.
5/ Lui la regarde fixement.
6/ Madame sent tout à coup qu'on la regarde, elle n'est pas à l'aise.
7/ Du plat de la main, elle repousse quelques miettes de viennoiseries.
8/ Monsieur se pince le lobe de l'oreille.
9/ Elle se sert une dernière goutte de thé.
10/ Monsieur pose son verre et se lève.
11/ Elle remonte un peu ses manches.
12/ Il remonte son pantalon.
13/ Madame a passé sa main dans ses cheveux.
14/ Elle ramène maintenant une mèche derrière l'oreille.
15/ Monsieur se dit que c'est bon signe.
16/ Il s'approche à quelques pas d'elle.
17/ Madame prend une cigarette.
18/ Monsieur sort son briquet.
19/ Elle le remercie d'un mouvement de tête.
20/ Monsieur se caresse le menton à rebrousse-poil.
21/ Elle regarde ailleurs.
22/ Monsieur se frotte la joue.
23/ Elle a un léger rictus sur le côté.
24/ Il lui sourit de toutes ses dents.
25/ Monsieur se rapproche encore.
26/ (Mais nous nous sommes trop loin pour les entendre).
27/ Madame vient de croiser ses jambes en scoubidou.
28/ Il s'est assis à côté d'elle.
29/ Elle s'est mise de profil.
30/ Monsieur a relevé le menton.
31/ Il penche le buste vers elle.
32/ Monsieur a posé une main à lui sur son genou à elle.
33/ Madame lui a retourné une paire de gifles.

Tout ce décryptage se trouve à un moment ou à un autre dans ce recueil. Comptez vos bonnes réponses :

Décodage

1/ C'est son territoire personnel ponctuel.
2/ Par rapport à elle, son territoire est en zone publique rapprochée.
3/ Geste rythmique, activité de dérivation.
4/ Regard non directif.
5/ Regard directif.
6/ Situation ambiguë, le regard n'est pas facilitateur.
7/ Activité de dérivation («Je fais table rase, je prépare le terrain»).
8/ Auto-contact de réassurance («Est-ce que je vais oser y aller ?»).
9/ Reprise de rituel social («Je suis là pour boire un thé»).
10/ Changement de posture.
11/ Préparons-nous. Adaptateur-objet. Geste essentiellement féminin.
12/ Geste de présentation. Adaptateur-objet («Allez ! On y va !»).
13/ Activité de dérivation. Geste périphérique.
14/ Justification du premier. Geste redirigé.
15/ Perçu par les hommes comme un appel sexuel.
16/ Passe de la zone publique à la zone sociale.
17/ Adaptateur-objet pour activité de dérivation.
18/ Geste rituel de savoir-vivre («Je suis bien élevé !»).
19/ Geste régulateur de tête («Je veux bien, merci»).
20/ Auto-contact de réassurance («J'ai du poil au menton»)
21/ Fuite de regard.
22/ Auto-contact de perplexité («Ça va pas être facile !»).
23/ Sourire asymétrique (Dérision : «On ne me la fait pas, à moi !»).
24/ Sourire «vrai» aux Etats-Unis.(«Je mordrais bien à pleines dents»).
25/ Il passe en zone personnelle.
26/ Nous sommes en zone publique éloignée.
27/ Posture partielle en contraction (Attitude fermée, «Je cadenasse»).
28/ Il entre en zone intime.
29/ Posture en rejet (Attitude de défense).
30/ Posture partielle en extension (Attitude de domination).
31/ Posture partielle en approche (Attitude de partage).
32/ Hétéro-adaptateur.
33/ Communiquer : Toute action d'un organisme sur un autre déclenche un comportement !

Vos résultats

De 0 à 5 : Vous avez dû sauter les chapitres en question !
De 5 à 10 : Un refeuilletage vous ferait du bien.
De 10 à 20 : Vous devenez expert en gestuologie.
De 20 à 33 : Bravo ! Vous auriez dû écrire ce livre à notre place !

Ma bonne image parle pour moi

Vous vous souvenez de votre première demande d'augmentation dans le bureau de votre patron. Avant cette étude du non-verbal !

Fort de tout ce que vous savez maintenant sur le non-verbal, vous pouvez à nouveau vous imaginer votre rencontre avec votre patron. Mais cette fois-ci votre image, loin de vous desservir, va vous aider à convaincre et votre décodage du non-verbal va vous permettre de tenir compte des informations que vous recevez à son insu.

«Monsieur Untel demande à vous voir, Monsieur le Directeur.»

«Faites-le entrer !»

Untel, c'est moi. J'entre d'un pas décidé dans son territoire personnel. Il est là derrière son bureau. Il n'a pas levé la tête. Il fait semblant d'être très occupé, pour ne pas me regarder, pour me laisser en zone publique. Je le connais, c'est un truc pour rendre les autres mal à l'aise. Aucun problème pour moi, j'avance vers son bureau pour passer en zone sociale.

«Bonjour, Monsieur le Directeur.»

... Et vlan ! Je lui tends une main franche, le bras dans toute sa longueur pour aller le chercher dans sa zone personnelle. Il peut difficilement continuer à m'ignorer. Il lève la tête et me donne une main moite et molle par réflexe culturel. Pas très à l'aise, le boss.

«Excusez-moi, dit-il, j'étais sur un dossier qui...» C'est lui qui commence par s'excuser, c'est toujours ça de pris. Il ne va tout de même pas me laisser debout ? D'un geste interrogatif pointeur, je lui montre le fauteuil qui est à côté de moi en souriant.

« Oui, oui, je vous en prie, asseyez-vous.»

Je m'installe dans ce fauteuil trop bas de dominé. On dirait que le sien est sur une estrade tellement il est haut. C'est un petit grand homme qui voudrait bien prendre la hauteur d'un dominant.

Ce n'est pas grave. Je ne m'appuie pas dans le fond du mien, je reste droit en avancée sur le siège, les pieds bien plantés au sol dans une posture en extension. Je suis prêt. De son côté, il s'enfonce en s'écrasant au dossier dans une posture en contraction. Il me regarde par-dessus ses lunettes avec le regard du retors.

«J'ai demandé à vous voir...» dis-je.

«Et bien, vous me voyez !» dit-il.

Visiblement, il est content de lui. Il est persuadé que cela va me déstabiliser. Je le regarde droit dans les yeux en souriant. Je vois que mon regard directif le gêne. Il resserre un peu son nœud de cravate et tire sur sa veste en guise de gestes adaptateurs. Je ne le lâche pas de l'œil. Son petit sourire moqueur s'efface lentement comme un rond de buée sur une vitre. Je répète :

«J'ai demandé à vous voir...» Je laisse un temps de silence. Il n'ose pas recommencer son petit jeu. Le silence le déstabilise. Il prend ses lunettes à la main, les ouvre, les ferme, les ouvre, les ferme, les ouvre... dans une activité de dérivation inconsciente. Il pense peut-être que ça va les muscler ! Je regarde ses mains qui s'agitent et tapotent maintenant dans un geste rythmique d'énervement. Je poursuis : «... pour vous demander une augmentation.»

«Une augmentation de quoi ?» dit-il encore. Aussi sec, je lui réponds :

«Une augmentation d'heures de travail.»

Je garde un air sérieux, une voix calme et j'ouvre les bras dans un geste idéographe en signe d'évidence.

Il s'est béatement figé dans l'une des émotions fondamentales du visage : la surprise. La bouche en passage d'œuf, les sourcils remontés. Ses yeux sont plein phare. Il se gratte l'oreille, c'est un auto-contact de réflexion. J'éclate de rire :

«Je plaisante naturellement, Monsieur le Directeur, mais comme vous avez beaucoup d'humour vous-même...»

«Hi !»

C'est son rire à lui quand il s'éclate ! Il essaie d'assurer : un sourire en rictus cactus. Il veut parler et fait un magnifique hiatus...

«Vous gavez, euh... vous savez qu'il ne m'est pas possible actuellement d'augmenter les salaires. Nous n'avons pas assez de visibilité.»

Tout en parlant, il a ôté ses lunettes et plongé sa tête dans le tiroir de son bureau. C'est une activité de dérivation volontaire, il essaie de se donner une contenance en s'occupant d'autre chose. Il sort un petit chiffon et nettoie ses lunettes sans me regarder. Je prends un air de compassion pour être en congruence avec lui :

«Vous le dites vous-même, trop peu de visibilité hélas ! C'est un risque de rester dans cette société et le risque se paie.»

Il fait quelques gestes de réassurance, se gratte la joue, se frotte les poils du menton. Maintenant, il passe son doigt entre son cou et son col. Il s'éclaircit la voix deux fois avant de demander :

«Et de combien souhaitiez-vous être augmenté ?»

«30 % me paraît raisonnable.» Je laisse le silence compter les points... «Pas vous ?»

Un petit craquement vient ponctuer ma phrase. Un verre de ses lunettes s'est brisé sous ses doigts vengeurs. C'est une activité socialement redirigée, il aimerait bien me briser, moi...

«Impossible ! C'est tout à fait impossible ! Je...» Il rassemble les morceaux de verre d'un balayage de la main un peu vif. «Aïe !!!» Il vient de se couper.

«C'est ce que me propose notre plus grand concurrent» dis-je calmement.

Il a failli avaler sa glotte, l'épiglotte et son dentier avec. Sa paume de main saigne un peu. Il prend un papier pour s'essuyer. Ça glisse, il s'en fout partout.

«Il vous pro... Notre plus... Il vous a... C'est le... De quoi qu'est-ce que c'est...»

Difficultés ! Il se frotte le nez et se tache de rouge. Il a l'air d'un clown.

«Con... Combien ?»

«30 %.»

«Vous ne vous rendez pas compte. C'est impossible...»

«Oh si, Monsieur le Directeur, je me rends compte et je comprends très bien votre refus. C'est pour cela que j'ai demandé à vous voir, je ne voulais pas vous adresser ma démission sans vous avoir vu. Avant de vous quitter, je tiens à vous présenter, à vous comme à cette société, tous mes vœux de prospérité...»

Je me suis déjà levé, je me dirige vers la porte d'un pas décidé vers un autre territoire tribal.

«Attendez, attendez ! Vous n'allez pas me faire ça. Vous savez que nous avons besoin de vous ici. Vous êtes un garçon volontaire, sûr de lui... Je...»

Il m'a attrapé par la manche dans un hétéro-adaptateur timide. D'ici qu'il tache mon costume de location !

Il poursuit.

«... Alors, nous allons voir... Parce que en y regardant de plus près, peut-être... Oui, bon, heu !!! C'est d'accord !. Mais n'en parlez pas...»

Il diminue à vue d'œil, il se fait petit, tout petit, minuscule dans une attitude de soumission. Je lui tends une main chaleureuse.

Je crois bien qu'il m'a dit merci.

C'était il y a cinq ans...

Aujourd'hui, je suis Président-Directeur Général et, derrière mon bureau, je nettoie mes lunettes...

Bibliographie

BIRDWISTELL R.L. 1971, *Kinesics and context,* The Penguin press.

BRUYER R., 1990. *La reconnaissance des visages*, Neuchâtel.

CORRASE J., 1980. *Les communications non verbales*, Paris.

COSNIER B., 1977. *Communication non verbale et langage*, Psych. Med.

CYRULNIK B., 1988. *Le visage sens et contre-sens*, Eshel.

EKMAN P., 1986. *Menteurs et mensonges*, Paris, Belfond.

HALL E., 1971. *La dimension cachée*, Paris, Seuil.

HUXLEY J., Coll. 1971. *Le comportement rituel chez l'homme et l'animal*, Paris, N.R.F.

JOUSSE M., 1974. *L'anthropologie du geste*, Paris, Gallimard.

LORENZ K., 1970. *Essais sur le comportement animal et humain*, Paris, Seuil.

MEHRABIAN A., 1972. *Non verbal Communication*, Aldine.

MORIS D., 1978. *La clé des gestes*, Paris, Grasset.

MORRIS D., 1986. *Magie du corps*, Paris, Grasset.

MORRIS D., 1999. *Le langage des gestes*, Marabout.

MOSCOVICI S., 1972. *La société contre-nature*, Paris, U.G.E.

PEASE A., 1988. *Le langage du corps*, Paris, Nathan.

PICARD D., 1983. *Du code au désir*, Paris, Dunod.

RIME B., 1984. *Langage et communication (415-446)*, in Psychologie sociale, Moscovici et coll., PUF.

SCHUTZENBERGER A. A., 1978. *Contribution à l'étude de la communication non verbale*, Thèse Universitaire Paris VII, Librairie Champion.

SCHEFLEN A.E., 1972. *Body langage and social order*, Prentice-Hall.

SULGER F., 1986. *Les gestes vérité*, Paris, Sand.

SPIEGEL J. P., MACHOTKA P., 1974. *Messages of body*, The free press.

A retenir en priorité

■ Faites plutôt :
- des gestes qui vont vers le haut
- des gestes ouverts
- des gestes contrastés (divers et bilatéraux)
- des gestes tournés vers l'autre.

■ Evitez :
- les gestes qui vont vers le bas
- les gestes fermés
- les gestes répétitifs
- les gestes autistes (tournés vers vous).

■ Donnez la priorité au décodage :
- des grattages (surtout au museau)
- des activités de dérivation (il fait quelque chose sans rapport avec ce qu'il dit)
- des gestes autonomes.

■ Quelle famille de gestes utilise-t-il ?
- déictique (les doigts)
- quantitatif (cadrage des mains)
- pictographe (dessine dans l'air)
- idéographe (les concepts, les abstractions)
- kinétographe (le corps mime l'action).

Troisième partie

Le jeu de dire

Etre entendu, écouté et compris

Quelle que soit votre prise de parole, qu'il s'agisse de raconter une histoire à un enfant, de discuter avec un voisin de palier, de parler en réunion, de vous entretenir avec votre collaborateur, d'expliquer à votre médecin, de répondre à un entretien d'embauche ou de toute autre action communicative, vous parlez pour être entendu, écouté et compris.

Nous devons d'abord nous faire entendre, c'est-à-dire aller jusqu'à l'autre, faire parvenir jusqu'à ses oreilles et dans le meilleur état possible ce que nous avons à lui dire (entendre est une attitude passive). Il s'agit d'un acte purement technique et mécanique.

Dans un deuxième temps, nous devons susciter et maintenir son attention pour qu'il nous écoute (écouter est une attitude active). Obtenir sa participation. Pour y parvenir, d'autres éléments de savoir-faire devront être mis en œuvre pour l'inciter à cette écoute.

C'est parce qu'il nous aura entendus, puis écoutés, que notre interlocuteur va nous comprendre. Dans cette étape finale, nous devons nous préserver au mieux de toute distorsion, de toute interprétation qui ne collerait pas avec ce que nous voulons «faire passer». Etre compris, c'est se donner les moyens de convaincre.

Les outils du savoir-dire efficace

■ **ETRE ENTENDU (parvenir jusqu'à l'autre)**

- Le système vocal	**Le timbre (spectre vocal).**
	L'intensité (force vocale).
	La fréquence (hauteur).
- L'articulation	**Les consonnes.**

■ **ETRE ÉCOUTÉ (maintenir son attention)**

- Les attaques	**Le début de phrases.**
- La ponctuation	**De l'écrit à l'oral.**
- Les silences	**La respiration du texte.**
- Le débit	**Les rythmes, les ruptures.**
- La scansion	**Le relief des mots.**

■ **ETRE COMPRIS (faciliter sa perception)**

- Les finales	**La fin de phrases.**
- Le vocabulaire	**Simple et clair.**
- La modulation	**Les ruptures et les contrastes.**
- La répétition	**La mémorisation.**

Etre entendu

La voix

L'articulation

Etre d'abord un émetteur efficace

Quelles que soient les circonstances dans lesquelles vous vous trouvez, votre premier souci sera de vous faire entendre sans difficulté. Votre interlocuteur ou votre public n'aime pas les efforts. Etre obligé de tendre l'oreille, se demander si l'on a bien entendu ce que l'on a entendu, avoir du mal à saisir tous les mots, ce sont autant de barrières que vous dressez entre lui et vous.

Si vous n'arrivez pas jusqu'à lui, il n'y aura aucune raison pour que vous soyez écouté et encore moins compris.

Deux facteurs principaux sont la cause de cette déficience verbale. Deux facteurs qu'il est nécessaire de travailler puisqu'ils conditionneront une bonne émission du message :

La voix

La voix, votre voix va sans doute être modifiée par l'émotion.

Vous aurez l'impression qu'elle vous lâche, que vous ne la maîtrisez plus.

Elle tremble et, dans les cas de stress ou de trac les plus aigus, vous êtes pris d'une sorte d'aphonie.

Votre répondeur dit la vérité

Personne ne reconnaît sa voix, personne ne l'aime. Il nous est même arrivé d'entendre quelques participants à nos stages assurer que nos appareils d'enregistrement ne marchaient pas. Nous leur avons demandé s'ils reconnaissaient la voix des autres : «La voix des autres oui, mais pas la mienne !»
Il ne faut pas s'en étonner. Nous entendons à longueur de journée notre voix par l'oreille interne, une transmission osseuse, avec nos cavités de résonance nasales, nos cavités de résonance buccales...
Quand nous l'entendons de l'extérieur, nous ne la reconnaissons plus. C'est pourtant la voix qu'entendent les autres !

L'articulation

C'est-à-dire la construction mécanique des syllabes et des sons. C'est dans ces moments de trac intense que l'on bafouille, que l'on accroche sur les mots, que l'on «savonne» comme disent les spécialistes.

Une articulation claire, sur laquelle vous pourrez vous appuyer, donnera à votre parler une image de fermeté et d'assurance.

Il y a ceux qu'on écoute...
... et ceux qui ennuient.

«Parler dans ses bottes»

C'est l'expression employée par les acteurs pour signaler que quelqu'un parle sans articulation et sans intensité, comme s'il se parlait à lui-même.

La voix

Le spectre vocal

L'appareil vocal est d'une complexité telle qu'il n'est pas nécessaire de s'y perdre ! Outre les poumons qui représentent la soufflerie, il se compose du larynx, mais aussi de la glotte, l'épiglotte, le voile du palais, les cavités de résonance nasales et buccales, les cordes vocales...

La fréquence (hauteur vocale)

L'étendue : c'est l'ensemble des notes que l'on émet avec plus ou moins de difficultés, de la plus grave à la plus aiguë.

La tessiture : c'est l'ensemble des notes que l'on peut émettre avec un minimum d'efforts. Le médium est le point médian de la tessiture qui permet de moduler les sons vers le haut ou le bas sans risque de fatigue.

Pour travailler sa voix, on la place dans le médium.

Etre sur la bonne voix

Une bonne voix devra donc rester dans le médium, s'appuyer sur le diaphragme (voix de poitrine). Elle gagne en résonance, mais il faudra la placer dans le masque (la bouche, les lèvres) pour ne pas perdre en projection, en gardant le menton à l'horizontale.

Cherchez la note la plus grave émise dans le son «A». Cherchez la note la plus aiguë en émettant le son «I». Votre médium du

Le timbre

Notre spectre vocal est unique. On peut travailler sa voix, c'est-à-dire l'émission des sons, mais notre spectre vocal reste le même (sauf changement morphologique) et il est encore plus spécifique que des empreintes digitales. Bientôt, un détecteur de voix programmé sur la vôtre vous identifiera, que vous soyez enrhumé ou pas. Le meilleur imitateur du monde sera démasqué, parce que son timbre ne changera pas. Seule l'émission sera altérée.

jour est entre ces deux notes !

L'intensité

C'est la force vocale, celle qui vous permet de vous faire entendre en fonction de la distance qui vous sépare du récepteur. Nous sommes généralement bien étalonnés et notre regard programme directement la force de notre voix pour s'adapter au lieu, à l'environnement, à la situation.

Une voix trop aiguë (voix de gorge) nous fragilise et oblige les cordes vocales à des efforts musculaires qui les fatiguent.

Parler haut trop longtemps, c'est se préparer une aphonie pour le lendemain.

Ma pipe !

Ne soyez pas étonné si, passant dans les loges des acteurs de théâtre avant une représentation, vous entendez de toutes parts des «ma pipe ! ma pipe !» : ce ne sont pas des fumeurs en manque. Ils se chauffent la voix : «ma» dans les graves et «pipe» dans les aigus. D'autre part, le «ma» sert à placer les sons dans le masque (nasales) et le «pipe» force à la projection des plosives.

Bonjour !!!

L'articulation

Les consonnes

C'est en s'appuyant sur les consonnes que vous donnerez du poids aux mots. «*Appuyez-vous sur les consonnes,* disait Charles Dullin, *ce sont les jambes de devant du cheval, les autres suivront.*» Et Louis Jouvet disait : «*Si tu aimes, fais sonner le 'm', tu aimeras mieux.*»

Les gutturales : H.G. (gosier)
Les palatales : K.G.J.CH.Q. (palais)
Les nasales : M.N. (nez)
Les linguales : L.R.S.Z. (langue)
Les dentales : D.T. (dents)
Les labiales : B.P.F.V. (lèvres).

Les voyelles

- C'est en allongeant les voyelles et diphtongues que l'on donne de la largeur et de l'amplitude au son : «la Fraaaaannnce» de de Gaulle.

Cette technique permet d'être entendu de loin, sans forcer la voix. Les sons arrivent larges et détachés.

- Ouvertes ou fermées, les voyelles caractérisent l'accent.

Bien articuler est la première des politesses que vous devez à ceux qui vous écoutent. C'est en actionnant les muscles circulaires qui entourent la bouche que vos lèvres obtiendront la mobilité nécessaire.

L'application que l'on porte à bien sculpter les sons nous oblige, en début d'apprentissage, à faire des grimaces. C'est au prix de cet effort que vous éclairerez votre image sonore.

Oh mon pôvre !

L'accent du Midi dit «chantant» passe par ces syllabes «loooongues» et larges qui poussent les Méridionaux à faire sonner les «e» muets, ou même à en rajouter où ils ne sont pas : «Oh peuchèèèère ! J'ai crevé un peuneu !»

Testez votre articulation

■ **LES LÈVRES VONT VERS L'AVANT**

Musc - dune - rustre - rhume - cruche - lustre - frustre - juste - buste - plus - turc - brute - prune - brume - buffle - bûche.

■ **LES LÈVRES VONT VERS L'ARRIÈRE**

Sec - texte - presque - geste - terre - fresque - elle - benne - herbe - pic - tic - tchèque - chèque - peste - prêtre - piètre.

■ **MIXTE DES LÈVRES** **(par exception, faire sonner le «e» final)**

Tige - bridge - type - guide - grippe - crise - brise - éclipse - liste - lettre - palme - sèche - claque - alpes - palpe - gamme.

■ **DÉTACHEZ CHAQUE SYLLABE** **(tion = si.on.)**

Accessoire - restitution - ébullition - obstruction - abstraction - décoction - spoliation - inspection - extraction - surexposition.

■ **MOBILITÉ DE LA LANGUE**

Si Liza s'enlise dans les liserons Liza salira ses lisses lacets.

Corrigez vos défauts d'articulation

La plupart des défauts d'articulation sont dus à une mauvaise position de la langue. Ce n'est pas pour rien que l'on dit souvent «défaut de langue». La difficulté pour parvenir à corriger cette position vient d'une habitude musculaire qu'il va falloir changer.

La blésité (zézaiement)

Consiste à changer les «S» en «Z» (zilence), les «CH» en «S» (tousser pour toucher) et les «G» en «Z» (il est zentil pour gentil).

Le «seuveu» sur la langue peut paraître amusant chez un tout jeune enfant, mais attention, il faut le corriger impérativement vers les 6 ou 7 ans. Plus tard, cela sera difficile.

Cette blésité vient souvent d'une déformation due aux succions de pouce prolongées dans l'enfance.

Corrigez le «seuveu» sur la langue

Le défaut vient d'une position du bout de la langue trop avancé sur les dents. Le «the» anglais.

- Reculez d'abord la langue pour qu'elle ne touche pas les dents. Courbez-la en la pointant vers le haut sur le devant du palais.

- Avancez les lèvres en «passage d'œuf».

- Faites passer l'air entre le palais et la langue en émettant les sons «cha» «che» «chi» «cho» «chu».

Pour les «j», c'est le même travail, mais la langue descend un tout petit peu plus bas : «ja» «je» «ji» «jo» «ju».

Corrigez votre zozotement

La position de la langue est aussi trop avancée sur les dents.

- Ramenez la langue un peu en arrière, mais cette fois-ci sans la courber vers le palais.

- Serrez les dents.

- Faites siffler l'air sans desserrer les dents et sans que la langue les touche.

- Tirez les lèvres ouvertes vers l'arrière.

- Ouvrez brusquement les dents en faisant exploser les sons «sa» «se» «si» «so» «su».

La langue n'aura pas le temps de venir entre les dents.

Le chuintement

Les «S» se transforment en «CH» : « je chuis venu», «pour les véchés c'est au chous-chol», «un chou ch'est un chou».

Nous sommes ici dans un placement de langue exactement contraire au précédent.

Nous allons devoir travailler de façon inverse, puisque cette fois il faut changer vos «CH» en «S».

Corrigez votre chuintement

- Serrez les dents.

- Pointez la langue sur les dents du bas.

- Commencez ainsi par passer les sons «za» «ze» «zi» «zo» «zu», la langue toujours en appui sur les dents du bas.

- Dans un deuxième apprentissage, passez aux «S» en la remontant légèrement.

Le sifflement

Souvent dû à la morphologie de la mâchoire inférieure, à l'implantation des dents, ce sifflement ne peut disparaître.

- Les sifflantes se font sentir davantage dans les son «I».

Exercice pratique

- Voici six chasseurs déchaussés se séchant sans séchoir.
- Le cheval et le chameau cherchent chacun le chemin.
- Ces six saucisses-ci c'est six sous et ces six saucissons-ci c'est six sous aussi.
- Ciel si ceci se sait ces soins seront sans cesse censurés.
- Le taxi risque une rixe s'il s'immisce sans cesse avec excès et sans accepter la taxe excessive fixée par le fisc.

Exercice pratique

- Sachant chez Chaussechasse choisir ses sacs chausses chaussures, ce cher Serge Suchet sait ses choix sûrs.
- Si six cent soixante-six scies scient six cent soixante-six cyprès, six scies scieront six cyprès.

Vérifiez si ça siffle !

- «Pour qui sont ces serpents qui sifflent sur vos têtes ?»
- «Si ces cils sont si soyeux et si lisses c'est grâce à son souci de sans cesse les lisser au silice.»

Les inc'oyables

C'était le nom donné, sous le Directoire, aux jeunes gens qui recherchaient systématiquement des extravagances et qui répétaient à tout propos :
«C'est inc'oyable ! C'est inc'oyable !»

- Si vos «S» sifflent et que vous utilisez un micro, mettez une bonnette de mousse et placez le micro sous la bouche et non en face.

Le grasseyement

A l'intérieur d'une syllabe, le «R» disparaît. Cette mauvaise articulation vulgarise le parler. Un journaliste, Philippe Leclerc, fait remarquer qu'un «footing de quat' kilomèt' est beaucoup moins long qu'un footing de quatre kilomètres».

Corrigez votre grasseyement
Ce type de défaut vient d'une mollesse de l'articulation.

La vitesse du parler peut aussi en être la cause.

C'est souvent en fin de mot que la diphtongue n'est pas articulée.

- Apprenez tout d'abord à détacher les sons «que reu» pour creux, «que ri» pour cri, «te ri» pour tri.

- Mélangez les sons par la suite pour donner à votre langue la dextérité nécessaire.

- Remuez les lèvres.

Le bégaiement

Il s'agit bien d'un handicap difficile à corriger, parce que souvent dû au dysfonctionnement des zones corticales et limbiques. Le redoublement se fait surtout au démarrage des mots.

Le bredouillement

Dans le bredouillement, les syllabes ne sont pas distinctement détachées. Cela provoque l'amphibologie : deux syllabes se transforment en une seule et le sens peut changer.

Exercice pratique

- Tu crois que trois tranches très grasses vont être prêtes.
- Les quatre kilomètres quatre cent quatre que mes ancêtres ont creusé sous la crête sont peut-être sous les décombres.
- Le crissement redoutable des crocs sur la vitre fit trembler les notables.

«De petites roues» s'entend *«deux petits trous»*.

«Père de quatre enfants» ou *«perdre quatre enfants »* ?

«Il frappa à la porte» devient *«il frappa la porte»*.

Corrigez votre bredouillement

Si vous avez tendance au bredouillement, cela provient très certainement de votre débit trop rapide. Sans doute commencez-vous un mot en voulant déjà en être à la fin.

- Détachez chaque syllabe.

- Prenez l'habitude d'utiliser des syllabes looongues.

- Faites un entraînement sur des mots difficiles et longs.

Le bafouillage

Il apparaît dans les moments de gêne et de stress. Inversions de syllabes, ac... crochages... : *«Je l'ai noté dans mon calipin, heu dans mon clapinle, non dans mon quelapin, enfin quoi je l'ai noté dans mon... dans mon agenda voilà !»*

Il peut arriver aussi que le bafouillage vienne du fait que le mot que l'on voudrait dire ne vient pas : *«Je l'ai sur le bout de la langue...»* Pour trouver ce mot qui vous fait défaut, bien souvent, vous avez tendance à

Les bègues orateurs de l'histoire

- Démostène, bègue, perdit un procès contre son tuteur, qui l'avait volé mais qui, devant la justice, s'était mieux défendu que lui. Furieux, il décida de travailler l'art oratoire (face aux vagues, petits cailloux dans la bouche, la pointe d'une hallebarde pendante au-dessus des épaules pour éviter les haussements). Il resta bègue, mais devint un grand orateur.

- Le journaliste révolutionnaire, Camille Desmoulins, était bègue. Pourtant, le 13 juillet 1789, il monte sur une table du jardin du Palais Royal et harangue longuement la foule sans butter sur un seul mot. Après son discours, il redescend de la table et... se remet à bégayer. Le lendemain, il raconte cela dans une lettre à son père sans pouvoir l'expliquer.

- A la Convention, le révolutionnaire Boissy d'Anglas bégayait aussi. Le peuple l'appela très vite : «Babebibobu».

Exercice pratique

«Anticonstitutionnellement» «circonstanciellement» «ce sont des exigences» «inintelligible» «un court-circuitage» «nationalisation» «microcinématographe» «épidémiologique» «irrémédiablement».

répéter l'article que vous avez prononcé : «c'est ce qu'on appelle la... la... la...» . C'est ainsi que vous vous piégez vous-même. En effet, l'article vous conditionne au genre du mot (féminin ici). Changez l'article et cela viendra sans doute.

Exercice pratique

- Roi Paragarapharamus, quand vous désoriginaliserez-vous ? Je me désoriginaliserai quand le plus original des originaux se sera désoriginalisé. Or, comme le plus original des originaux ne se désoriginalisera jamais, Roi Paragarapharamus ne se désoriginalisera jamais.
- Dis-moi gros gras grand grain d'orge, quand te dégros gras grand grain d'orgeras-tu ? Je me dégros gras grand grain d'orgerai, quand tous les gros gras grands grains d'orge se seront dégros gras grands grains d'orgés.
- Je veux-et j'exige d'exquises-excuses (d'un trait et avec les liaisons, s'il vous plaît !).

«C'est ce qu'on appelle la... la ... LE bafouillage...»

Corrigez votre tendance au bafouillage
Si vous avez une fâcheuse tendance au bafouillage, cela peut venir de deux causes différentes : vous pensez à ce que vous voulez dire après et vous n'êtes pas «sur le coup». La deuxième raison est évidente : tout simplement, vous n'utilisez pas suffisamment les muscles circulaires qui entourent la bouche.

- Lorsque vous butez sur un mot, prenez le temps de respirer avant de le reprendre.

- Entraînez-vous à la mobilité des lèvres.

- Façonnez les mots et les syllabes en grimaçant exagérément.

- Entraînez-vous sur les exercices ci-contre.

Les liaisons

L'absence de liaison donne un parler vulgaire, mais en faire trop ou mal n'est pas nécessairement de meilleure facture. «Lorsque le diseur décide de ne pas faire la liaison, il doit nettement marquer l'arrêt entre les mots» dit un grand technicien de l'art de la parole, G. Le Roy.

Les liaisons interdites

- Naturellement, il y a les fameux «H» aspirés.

- Entre noms propres, on ne fait pas de liaison non plus : *«Diderot 't' et d'Alembert.»* Non !

- Les consonnes muettes ne créent jamais de liaison : *«un écolier 'r' attentif»* ne se dit pas ou *«le gouvernement 't' allemand»*, comme le dit le premier des Français, est une faute !

Les liaisons particulières

- Dans sa liaison avec la voyelle qui suit, le «D» doit se transformer en «T» : *«la poule pond 't' un œuf»*, *«un grand 't' écrivain»*.

- De la même manière, le «G» se transformera en «Q». On doit dire : *«un long 'q' argumentaire»* ou *«un long 'q' entretien»*.

- Dans les finales en «RT» ou «RD», la liaison doit se faire avec le «R» : *«c'est fort r'agréable»* et non *«c'est fort t'agréable»*.

Les liaisons dangereuses

- Jamais de liaison si elle doit provoquer un redoublement de son : *«il parlait 't' à ta concierge»* ou *«partout 't' où les gens...»*

A retenir en priorité

■ **Placez votre voix dans le médium (pas trop haut, ni trop bas).**

■ **Placez les sons dans le masque (en avant du visage).**

■ **Harmonisez votre force vocale avec la distance à atteindre (regard).**

■ **Appuyez-vous sur les consonnes.**

■ **Pour parler loin, élargissez les voyelles et les syllabes longues.**

■ **Corrigez vos défauts d'articulation par des exercices.**

■ **Maîtrisez vos liaisons.**

ETRE ÉCOUTÉ

Dialoguer entre amis...

Parler face aux autres

Du réciter au parler

Lorsqu'un orateur fait un exposé, quand quelqu'un parle seul à plusieurs personnes, lorsqu'un postulant se présente pour un entretien ou qu'un étudiant soutient une thèse... Dans tous ces moments où l'enjeu est d'importance, pourquoi le ton devient-il très vite monotone, sans relief, monocorde, sans âme... ?

Dialoguer entre amis...

Comment expliquer que la même personne, dialoguant à bâtons rompus avec des amis, retrouve sa vivacité, sa richesse d'intonation, sa vérité, son énergie ? Comment se fait-il qu'elle redevienne vivante ?

La conversation, le dialogue entre amis, la discussion sans conséquence, vous connaissez ! L'interaction fait partie de votre vie relationnelle quotidienne, vous en avez la pratique.

Vous n'êtes peut-être pas brillant, vous n'avez peut-être pas une fluidité verbale extraordinaire, vous êtes peut-être timide, vous articulez sans doute mal, mais on vous entend, on vous comprend. Il faut bien faire avec et vous faites «avec» !

Parler face aux autres

Mais parler seul face aux autres, argumenter, exposer ou répondre à des questions dont va peut-être dépendre votre avenir, c'est une autre affaire.

- Quelles expériences avez-vous ?
- A quel cadre de références pouvez-vous vous raccrocher ?
- Quand avez-vous vécu ce type de situation pour la première fois ?

Vous n'êtes plus à l'école

A coup de récitations...

... et de dictées

Cette pratique d'élève récitant sa leçon devant le professeur qui attend la fin pour vous noter, vous la connaissez bien ! Cette épreuve où vous étiez seul sur une estrade pour prouver votre savoir. Ces questions auxquelles il vous fallait bien répondre sous peine de mauvaises notes, vous vous en souvenez. Votre premier système de références est là.

Voilà le piège ! Comme à l'école !

Vestige sans doute de l'importance de la chose écrite, à l'âge où nous apprenions à réfléchir et à communiquer, notre enseignement reposait essentiellement sur ce mode d'expression qu'est l'écrit. Oui mais voilà, l'écriture est essentiellement linéaire et nous n'avons même pas, nous Français, d'accent tonique codifié dans l'écriture.

Et ce n'est pas tout ! Les modes de communication sont différents. Les veillées autour de la cheminée, où chacun racontait son histoire, pouvaient servir d'apprentissage à la parole : la télévision a remplacé le feu de cheminée, la vidéo a largement relayé les supports dessins et photos. Aujourd'hui, l'orateur se retrouve

Récite-nous ta leçon.

quelquefois projeté sur un mur d'images de douze mètres carrés et en gros plan par-dessus le marché ! En petit comité, dans l'entreprise, les réunions en tout genre se multiplient et nous continuons «à parler comme un livre» par manque de savoir-faire.

A coup de récitations...

Vous a-t-on dit autre chose dans votre scolarité que : *«récite-nous ta leçon»* au lieu de *«dis-nous ce que tu sais»* ? Ce handicap culturel nous a marqués profondément. Alors, quand nous parlons dans des circonstances à fort enjeu, nous continuons à réciter et remplissons les trous par crainte des silences, nous les meublons de grands *«heu...»* perturbateurs qui n'apportent franchement rien à notre prise de parole mais qui disent : *«Ne vous inquiétez pas, je sais, ne me coupez pas, je vais vous dire...»*

Vous reconnaissez la musique, cette petite musique «récitée» comme un chant continu, cette musique acquise pendant notre enfance.

Mais souvenez-vous, si vous aviez commencé par : *«Maître Corbeau...»* suivi d'un silence et sans enchaîner tout de suite, votre instituteur vous aurait sans doute dit : *«Tu n'as appris que deux mots ! Tu ne sais pas ta récitation ! Zéro ! A ta place !»*

Il en fut ainsi pour toutes nos leçons. Nous avons, au fil du temps, perçu le silence comme un non-savoir, l'expression d'un trou de mémoire, d'une faute.

Ce silence qui, nous ne le répéterons jamais assez, est la base de toute expression verbale de qualité.

Récite-nous ta leçon !

MUSIQUE	TEXTE
Nananana nanana nanana	Maître Corbeau sur un arbre perché
Nana nanana nanana	Tenait dans son bec un fromage
Nananana nanana nanana	Maître Renard par l'odeur alléché
Nana nanana nanana	Lui tint à peu près ce langage
Na ! ...	Hé ! ...

... et de dictées

Autre apprentissage ! C'est à coups de dictées que l'on nous a assené les règles de la ponctuation. Oui, mais voilà, il s'agit bien d'une ponctuation écrite.

Nous avons appris à faire un court silence à la virgule, un silence plus long au point-virgule et un silence encore plus long au point. Pour couronner le tout, notre instituteur s'appliquait à baisser la voix pour bien nous faire sentir la fin de la phrase.

Très bien, parfait ! (point d'exclamation), mais, (virgule) je ne parle pas en utilisant les mêmes repères. (point !) Ce qui, (virgule) à l'écrit, (virgule) facilite la compréhension du message n'est qu'un code parfaitement inadapté, (virgule) inefficace et inutilisable dans l'expression parlée. (point)

Finir toutes ses fins de phrases avec une intonation basse crée cette monotonie, cette triste mélodie qui fait que l'on ne soutient pas l'expression de sa pensée jusqu'au bout... Et que les autres s'endorment. Le fait d'avoir appris à faire des silences après ces ponctuations, et uniquement là, nous a conditionnés pour ne pas en faire ailleurs.

«*Un texte,* disait Louis Jouvet, *c'est avant tout une respiration !* «

Et la respiration orale, ce sont les silences.

Depuis des années, nous faisons lire à nos stagiaires le texte qui suit, tiré de *Le soleil se lève aussi* d'Hemingway. Nous avons choisi ce texte parce que, justement, il est truffé de points. Et bien, voilà le schéma sonore invariablement linéaire de la lecture que tous nous font :

Le tracé représente la platitude de l'inflexion. A cette expression sans relief vient s'ajouter la chute irrémédiable vers les points. Cette intonation tombante et répétitive va alourdir encore le phrasé.

On remarque aussi que les respirations, donc les silences, ne se font qu'aux points et aux virgules. Le lecteur s'enferme dans cette ponc-

A la gloire de la monotonie orale !

«Montoya frappa à la porte et l'ouvrit. C'était une chambre obscure. Un peu de jour entrait par une fenêtre qui donnait sur une ruelle étroite. Il y avait deux lits séparés par une cloison monastique. La lumière électrique était allumée. Le jeune homme était debout, très droit, très sérieux dans son costume de torero. Sa veste pendait sur le dossier d'une chaise. On achevait de lui enrouler sa ceinture. Ses cheveux noirs brillaient sous la lumière électrique...

Je n'avais jamais vu un aussi beau garçon.»

***Le soleil se lève aussi*, Ernest Hemingway**

tuation nécessaire et incontournable pour faire passer un message écrit, mais inadaptée à l'interprétation orale.

Il peut même y avoir une opposition plus catégorique encore entre code écrit et code parlé. La répétition par exemple : bannie de nos rédactions et de nos dissertations, elle alourdit le texte, elle reste redondante et sans relief... Mais ce qui est un défaut (je dis bien un défaut) de l'écriture devient une qualité, une réelle qualité, du parler.

C'est bien la répétition qui aidera à la mémorisation de ce que je dis et c'est aussi, nous le verrons, la répétition qui nous sortira de certaines difficultés...

L'oral nous permet de moduler notre voix dans les inflexions (les intonations), dans la force vocale (le volume), dans la fréquence (graves et aigus). Il permet, mieux, il réclame la répétition comme un moyen efficace pour marquer l'importance d'un mot, pour aider sa mémorisation et être mieux compris. Ne vous arrive-t-il pas de dire : *«Non, non, non, non, non et non !»* Difficile à écrire, non ?

Lorsque nous parlons, nous donnons de la couleur aux mots.

Le parler est incontestablement plus riche et plus authentique que l'écrit, car il se nourrit de subtilités intraduisibles, de ressentis et d'intentions réagissant en temps réel. On peut écrire «non !» en minuscules ou en majuscules, en italique ou en gras... Mais on peut le dire de tant de façons !

L'instrument vocal (il s'agit bien d'un instrument) peut appuyer sur certains mots (scansions), en laisser en suspens certains autres (silences), rythmer une expression (variation de débit), élargir les sons, en raccourcir d'autres... à condition de sortir du carcan de cette «ponctuation écrite».

Les attaques

Soutenir ses attaques

Ce sont les débuts de prise de parole, les départs de grandes unités verbales, le commencement des phrases, les reprises après les silences, et même la première syllabe d'un mot.

Trop faible d'abord, le ton soutenu n'est généralement acquis qu'à la quatrième ou cinquième syllabe du début d'une unité verbale ! C'est une erreur !

Soutenir ses attaques

Pour dynamiser votre prise de parole, commencez franchement vos interventions. Pas de rodage, entrez tout de suite dans la couleur générale de cette prise de parole. Cela est d'autant plus difficile que l'on commence souvent par de petits mots outils : articles, prépositions, pronoms personnels. Ces petits mots qui ont souvent une grande importance sont la plupart du temps «mangés». On les devine plus qu'on ne les entend.

Soutenir ses attaques, c'est donner une impression de clarté, de compétence et de détermination dès le départ.

Quand vous commencez à parler, soutenez les quelques premiers mots par une force vocale légèrement au-dessus de la norme, puis placez tout de suite un silence. C'est la meilleure façon d'attirer l'attention sur vous, de dynamiser l'écoute de vos interlocuteurs.

Les attaques de Racine

Racine dit : «Ce que je sais le mieux, c'est mon commencement.»
Il est drôle de constater que trois de ses tragédies commencent par «oui». Voilà bien une manière positive et dynamique de commencer.
«Oui, je viens dans son temple adorer l'éternel.» (*Athalie*)
«Oui, c'est Agamemnon, c'est ton roi qui t'éveille.» (*Iphigénie*)
«Oui, puisque je retrouve un ami si fidèle.» (*Andromaque*)

Déponctuer...

... pour reponctuer

Le solfège du parler

La ponctuation parlée

Déponctuer...

Pour redonner cette liberté à notre expression, il faut remettre à plat, redistribuer les bobines.

Les comédiens le savent bien qui, s'ils s'en tenaient à la ponctuation notée par l'auteur, diraient tous le même texte de la même façon, avec les mêmes intonations, les mêmes silences.

Et l'on ne pourrait voir deux fois *Andromaque* ou *L'Avare*, sans s'ennuyer à mourir.

... pour reponctuer

Les acteurs sont des alchimistes qui cherchent à s'approprier un texte d'auteur, en lui faisant subir cette transmutation qui va de l'écrit au parler pour mieux le «digérer», comme ils disent, et trouver le phrasé du personnage qu'ils doivent interpréter.

Pour faire «coller» le texte à leur propre ressenti, ils en modifient non pas les mots, mais la ponctuation.

Ainsi, au fil du temps, les signes d'une ponctuation orale de tradition se sont installés. Ils permettent à chacun de retrouver le jeu de dire qui est le sien.

Le solfège du parler

C'est cette ponctuation de tradition, augmentée de nos propres signes d'anciens «alchimistes» de théâtre et de cinéma, que nous vous donnons.

Apprendre et pratiquer ce solfège parlé, c'est se donner les moyens de faire un bon apprentissage du parler vrai et varié.

C'est préparer ses interventions pour être mieux écouté et mieux compris.

L'enjambement

Utilisation de l'enjambement

Les arpèges du parler

Pour se libérer de l'acquis culturel de l'écriture, un bon exercice que nous faisons pratiquer depuis des années à nos stagiaires consiste à supprimer les points et à les passer systématiquement : c'est l'enjambement.

L'enjambement d'un point est une manière de «pont» qui relie la fin d'une phrase au commencement d'une autre.

Ex : *«Il frappa à la porte et l'ouvrit. C'était...»* (respiration).

Pour aider à ce passage, il suffit de faire un repère sur son texte. Au-dessus de chaque point, un petit pont devenu classique chez les comédiens leur permet de noter ce saut de ponctuation.

Utilisation de l'enjambement

Pour accrocher une idée nouvelle à celle déjà exprimée et rebondir en relançant l'écoute de l'auditeur, l'enjambement est un atout non négligeable.

L'enjambement permet aussi de forcer les changements d'inflexion et de rythme. Les enjambements se font alors d'autant plus facilement qu'ils s'appuient sur des conjonctions de coordination.

L'enjambement enfin vous oblige à respirer autre part qu'au point, donc à décaler le silence traditionnel, ce qui ne permet pas à l'autre de parler.

Les arpèges du parler

Utiliser les enjambements et les silences placés ailleurs qu'aux points vous libérera de l'écrit et vous donnera l'aisance et la maîtrise des outils du parler efficace. Pour vous familiariser avec cette technique, nous

Code de ponctuation :

L'enjambement

Pour passer d'une phrase à une autre sans s'arrêter aux points, on utilise au-dessus du point le signe :

Et on respire ailleurs !

«Taisez-vous Elkabach»

**La ponctuation orale de Georges Marchais lui permit toute sa vie de dire à ceux qui l'interrogeaient : «Laissez-moi parler, ne me coupez pas quand je cause...»
Il était passé maître dans l'art de l'enjambement.
Pour éviter d'être coupé dans ses explications, il lui suffisait de respirer ailleurs qu'en fin de phrase.
Si Marchais avait dit : «C'est pourquoi nous n'accepterons jamais un tel gouvernement» (point-silence-respiration), n'importe qui pouvait alors prendre la parole sans risque.
Sa force était d'enjamber et de respirer après.
«C'est pourquoi, nous n'accepterons jamais un tel gouvernement mais alors !...» (respiration). Si quelqu'un prenait la parole après ce «mais alors...», il lui coupait effectivement la parole. Il pouvait donc continuer : «... il faudra qu'il sache que nous serons toujours contre lui. Les travailleurs /...» (respiration). Et vous ne pouvez toujours pas parler. «... n'accepteront jamais de telles conditions. Par conséquent / ...». Et après de tels silences, il pouvait décider lui-même de changer de sujet !!! «Tenez. Puisque je suis ici, je voudrais vous parler d'autre chose...»**

Passez les points, faites des silences ailleurs

Relancez par une force et une intention nouvelle après chaque pont d'enjambement.

**«Montoya frappa à la porte / et l'ouvrit. C'était / une chambre / obscure. Un peu de jour / entrait par une fenêtre / qui donnait sur une ruelle / étroite. Il y avait / deux lits / séparés par une cloison monastique. La lumière / électrique / était allumée. Le jeune homme / était debout / très droit / très sérieux dans son costume / de torero. Sa veste / pendait sur le dossier d'une chaise. On achevait / de lui enrouler sa ceinture. Ses cheveux / noirs / brillaient sous la lumière électrique...
Je n'avais / jamais / vu un aussi beau garçon.»**

vous conseillons de lire le texte déjà lu précédemment avec la ponctuation écrite que nous vous avons signalée.

Cette fois-ci, lisez-le en pratiquant les enjambements systématiques et les silences que nous vous avons imposés par signes. Cette ponctuation va vous obliger à faire de gros efforts pour supprimer les points. Ce ne sera certainement pas naturel, mais qu'importe. Il s'agit d'un exercice, au même titre que des gammes ou des arpèges pour un pianiste. Le pianiste ne fera pas un concert de gammes, mais elles lui auront permis d'acquérir une dextérité dont il aura besoin plus tard.

A chaque reprise après un enjambement, relancez votre expression comme une idée nouvelle.

Le silence

Le silence est la clé de voûte du savoir-dire

Il faut cesser de penser que le silence est un blanc (ce qui nous ramènerait à l'écrit). Un silence est d'abord une respiration, il permet de laisser à l'autre le temps de comprendre ce qui vient d'être dit et d'attendre ce qui va être dit.

«Chaque atome de silence est la chance d'un fruit mûr» disait Paul Valéry.

Prenez conscience d'un facteur essentiel : le silence ponctue votre expression personnelle. Vous pouvez toujours vous arrêter où vous le souhaitez, lorsque vous parlez.

Code de ponctuation :

Le silence

Pour apprendre à respecter des silences et mieux ponctuer, on utilise les signes suivants :
/ silence de 2 secondes.
// silence de 4 secondes.
/// silence de 6 secondes et plus.

Faites l'expérience

Arrêtez-vous à chaque nouvelle ligne aux barres d'espacement que nous avons mises en guise de ponctuation. Assumez ce silence en le chargeant de sens et de réflexion.

Ne descendez pas la voix aux «/».

Je peux m'arrêter où je veux quand je parle.
Je / peux m'arrêter où je veux quand je parle.
Je peux / m'arrêter où je veux quand je parle.
Je peux m'arrêter / où je veux quand je parle.
Je peux m'arrêter où / je veux quand je parle.
Je peux m'arrêter où je / veux quand je parle.
Je peux m'arrêter où je veux / quand je parle.
Je peux m'arrêter où je veux quand / je parle.
Je peux m'arrêter où je veux quand je / parle.

Un petit truc pour être écouté

Quels que soient le thème, les circonstances, les situations, dites-vous toujours que vous racontez une histoire. Pensez systématiquement avant de commencer : «Il était une fois...» Allez chercher chez l'adulte l'enfant qui sommeille.
Comment racontez-vous une histoire à un enfant ? «Alors... le loup (silence)...», «le méchant ogre... ouvrit la bouche et...» Vous faites de nombreux silences, pour que l'enfant fasse courir son imagination...

Faites la même chose avec les grands !

Quelques remarques

- Le silence paraît toujours beaucoup plus long pour celui qui le fait que pour ceux qui écoutent.

- Le silence vous permet de respirer et de prendre le temps de relâcher les tensions.

- Le silence volontairement exécuté et bien assumé donne aux autres une impression de maîtrise et d'assurance.

- Les temps plus ou moins longs que vous mettrez à l'intérieur de votre jeu de dire souligneront les changements de rythme que vous souhaitez.

- C'est un bon moyen de maîtriser sa fuite en avant.

- On peut maîtriser le trou de mémoire par un silence actif.

La peur du silence explique sans doute le remplissage fait de *«heu»* et l'introduction de certains mots parasites du style *«je crois, on peut dire, il faut savoir, peut-être, je dirai...»*.

Regardez et écoutez les histoires racontées par Alain Decaux à la télévision. Vous vous apercevrez que c'est la maestria avec laquelle il joue des silences qui fait que le téléspectateur boit ses paroles.

Les silences sont de moi !

Sacha Guitry raconte que son père, le grand comédien Lucien Guitry, faisait parfois en scène des silences «joués» de plus de 30 secondes. Un jour, quelqu'un le félicitait en ces termes :
«La façon dont vous dites le texte de Monsieur Untel est merveilleuse, mais ce sont encore vos silences que j'admire le plus.»
Et Lucien Guitry de répondre : «C'est parce que les silences sont de moi !»

De l'importance du silence

Ce texte sur le silence vous oblige à son utilisation. Efforcez-vous de le lire en respectant l'esprit général, sans oublier qu'un silence doit être bien vécu pour bien vivre. Entre les silences, attachez-vous à relancer par des rythmes soutenus et variés.

Un ange passe //... Oh ! Je sais ! Je sais ! Vous ne l'avez pas vu parce que /, parce que vous regardiez ailleurs / et pourtant ! //

Pourtant il est passé là / juste devant vous / sans tambour ni trompette / en silence... // seulement voilà / le silence / les gens ne supportent pas ça : le silence... // Ils ont du mal à l'observer / ou s'ils l'observent / ils l'observent de loin / subrepticement... // On a beau leur dire : «le silence est d'or !» /... Ils préfèrent parler d'argent ! //

Et pourtant... / Une minute de silence, c'est reposant / Ça mange pas de pain / Ça vous laisse le temps de respirer / Tenez : /// .... (très long silence) /// .... Et encore là / Je ne vous en ai fait écouter qu'un morceau ! ! //

Ça pèse hein ? / C'est vide et ça pèse ! / Ça peut même être lourd de conséquence... / Un silence. //

Je sais / Vous allez me dire / «Oui, mais une minute sans rien dire, c'est long !» /

C'est long ! / C'est long ? / Ça fait une minute ! / C'est vrai qu'une minute sans parler / une minute sans «euh...» / C'est comme une omelette ! // On ne fait pas de silence sans caser de «euh...». //

Et pourtant / c'est parfois mieux rempli un silence bien senti qu'une parole pleine de mots vides de sens. //

Les paroles s'envolent mais le silence / lui / il reste... // Alors au lieu de meubler les silences / en faisant passer des anges imaginaires / il vaut mieux se taire... // de temps en temps... // et laisser le silence compter les points... /// les points de suspension bien sûr ! //

Alors moi / je vais remettre ma vieille pelisse déplumée //... mes ailes blanches trouées de vide //... Et je vais m'en aller /... comme un ange gardien /... gardien du silence /

... Sur la pointe des pieds.

Valoriser son expression

Quatre scansions - quatre sens différents

La scansion

La scansion est une sorte d'accent tonique que l'on peut placer selon son ressenti sur une expression, un mot ou tout simplement une syllabe.
Je te dis «non!» «c'est impossible!» «c'est à toi de le faire !» «c'est toujours la même chose».

Valoriser son expression

En faisant des scansions, vous donnez du relief à votre expression. La scansion permet de mettre en avant le terme souhaité. Elle sert favorablement la répétition.

La scansion sera d'autant plus efficace que vous l'utiliserez pour les mots outils (articles, pronoms, prépositions...).

4 scansions - 4 sens différents

- J'ai le meilleur produit (ce qui compte, c'est le produit).
- J'ai le meilleur produit (il est meilleur que les autres).
- J'ai le meilleur produit (c'est le seul).
- J'ai le meilleur produit (c'est moi qui l'ai).

Code de ponctuation :

La scansion

Pour noter une scansion, j'encadre le mot.
Signe :

Un truc antique

Certains orateurs de l'Antiquité recommandaient de ne pas articuler le mot de valeur, de manière à ce que le public intrigué cherche à comprendre. Après l'avoir plusieurs fois «bredouillé», l'orateur assenait alors le mot avec une forte scansion, sûr de l'effet produit.
A ne pas mettre entre toutes les langues (danger !).

Trop c'est trop !

Attention ! Faire trop de scansions, c'est vouloir tout valoriser, autant dire rien, puisque la scansion ne fonctionne que par contraste. Un jour que nous faisions remarquer à l'un de nos stagiaires que l'abus des scansions rendait son parler insupportable, un autre d'entre eux nous fit cette remarque : «C'est vrai. Il fait de "l'hyper scansion" et ça, c'est pas bon !»

Débit et rythme

Comme en musique, comme en peinture, c'est la rupture de rythme et les contrastes qui coloreront l'expression.

Les périodes

Certains livres soutiennent que le bon débit d'une prise de parole est d'environ 140 mots / minute. Naturellement, c'est une aberration.

Un bon débit n'est pas une simple moyenne de mots. Yves Mourousi (l'homme de T.V.) disait à Kathia David (journaliste) : *«Quand tu parles à la télé ou à la radio, donne un coup de klaxon toutes les trente secondes, autrement ils s'en vont.»* Varier son débit de parole est essentiel. Le mot «débiter» signifie bien ce danger de l'uniformité. De la même manière qu'une symphonie se découpe en mouvements, un texte doit s'exprimer sur des périodes variées.

Les rythmes courts

A l'intérieur des périodes, divers rythmes sont nécessaires. Ces petites variations vont porter sur des groupes de mots.

Pour noter ces périodes et ces rythmes, vous pouvez utiliser les signes suivants.

Code de ponctuation :

Débit et rythmes

Période rapide.

Période lente.

Trois mots globalisés pour faire un ensemble.

Les périodes

Les rythmes courts

A retenir en priorité

- **Soignez vos attaques.**
- **Pensez toujours «il était une fois...».**
- **La ponctuation parlée est différente de la ponctuation écrite.**
- **Vous pouvez prendre des respirations où vous le souhaitez dans vos phrases.**
- **Le silence est l'outil essentiel du jeu de dire. Il peut se placer // où vous le souhaitez.**
- **Maîtrisez votre débit en lui donnant des rythmes différents et contrastés.**
- **Faites des scansions sur les mots ou groupes de mots de valeur pour donner du relief à ce que vous dites.**

ETRE COMPRIS

Je vous entends, je vous écoute mais...

La compréhension des mots, nous l'avons dit dans la partie «Nous communiquons... le veuille ou non», est très subjective. Oui, mais il y a tout de même des éléments techniques qui vont aider à cette compréhension. Lorsque l'on n'entend pas la fin d'une phrase, il est difficile de comprendre son sens. Ce sont «les finales».

«Samedi dernier, je suis allé au marché de Saint- Quentin avec ma femme pour aller acheter du ps...» Si vous n'entendez pas la finale, vous savez où je suis allé, vous savez que j'y suis allé avec ma femme, vous savez que j'ai acheté quelque chose, mais vous ne savez pas quoi !

De la même manière, lorsque vous exprimez une idée, un argument, une conviction, vous modulez votre expression. L'intonation (ou modulation vocale) joue sur l'inflexion de la voix pour exprimer une intention.

Naturellement, le vocabulaire reste le support de cette compréhension. Encore faut-il choisir les mots simples et adaptés au code de l'autre pour trouver un écho et une résonance efficaces.

Enfin, pour être sûr que certaines choses ont bien été mémorisées, vous utiliserez une arme importante, «la répétition». Cette répétition qui favorise la mémorisation est essentielle, lorsqu'elle est utilisée pour se sortir de certaines difficultés.

Naturellement, être compris passera aussi par la structure de votre parler, par l'organisation de vos arguments et par l'illustration que vous leur donnerez.

Les finales

Le point final

Ne perchez pas votre voix

Dans la langue française, la finale d'une phrase est généralement l'aboutissement de la pensée, le but même de l'expression qui la précède, et c'est cette finale-là qui tombe lamentablement. Nous avons vu, lors de l'enjambement, la difficulté que nous avons à sauter un point. Il s'agissait d'exercices. Naturellement, tous les points ne sont pas à sauter, le plus souvent le point demeure pour fermer le sens. Oui mais... Dans l'expression orale, on peut fermer le sens sans perdre le tonus vocal. Soutenir les finales, c'est soutenir son argumentation jusqu'au bout.

Le point final

Un trou, un gouffre où viennent tomber les derniers mots de l'exposé. La fin d'un discours ou d'une prise de parole «s'entend venir de loin» : l'inflexion commence à fléchir à l'approche du point final, pour finir très en dessous et en rajoutant généralement un «voilà» pour clore le tout au 36e sous-sol.

Il ne s'agit pas de monter la voix mais de soutenir le tonus, donc la force vocale, jusqu'à la fin.

Ne perchez pas votre voix !

Soutenir ne veut donc pas dire que vous devez à chaque point relever la finale en montant dans les aigus.

Parler trop haut vous fragilise et risque de vous donner un genre... un peu spécial si vous êtes un homme. Et pour vous, Madame ou Mademoiselle, si vous montez trop haut, vous aurez du mal à être prise au sérieux. Les voix de tête sont souvent qualifiées d'«écervelées».

Code de ponctuation :

Les finales

Pour noter une finale à soutenir, je mets une flèche au-dessus du point :

et pour le point final :

Le point final

Attachez-vous à soutenir vos finales aux points. Affirmez la phrase jusqu'au bout sans laisser tomber le ton. Vous y gagnerez en fermeté, autorité et conviction.

Il est parti de loin pour venir jusque-là.

Au début, c'était comme une étoile perdue pointée dans l'immensité du silence. Une étincelle qui disparaissait le temps d'un clignement de paupières. Il était si petit qu'on n'en finissait plus de le chercher dans cette botte de mots.

Mais lui ne bougeait pas. Il restait là, tapi derrière le dernier d'entre eux. Immobile et sans voix, il mesurait le temps de son petit œil rond et noir.

Pour avertir de son arrivée future, il avait envoyé en guise d'éclaireurs quelques-uns de ses plus proches cousins. Accompagnés à point nommé de virgules, et pour les plus fiers d'exclamation ou d'interrogation, tout ce petit monde de points s'était égaillé comme une volée d'enfants jouant à points perchés derrière les locutions, les adjectifs et les adverbes. Certains d'entre eux, les plus pointilleux, s'étaient juchés en équilibre sur les «i» et les «j».

Ensuite, le point final délégua aux explications ses amis les plus sûrs, ceux qui vivent en couple l'un au-dessus de l'autre et défendent de leurs deux points les «c'est-à-dire :» et les «par conséquent :».

A ceux qui font ménage à trois, bien alignés en file indienne, il octroya la suspension... Ceux-là avaient pour mission de meubler les silences et de laisser courir les imaginations...

Enfin, ce fut le tour de ses frères d'arme : les points solitaires. Seuls capables chacun d'arrêter le verbiage des mots. Postés en sentinelles aux points sensibles, ils étaient toujours prêts à bondir sur les fins de phrases pour leur clouer le bec à point fermé ou à la ligne.

Plusieurs fois, on l'avait vu, lui, «le point final», pointer son nez à la fin d'un chapitre comme pour dire «arrêtons là ! suffit ! c'est terminé !». Et puis, à chaque fois qu'il avait fait le point, il s'était envolé pour aller se nicher encore un peu plus loin.

Mais cette fois-ci, le voilà !

Dès qu'il a entendu les mots «en conclusion», il est sorti de sa réserve. A pas pesants, il avance, s'enfle, s'accroît, prend une dimension que jamais aucun point n'aurait osé s'attribuer. Il voudrait bien encore se donner un sursis, se réserver la chance de se survivre un peu. Il tergiverse encore en amphigouriquant des mots incompréhensibles qui demanderaient une mise au point.

Il bondit sur la redondance pour prendre ses distances, mais c'est déjà trop tard. Il sait qu'au détour de la dernière syllabe, au bout du dernier mot de la dernière phrase à la fin du dernier chapitre, il atteindra son point de non-retour.

Pour lui, point de salut.
Puisse son point de chute être un point de départ vers d'autres points de vue.

Le vocabulaire

Nous reprendrons, dans un chapitre suivant, la structure d'une argumentation d'un exposé ou d'une prise de parole en public. Mais, pour ce qui est du parler dans l'entretien quel qu'il soit, quelques règles essentielles sont à mettre en œuvre.

Un parler simple

Ce n'est pas si simple ! Pour arriver à cette simplicité, il faut connaître parfaitement ce dont on parle. Evitez les mots techniques ou rares, ils peuvent vous donner une image de savant, mais ils ne contribuent pas au large partage de la communication.

Un parler court

Attention aux incidentes ! Ce sont souvent des phrases subordonnées qui viennent se greffer sur la principale et qui la compliquent. Méfiance aussi en ce qui concerne les périphrases et paraphrases qui, contrairement à ce qu'on pense, ne clarifient pas toujours vos propos. Bien souvent, il vaut mieux répéter que reformuler.

Un parler illustré

Pour rendre clairs vos propos, n'oubliez pas que rien ne vaut un bon exemple représentatif qui «parle». Une anecdote reflétant votre opinion sera plus agréable et plus facile à décoder qu'une démonstration

Le vocabulaire

Le dictionnaire de l'Académie française définit une centaine de milliers de mots qui font la langue française. Mais chaque académicien qui participe à ce dictionnaire en comprend moins de dix mille. Nous faisions un jour cette remarque à l'un d'eux qui nous répondit aussitôt avec humour : «Pourquoi croyez-vous que l'on s'y mette à 40 ?» Tout le théâtre de Racine n'est écrit qu'avec 600 mots différents. Son vocabulaire est très pauvre par rapport aux 10 000 mots du théâtre de Giraudoux. Cela ne signifie pas que l'un soit meilleur que l'autre !

parfaitement logique et rationnelle.

Un parler analogique

Une analogie bien sentie, prise dans le champ de connaissances de votre interlocuteur, vous permettra sans doute d'être mieux compris, mais aussi d'être mieux ressenti par lui et cela est essentiel dans l'échange.

La faiblesse d'une argumentation analogique est le revers de sa qualité : il prend des raccourcis. On peut faire dire souvent n'importe quoi par le biais d'une analogie, qui peut elle-même créer une analogie contraire.

Un raisonnement logique

A contrario, la faiblesse d'une argumentation logique réside dans le fait qu'un seul élément manquant détruit l'argumentation dans son ensemble. C'est la raison pour laquelle ce type de raisonnement est souvent long.

Le danger d'une logique trop rigide est de démontrer plus que de convaincre.

Parler simple pour être compris.

La répétition

Si la répétition est, d'une manière générale, un défaut de l'écriture, elle est une des qualités essentielles du parler.

La répétition immédiate volontaire

La répétition de construction

La répétition de nécessité

La répétition immédiate volontaire

C'est celle que vous décidez de faire pour mettre en valeur un élément de votre phrase que vous jugez important. C'est aussi le meilleur moyen pour aider votre interlocuteur à mieux mémoriser ce que vous souhaitez.

Mais attention ! Répéter un mot ou une expression ne signifie pas faire un écho. Votre répétition doit se faire en variant le ton. Généralement, justement puisqu'on répète, on met une scansion sur le deuxième terme : *«Je te dis que c'est impossible ! Impossible, tu entends !»*

La répétition permet aussi, si vous êtes en lecture, de décrocher son regard du texte écrit.

La répétition de construction

Appelée souvent «répétition rhétorique», cette répétition peut être une répétition d'effet. Pour monter une période et donner un mouvement de relance :

«Mon bras qu'avec respect toute l'Espagne admire,
Mon bras qui tant de fois a sauvé cet empire...»

P. Corneille

«De l'audace... encore de l'audace toujours de l'audace» G. J. Danton

Code de ponctuation :

Répétition

Je veux répéter le mot Essentiel : je le souligne deux fois.

La répétition rhétorique

«Vous avez échoué contre le chômage.
Vous avez échoué contre le coût de la vie.
Vous avez échoué contre le racisme.
Vous avez échoué...»
Qui n'est qu'une manière d'enfoncer le clou !

Jean Guitton disait : «Je dis que je vais le dire, je le dis, je dis que je l'ai dit.» Voilà une citation dont il faudra se souvenir pour la construction de vos exposés.

Une répétition de nécessité

Sacha Guitry avait bien compris que la répétition sert magnifiquement pour se sortir d'embarras. «Quand je te pose une question qui t'embarrasse, tu la répètes toujours avant de me répondre. Si je te demande : "Qu'est-ce que tu as fait de 5 à 6 ?" Tu te reposes la question : "Qu'est-ce que j'ai fait de 5 à 6 ?" et c'est ainsi que tu prends ton élan pour mentir.»

La répétition de nécessité

C'est une arme fabuleuse quand vous êtes en difficulté. C'est aussi un bon moyen pour improviser.

Lorsqu'un mot vous fait défaut, lorsqu'un trou de mémoire bloque votre verbalisation, ne restez pas au bord du trou, vous allez tomber dedans. Répétez tout de suite ce que vous venez de dire avec un autre ton et vous pourrez poursuivre. Cet outil fonctionne toujours admirablement.

La répétition pour réfléchir

Le travail sur ce texte repose essentiellement sur la maîtrise des répétitions. Il réclame l'utilisation de toute votre palette de variations prosodiques. Répéter plusieurs fois un mot, c'est le penser à chaque fois différemment.

La page blanche !... La page blanche !... J'ai le syndrome de la page blanche !... Et pour un écrivain, c'est redoutable le syndrome de la page blanche !... J'ai commencé à écrire ce livre il y a quinze jours, quinze jours que je suis dessus et qu'est-ce que j'ai écrit depuis quinze jours ? Qu'est-ce que j'ai écrit depuis quinze jours?

J'ai écrit : «Le jour finissait. La nuit descendait lentement. On y voyait de moins en moins, bientôt on n'y verrait plus rien, il ferait tout à fait noir, alors...»

Voilà ! C'est tout ! Voilà ce que j'ai écrit en quinze jours... Tous les matins... Je me lève tôt, j'ai dormi mal, je déjeune peu, je me mets devant ma machine à écrire, et je relis ce que j'ai écrit :

«Le jour finissait. La nuit descendait lentement. On y voyait de moins en moins, bientôt on n'y verrait plus rien, il ferait tout à fait noir, alors...»

Alors : le noir total ! Le syndrome de la page blanche me prend à la gorge et me tord le cou...

J'ai tout essayé pour repartir. J'ai essayé les : «Alors il arriva...» - «alors il se dit.. .» - «alors il pensa...» - «alors il courut...» - «alors il voulut...» - «alors il décida...» - «alors il gémit...» - «alors il fit...».

J'ai même essayé de me prendre en traître. J'ai écrit : «Alors il écrivit...», mais je n'ai jamais écrit ce qu'il écrivit... «Alors il écrivit...» couic : le syndrome !

Alors... J'ai changé, j'ai changé le «alors» par «soudain». C'est bon, ça «soudain !». C'est énergique, ça lance bien «soudain !». C'est vivifiant, c'est motivant «soudain !».

«Le jour finissait. La nuit descendait lentement. On y voyait de moins en moins, bientôt on n'y verrait plus rien, il ferait tout à fait noir. Soudain... «soudain un bruit résonna...» - «soudain le vent souffla...» - «soudain la porte grinça...» - «soudain le chat miaula...» - «soudain le chien aboya...» - «soudain le réveil sonna...». J'ai essayé tous les «soudain»...

J'ai même essayé les : «Alors soudain... !» Alors soudain, mais rien ! rien ! rien !

Alors, j'ai changé de machine. Ça n'a rien changé ! Je suis revenu au stylo à plume (je rajoutais des pâtés), j'ai essayé le stylo-bille, le feutre, même le crayon à papier avec une gomme toute neuve... J'ai jamais rien eu à gommer. Alors j'ai pris une grande décision : j'attends !

J'attends jusqu'au soir devant ma page blanche, sans toucher à rien, j'attends la nuit et je me dis :

«Quand le jour va finir, la nuit va descendre lentement. On y verra de moins en moins, et puis on n'y verra plus rien et il fera tout à fait noir. Alors... alors je retrouverai l'inspiration, je n'aurai plus ce foutu syndrome de la page blanche...»

La journée passe... Le jour finit, la nuit vient lentement. J''y vois de moins en moins, bientôt je n'y vois plus rien. Alors... alors je vais me coucher... et je passe une nuit blanche avec mon syndrome...

L'apprentissage du jeu de dire

Pour terminer cette partie consacrée à la variation prosodique du jeu de dire, nous vous proposons quelques exercices d'entraînement.

Prenez le texte de Cocteau qui suit et efforcez-vous de suivre la ponctuation parlée que nous avons faite pour vous, en vous rappelant le code :

	Un enjambement pour passer le point.
/ // ///	Silences de 2", 4", 6".
	Scansion (appuyer sur les mots de valeur).
	Pour les répétitions.
	Pour soutenir ses finales.
	Pour regrouper des mots dans le même rythme.
	Pour soutenir le point final

LE MENTEUR

Nous avons volontairement ôté la ponctuation de ce texte de Jean Cocteau pour en construire une autre qui soit adaptée au parler.

«Je voudrais / dire la vérité j'aime la vérité mais elle ne m'aime pas voilà / la vérité vraie la vérité / ne m'aime pas dès que je la dis / elle change de figure et se retourne contre moi / j'ai l'air de mentir et tout le monde me regarde de travers // pourtant je suis simple et je n'aime pas le mensonge / je le jure. Le mensonge attire toujours des ennuis épouvantables / et on se prend les pieds dedans et on trébuche et on tombe // et tout le monde se moque de vous j'ai beau / me sermonner me mettre / devant l'armoire à glace me répéter tu ne mentiras plus tu ne mentiras plus tu ne mentiras plus / je mens je mens je mens /// je mens pour les petites choses et pour les grandes.»

Amusez-vous à jouer

Pour vous sensibiliser à tout ce que votre expression orale peut apporter à un texte, nous vous proposons le texte de la page suivante : «J'ai l'air... Alors je surcompense». Il est construit pour que vous le disiez d'une multitude de manières. Amusez-vous à déplacer les locutions, les groupes de mots, les adjectifs ou les adverbes. Nombreux sont ceux qui peuvent être interchangeables. Variez le ton, les inflexions. Utilisez les outils que nous vous avons fournis. Soulignez certains mots deux fois pour les répéter, faites des enjambements, encadrez des mots ou des groupes de mots pour faire des scansions et surtout utilisez les silences : c'est le nerf de l'expression partagée.

Pour vous aider

Nous avons conservé quelques points, vous pouvez en déplacer ou en rajouter. Nous avons supprimé les virgules, cela vous permet de phraser comme vous le souhaitez.

Vous pouvez dire par exemple : *«Mais je donne le change en réalité. Je suis timide de naissance.»*

Ou bien : *«Mais je donne le change. En réalité je suis timide de naissance.»*

Vous pouvez dire :

«... c'est un mal qui provoque des réactions imprévisibles,/ parfois incompréhensives,/ souvent inadmissibles,/ toujours démesurées.// Bien sûr on...»

Ou bien :

«... c'est un mal qui provoque des réactions imprévisibles parfois,/ incompréhensibles souvent,/ inadmissibles toujours,/ démesurées bien sûr.// On...»

J'ai l'air... Alors je surcompense

J'ai l'air sûr de moi je joue les m'as-tu-vu les je-sais-tout mais je donne le change en réalité je suis timide de naissance.

Vous ne pouvez pas savoir le nombre de baffes qu'on a dû m'assener avant que j'ose pousser mon premier cri de bébé vous ne pouvez pas vous imaginer avoir envie de faire ce que l'on voudrait faire parce qu'on sait qu'il faut le faire mais ne pas oser le faire parce qu'on ne sait pas comment faire pour bien le faire c'est l'enfer la timidité c'est un mal qui provoque des réactions imprévisibles parfois incompréhensibles souvent inadmissibles toujours démesurées bien sûr on pense trop alors on compense et même on surcompense.

Tout petit enfant déjà quand on me disait : «dis bonjour à monsieur !» je lui tirais la langue très fort je haussais les épaules je lui faisais un pied de nez et des grimaces des grimaces beaucoup de grimaces pour compenser ma timidité. En retour je recevais des baffes des baffes des baffes ce que j'ai pu recevoir comme baffes ! Ça n'a pas arrangé ma timidité... Alors je surcompense.

Bibliographie

CORNUT G., 1983. *La voix*, Paris, Que sais-je, n° 627.

FURET Y., 1975. *Savoir parler en toutes circonstances*, Paris, Retz.

LEQUENNE M., 1985. *Bien parler en public*, Paris, Les Editions d'Organisation.

LE ROY G., 1967. *Grammaire de diction*, Paris, La pensée moderne.

LE ROY G., 1968. *Traité pratique de diction*, Paris, La pensée moderne.

A retenir en priorité

■ **Soutenez vos finales pour être compris.**

■ **Votre vocabulaire doit être simple.**

■ **La répétition est une qualité du langage parlé.**
- Elle souligne ce qui est important.
- Elle relance l'idée ou l'argument.
- Elle permet de pallier le trou de mémoire.

■ **Argumentez par la logique.**
- L'argumentation est longue.
- Il ne faut pas oublier un seul maillon.
- Demande une attention soutenue.
- Compréhension parfois difficile.

■ **Argumentez par l'analogie.**
- L'argumentation est courte.
- Facile à suivre et à comprendre.
- Imagée et plus familière.
- Mais on peut lui faire dire n'importe quoi.

Quatrième partie

L'entretien

Ô combien d'entretiens et combien de rencontres !

Dans vos fonctions professionnelles, vous avez eu, vous avez, vous aurez à mener ou à subir un grand nombre d'entretiens. De l'entretien d'investigation à l'entretien d'évaluation, en passant par les entretiens de négociation, de recrutement, de vente ou, dans votre vie quotidienne, de l'entretien que vous avez avec votre médecin à celui que vous subissez chez votre banquier... la palette est grande : «venez dans mon bureau...», «prenez rendez-vous», «vous avez demandé à me voir...», «j'aimerais que nous nous rencontrions», «prenons un rendez-vous téléphonique», «vous avez présenté votre candidature, j'aimerais vous rencontrer...», «j'ai demandé à vous voir pour...»

Les occasions de faire du face à face ne manquent pas. Les bases de fonctionnement sont toujours les mêmes, les variantes se modulent par la façon de les conduire et les objectifs que vous voulez atteindre.
Il est rare qu'un entretien soit une rencontre entre deux personnes de même statut, de même motivation et de même besoin. Le plus souvent, il s'agit d'un questionneur et d'un questionné, d'un interviewer et d'un interviewé, d'un décideur et d'un demandeur. Ce qui ne va pas arranger les choses !
Encore une fois : l'écoute !!!
Richelieu disait : «Pour bien agir, il faut beaucoup écouter.»
Votre première préoccupation, quel que soit votre rôle dans l'entretien, sera d'écouter le plus et le mieux possible. Mais pour écouter, me direz-vous, il faut bien qu'il y en ait un qui parle ?
Ecoutez-vous ! Je ne dis pas : écoutez-vous parler, mais parlez en vous écoutant ! Pour mieux maîtriser votre jeu de dire, votre débit, vos silences, etc. Et puis, c'est ici que le décodage du non-verbal va vous servir le plus pour bien comprendre l'autre. Pour réussir un bon entretien quel qu'il soit, vous avez besoin d'un maximum d'informations, que vous soyez l'interviewé ou l'interviewer. Le bon entretien est un entretien où les deux interlocuteurs sont de bons «écouteurs».
Ces entretiens, vous allez devoir les subir ou les conduire. Votre savoir-faire répondra à des normes et à des principes spécifiques à l'objectif souhaité. Ce savoir-faire passe par deux aspects généraux à prendre en compte, d'une part les attitudes et comportements, d'autre part le style de conduite adopté.

ATTITUDES ET COMPORTEMENTS

Faire tomber le masque

Dans la situation de communication, ce sont les attitudes qui dans la majorité des cas provoquent les comportements.

L'attitude est un état psychique construit sur un certain nombre de valeurs qui sont elles-mêmes issues de notre vécu, de notre expérience, de notre culture. Nous l'avons déjà dit, nous véhiculons consciemment ou inconsciemment des principes, qui conditionneront nos comportements en interaction.

«Telle personne me paraît antipathique pour telles ou telles raisons.» Ces «raisons» s'appuient sur ma perception de son comportement (le visible, les mots, les opinions). Cette perception évaluatrice de l'autre va créer chez moi une certaine attitude, et cette attitude engendrera le comportement que je vais avoir vis-à-vis d'elle et ce comportement influencera le sien.

En faisant un raccourci, nous pourrions dire que le comportement est le masque visible de l'attitude qui est derrière.

Nous pouvons et nous savons agir sur nos comportements pour favoriser notre relation en entretien. Agir sur votre comportement, c'est agir sur le style de relation qui va s'établir entre vous et lui.

Vous avez demandé à me voir...

Le non-verbal dans l'entretien

Décoder l'autre

Décoder la situation

Rechercher l'harmonie

Quel que soit l'entretien que vous avez, la situation vous met dans une relation interpersonnelle qui facilite le décodage des informations non verbales. Imposez-vous trois types d'observation :

1. Décoder l'autre

Quel est le langage non verbal de mon interlocuteur ? Quelles sont ses réactions ? A quel moment recule-t-il ou avance-t-il sur son fauteuil ? A quel moment utilise-t-il une activité de dérivation ? Quel type de gestuelle a-t-il ? Les données de cette observation sont largement développées dans la partie consacrée au non-verbal. Nous n'y reviendrons pas.

2. Décoder la situation

Où et comment se déroule l'entretien ? Ce sont les facteurs proxémiques, c'est-à-dire tous les éléments spatiaux qui influencent la relation : le lieu, les territoires, les tribus, les zones d'interaction.

Le lieu de rencontre est beaucoup plus important qu'il n'y paraît. L'entretien se passe dans :
- un bureau, le sien ou le vôtre,
- une salle réservée à cet effet,
- un lieu public pour déjeuner ou autour d'un verre.

3. Rechercher l'harmonie

Si vous en avez la possibilité, choisissez donc votre positionnement en fonction de votre objectif. Votre type de relation en dépendra.

Si la salle est une salle de réunion, son environnement peu personnalisé ne facilitera pas nécessairement l'accueil et l'ambiance conviviale.

C'est un peu ce que

Le bowling a sauvé le traité de Rome !

L'un des participants au traité de Rome me racontait un jour que sa signature n'avait été possible que grâce au bowling ! En effet, les Italiens se rendant compte des blocages qui s'installaient entre les membres signataires décidèrent de sacrifier une demi-journée, pour faire découvrir aux autres participants ce nouveau jeu qui venait d'arriver chez eux et qu'aucun autre Européen ne connaissait encore. Au cours de ces parties où ils jouaient ensemble, faisant la même activité, l'ambiance s'est détendue, les responsables se sont parlé plus librement et le traité a été signé le lendemain.

Un climat de confiance réciproque

vous cherchez à faire en rencontrant votre interlocuteur lors d'un déjeuner ou autour d'un verre. Les repas d'affaires où l'on partage symboliquement le même repas sont des moyens d'échanges privilégiés. Les gestes sont semblables, nous ressemblons à notre interlocuteur. Cette forme de synchronisation qui consiste à se reconnaître dans l'autre apaise bien des tensions.

Il n'est bien entendu pas toujours possible ni même souhaitable d'avoir une activité commune mais pour négocier, échanger, participer avec une chance de succès, il faut être deux à le vouloir.

Cela nous amène à cette notion d'empathie souvent mal définie. Faire de l'empathie, ce n'est pas prendre la place de l'autre, c'est essayer de voir de son point de vue. Encore faut-il que votre interlocuteur fasse de même ! Avec de telles dispositions, on peut parvenir à jouer «gagnant - gagnant».

Le calumet de la paix

Comment une activité de dérivation peut-elle devenir une activité en congruence, facilitatrice de négociations ?
Loup Tacheté et Aigle Rusé, deux chefs sioux, las des tueries qu'engendraient depuis des générations leurs confrontations sur un même terrain de chasse et de pêche, décidèrent de se rencontrer pour négocier une paix. Drapés dans leur fierté, ne voulant pas donner à l'autre le sentiment d'être demandeur de cette paix, ils restèrent muets, persuadés qu'en négociation le premier qui parle passe pour être le plus faible.
Dans le silence, la tension montait et se nourrissait de la haine de leurs ancêtres. Au bout d'un temps très long, l'un des deux chefs, pour ne pas céder à la tentation de parler et pour se donner une contenance, sortit sa pipe et se mit à fumer, trouvant dans cette activité de dérivation une manière d'apaiser sa colère. L'autre chef en fit autant. Les mêmes gestes (congruence) et la même occupation créèrent les conditions d'un dialogue plus emphatique. Ils commencèrent à se parler. Ce moment d'apaisement apparut comme nécessaire aux Indiens pour bien commencer une négociation sans passion. Ils poussèrent dès lors le symbole jusqu'à fumer le même calumet avant toute négociation.

Les 6 attitudes du conducteur d'entretien

G.H. Porter fait remarquer que lorsque nous menons un entretien, nos attitudes se projettent dans ce que nous entendons de l'autre. Nos propres comportements vont l'influencer. Nous pouvons adopter 6 styles d'attitude.

6 attitudes
Attitude d'enquête.
Attitude d'évaluation.
Attitude d'interprétation.
Attitude de décision.
Attitude de support.
Attitude d'empathie.

Y en a-t-il une de bonne ? Quels sont leurs dangers ? Correspondent-elles à l'entretien que vous souhaitez mener ?

Les travaux de Porter et Rogers nous montrent que faire parler l'autre sans l'influencer n'est pas chose facile. Votre objectif est-il d'influencer ou de mieux comprendre ? Souhaitez-vous avoir des infos «de» votre interlocuteur, ou «sur» votre interlocuteur, avez-vous pour but de connaître son opinion sur tel ou tel point particulier ? Souhaitez-vous le conduire vers un objectif précis ou l'aider à résoudre son problème ?

A contrario, venez-vous pour obtenir quelque chose de l'autre, pour qu'il vous connaisse mieux, pour réfléchir avec lui ?

Autant de cas particuliers dans lesquels vos attitudes joueront le premier rôle.

«Nous disposons de trois grands types de techniques de recueil d'informations qui correspondent aux trois outils les plus couramment utilisés en situation interindividuelle : l'entretien non directif, l'entretien guidé et l'entretien directif.»

***Psychologie de la communication*, J.C. Abric**

Pourquoi ces questions-là ?

L'ordre des questions

La manière de les poser

Le schéma de Lasswell

L'attitude d'enquête

C'est l'attitude de questionnement. Elle se traduit par un comportement d'enquêteur.

Pour faire parler votre interlocuteur, quoi de plus naturel et de plus essentiel que de lui poser des questions et d'écouter ses réponses ? Oui ! A priori, on ne peut pas vous en vouloir. Pour avoir des réponses, il faut bien poser des questions. Pas si simple ! L'interrogatoire policier est le reflet du questionnement systématique (*sic*).

Poser des questions, c'est prendre le pouvoir, c'est diriger l'entretien et, que vous le vouliez ou non, c'est déjà une façon de manipuler les réponses de l'autre.

L'un des plus grands spécialistes mondiaux de l'écoute active, Jean-Claude Abric, fait remarquer dans son livre *Psychologie de la communication* que *«le questionnement est l'un des outils les plus puissants de la manipulation».*

Pourquoi ces questions-là ?

Vous reconnaîtrez que dans l'éventail des questions possibles, le choix du questionneur est déjà une sélection. Pourquoi ces questions-là plutôt que ces questions-ci ? Cette sélection influence donc le déroulement de l'entretien. *«Vous m'avez défini votre fonction, mais j'aimerais connaître votre impression sur le type de relation que vous avez avec votre équipe ?»*

Et votre interlocuteur se dit : *«Pourquoi cette question ? Il pense qu' il peut y avoir des problèmes de ce côté-là ?»*

Le questionnement systématique démobilise celui qui y répond !

L'ordre des questions

Cette influence est encore aggravée par l'ordre des questions, donc des réponses. Quand quelqu'un répond à votre deuxième question, sa réponse à la première influence la seconde, sa réponse à la première et à la deuxième influenceront sa réponse à la troisième... ainsi de suite. *«J'ai déjà dit cela, je ne peux pas me contredire...»*

La manière de les poser

La formulation même de vos questions conditionne ses réponses. *«Etes-vous pour ou contre l'I.V.G.?»* ne laisse à l'autre qu'un dilemme entre noir et blanc. La palette des gris ne lui est pas suggérée. Pire encore, si vous formulez la question ainsi : *«Que pensez-vous de cet acte inhumain qu'est l'avortement et de la pratique irresponsable que certains en font ?»*, vous aurez du mal à avoir pour réponse : *«Ben quoi, je suis un irresponsable et je suis pour les actes inhumains.»* Cela explique bien souvent les résultats de sondage

Quelques types de questions

■ QUESTIONS FERMÉES : elles risquent de n'obtenir que des réponses sans développement.
Q. : «Etes-vous d'accord ?» R. : «Oui, non, peut-être...»

■ QUESTIONS OUVERTES : elles obtiennent des réponses plus explicatives et développées.
Q. : «Pourquoi ? Comment ?»
R. : «Parce que je pense que..., en faisant une démarche qui...»

■ QUESTIONS ALTERNATIVES : elles donnent un choix. Ce choix est dirigé, puisqu'il ne propose que deux possibilités. Ce type de question entre dans les sondages directifs et les recadrages.
Q. : «Préférez-vous un rendez-vous lundi ou mardi ?»

■ QUESTIONS RELAIS : elles renvoient à une autre personne que celle qui a posé la question. Elles font participer l'autre.
Q. : «Un tel, comment répondriez-vous à cette question ?»

■ QUESTIONS MIROIR : elles renvoient à l'envoyeur ou au groupe. Elles évitent la réponse. Cette forme de manipulation est souvent repérable.
Q. : «Et vous-même, qu'en pensez-vous ?»

■ QUESTIONS ÉCHO : elles réitèrent une partie de la question et la renvoient. Bien utilisées, elles fonctionnent parfaitement pour que l'autre s'exprime sur sa propre question.
Q. : «Je crois que cela est impossible.» R. : «Impossible ?»

Les qualités d'une question

SIMPLIFIEZ VOTRE VOCABULAIRE
Pour avoir des réponses précises, il faut être sûr d'être bien compris. Si vous utilisez des mots de spécialiste, vous courez deux risques : celui de n'être pas compris et celui d'être «corrigé» par le spécialiste sur un terme mal employé.

UN PROBLÈME PAR QUESTION COURTE
«Etes-vous pour la réduction du temps de travail et le maintien des salaires, ainsi que pour la maîtrise de l'inflation ? Ou pensez-vous que la réduction des taxes doit se faire pour les moyennes et grandes entreprises, afin d'assurer les emplois et peut-être d'en créer de nouveaux ? Et, si oui, comment ?» Si votre interlocuteur arrive à répondre avec clarté, il est fichtrement fort !

EVITEZ LES FORMULES NÉGATIVES
- «Ne pensez-vous pas que votre patron n'est pas sans savoir que vous n'êtes pas au mieux avec vos collaborateurs ? Est-ce que cela ne va pas vous porter préjudice ?»
- «Quoi ? Qu'il sache pas quoi ? Vous ne voulez pas que je parle de ce que je ne pense pas ou vous ne pensez pas que je ne doive pas parler de ce que je pense ?»

significativement différents sur des thèmes communs. Une formulation différente donnera des réponses différentes.

Plus vous lui posez de questions, moins votre interlocuteur est libre dans ses réponses.

Alors ne pas poser de question ? Bien sûr que si ! Mais pas trop, pas n'importe comment et pas n'importe lesquelles. Nous retrouverons ce jeu des questions - réponses dans le débat. Mais l'objectif sera souvent différent.

Se poser des questions sur le questionnement, c'est se poser les bonnes questions.

Le schéma de Lasswell

Le modèle de Lasswell, tout en étant d'une grande simplicité, permet une investigation complète avec quelques questions types : QUI ? QUOI ? OÙ ? QUAND ? COMMENT ? POURQUOI ? ... Mais c'est un modèle sacrément directif !

L'attitude d'évaluation

Evaluer, c'est juger. En évaluant ce que l'autre vient de vous dire, vous renforcez votre pouvoir de «meneur d'entretien». Mais, là encore, vous ne facilitez pas votre relation.

Bien entendu, si votre jugement est négatif, ne vous sentant pas d'accord avec lui, il aura tendance à éviter d'en dire davantage. *«Si à chaque truc que je dis, il me dit le contraire, je ferais mieux de la boucler !»* Ou alors vous allez créer chez lui une forte agressivité...

Mais si votre jugement est positif ? Eh bien, ce n'est pas nécessairement mieux pour connaître «sa» vérité. Vous l'avez jugé positivement sur un point. Il aura tendance à rester dans cette même lignée pour mériter d'autres bons points... Et vous cachera sans doute ce qui risquerait de vous mettre en désaccord. *«On va rester sur ce chemin, ça lui convient.»*

Votre interlocuteur sélectionnera ses points de vue pour continuer à plaire à son interlocuteur. C'est pas bon, ça ! Oh que c'est pas bon ! pour la franchise que vous souhaitiez.

N'oubliez jamais que lorsqu'il y a un interviewé et un interviewer, il y a nécessairement création d'un rapport hiérarchique. Ce rapport est déjà dangereux pour l'expression libre... Alors méfiance, si en plus vous évaluez trop tôt. Dans de nombreux cas pourtant, vous aurez à le faire ! Mais en fin d'entretien, au moment où il peut l'entendre.

Pas Kamikazes les collaborateurs !

Un P.D.G. nous a avoué être fort surpris de constater que ses collaborateurs ne donnaient que très rarement leurs opinions en réunion. Nous avons eu les collaborateurs en question en formation. Ils nous ont dit : «On parle peu parce que le premier qui l'ouvre se fait généralement descendre en flamme ! Et quand par hasard il est d'accord on ne va pas donner une opinion contraire... On n'est pas fou !»

L'attitude d'interprétation

En menant l'entretien, vous pouvez avoir une tendance fâcheuse à analyser ce que l'autre vous dit et à lui renvoyer votre interprétation. Pour obtenir de sa part une expression authentique, ce n'est peut-être pas la bonne manière. Votre interprétation renforce votre statut de leader de l'entretien, mais vous n'améliorez pas pour autant la relation communicative que vous souhaitez avoir.

Pour J.C. Abric : l'interprétation est un «risque considérable», mais «elle peut effectivement jouer un rôle, à condition qu'elle soit formulée à un moment où l'autre peut l'entendre, l'accepter et l'assumer. C'est-à-dire se l'approprier». Votre interprétation sera donc plutôt une finalité qu'une manière de faciliter sa verbalisation.
En revanche, d'interprétation en interprétation, vous pouvez effectivement influencer le discours de votre interlocuteur ou le pousser à réagir... Il reste dans une relation de dépendance envers vous. L'interprétation, même faite avec la plus grande souplesse, même exprimée au bon moment, demandera à être validée ou non validée par votre interlocuteur. Ce sera un passage obligé qui lui permettra le cas échéant de recadrer, de reformuler, et souvent d'en dire davantage.

En contrepartie, vous créez chez votre interlocuteur une dépendance qui va peut être l'amener à des manifestations agressives.

Mieux encore, vous qui vouliez le faire parler, vous êtes en train de créer un blocage pour deux raisons :

- Si votre interprétation est fausse à ses yeux, il se dit qu'il n'est pas compris. *«Ce n'est pas la peine d'en dire plus. Il ne comprend rien ! Je ferme !»*

- Si votre interprétation est juste, le blocage est paradoxalement encore plus fort. Votre interprétation lui donne l'impression d'un viol de pensée, d'une mise à nu qui ne l'engage pas à en dire davantage. *«Si chaque fois que je parle, il me comprend à demi-mot, je ne vais plus dire de mot du tout !»*

Et pourtant, si vous n'interprétez pas, il servira à quoi, votre entretien ? Comment découvrir la cause de la cause qui se cache sous une fausse barbe ?

Si votre interprétation est difficilement contournable (dans votre tête), elle ne doit jamais passer dans votre expression verbale ou non verbale sous peine de rompre le climat.

L'attitude de décision

C'est démobilisant

Une projection négative

Lorsque vous écoutez quelqu'un, lorsque vous parlez avec lui, vous avez certainement tendance, face à un choix qu'il exprime comme difficile, à lui dire : «A ta place je ferais ceci ou cela» ou «Tu n'as qu'à faire ça !» Mieux, c'est lui-même qui demande parfois : «Qu'est-ce que tu ferais à ma place ?»

D'abord, vous n'êtes pas à sa place ! et vous ne le serez jamais. Son vécu, son ressenti, ses motivations lui appartiennent et n'appartiennent qu'à lui. Mais après tout, comme vous êtes de type paternaliste ou carrément «papa nourricier», il peut vous arriver de le pousser vers une décision que vous estimez bonne. Qui peut vous le reprocher ? Ce serait la vôtre ! Oui, pas la sienne !

Attention ! Cette attitude de décision pour l'autre, d'une part, renforce sa dépendance envers vous (ce que personne n'apprécie!) et, d'autre part, va créer des blocages qui n'amélioreront pas votre interaction.

L'analyse est simple : en lui disant : *«tu devrais faire ceci ou cela»*, *«à mon avis le meilleur choix possible c'est celui-là»*, etc., vous lui dites : *«Toi, tu as des difficultés à choisir mais pour moi c'est facile, j'ai la solution.»* Mais donner des solutions à celui qui exprime ses problèmes, c'est se substituer à lui, c'est minimiser sa situation. Il aura l'impression

Votre attitude d'aide renforce la dépendance de l'autre envers vous.

que vous ne prenez pas en compte ses difficultés, son problème. Il n'appréciera pas nécessairement. «*Bon d'accord ! J'ai compris, Pour lui, mes difficultés c'est de la gnognote. En deux temps trois mouvements, il vous arrange ça. C'est facile !*»

C'est démobilisant

Votre attitude de décision peut donner à l'autre l'impression de ne pas être écouté.

Aider oui, c'est peut-être votre rôle, mais l'aider à analyser lui-même son problème, à clarifier sa situation, à évaluer ses possibilités. Il trouvera sans doute la solution et, comme il l'aura trouvée, il adhérera à celle-ci. Il restera cohérent avec lui-même. Donner votre solution à sa place, cela va le démobiliser. Surtout s'il se rend compte, en plus, que c'est un bon moyen pour vous d'induire, d'influencer et de manipuler dans le sens que vous souhaitez.

Cette attitude de décision laisse en plus la fâcheuse impression que vous êtes pressé d'en finir. Pressé d'en terminer avec ses hésitations, pressé de conclure.

Une projection négative

Non seulement cette attitude ne favorise pas l'interaction, mais elle va même avoir des conséquences que consciemment ou inconsciemment votre interlocuteur doit anticiper. Imaginez qu'il suive votre décision et qu'elle s'avère mauvaise. Ce sera de votre faute et il vous en vou-

Que feriez-vous à ma place ?

«Je ne suis pas à votre place, je vous écoute !» C'est la seule réponse possible dans la relation d'aide à la décision, si vous voulez que votre interlocuteur trouve lui-même ses solutions et y adhère pleinement.
J'ai connu un cadre dirigeant qui reprochait à son chef d'être trop perspicace et de trouver trop vite la réponse aux questions qu'il se posait. «Vous avez trimé sur un sujet pendant des jours, elle prend votre dossier (tiens ! le chef était une femme !) et, en deux coups de cuiller à pot, elle vous donne trois solutions possibles, avant même que vous ayez fini d'exposer vos difficultés...» et, ajoutait-il, «... en plus ce sont des solutions qui s'avèrent bonnes !» Frustré qu'il était, notre brave cadre dirigeant, frustré ! Plus il était fier de son chef, plus il se trouvait minable.

dra de l'avoir influencé vers le mauvais choix.

Oui ! mais de la même manière, il doit bien pressentir que s'il suit votre conseil et que ce conseil s'avère bon... ce ne sera pas lui qui aura fait le bon choix mais vous.

Sa dépendance envers vous sera encore plus grande. *«J'ai pas été foutu de trouver tout seul !»*

Bon ! on va pas passer des heures !

Cette attitude crée un comportement que l'on retrouve souvent dans l'entretien de vente.
Le vendeur qui sent que son client hésite a tendance à vouloir l'influencer en prenant pour lui la décision. Il veut conclure : «A votre place, je prendrais plutôt ce modèle que celui-ci.»
La réaction du client risque d'être : «Qu'est-ce qu'il en sait, lui, c'est moi qui achète, pas lui !» ou même : «S'il me conseille ce produit plutôt que l'autre, c'est que ça doit l'arranger... »
«Ecoutez, je vais réfléchir.» Et le client laisse là son vendeur alors que la vente semblait toute faite.
Et le vendeur de se demander quelle mouche l'a fait fuir.

L'attitude de support

Votre interlocuteur se plaint d'une situation qu'il trouve difficile. Vous êtes un gentil garçon, vous ne voulez pas aggraver les choses, vous êtes prêt à le soutenir. Dans cette attitude, vous souhaitez minimiser son problème en lui montrant que ce n'est pas bien grave. Et, pour ce faire, vous banalisez la situation dans laquelle il se trouve pour la dédramatiser. «Oh ne t'en fais pas, tu n'es pas le seul», «je sais que ce n'est pas facile mais moi-même j'ai vécu une situation semblable et...» Va-t-on vous le reprocher ?

Eh bien oui ! Attention! Dire à quelqu'un : *«Tout le monde a ce problème-là», «c'est bien connu, c'est un mauvais moment à passer»*, cela signifie pour votre interlocuteur exactement le contraire.

Il va penser : *«On voit bien qu'en réalité il ne vit pas ce que je vis», «Il ne se rend pas compte de la gravité...», «Les autres, je m'en fous, c'est mon problème à moi qui m'intéresse...», «Il ne me comprend pas, je lui dis mes difficultés, il me répond que ce n'est rien. Bon basta !»*

Résultat : blocage à nouveau. Là encore l'attitude de support que vous avez envers lui, il ne la supporte pas du tout.

Chacun son problème

Jacques Brel annonçait à la radio : «J'arrête de faire mon tour de chant en public parce que j'en ai assez d'avoir le trac.»
Le journaliste eut un mot de trop : «Tous les grands artistes ont le trac, et...» Jacques Brel réagit violemment ! «Les autres c'est leur problème, c'est moi qui vomis tous les jours depuis dix ans avant de rentrer en scène !»

L'attitude empathique

Ce qui vous intéresse dans ce type d'entretien, c'est bien de comprendre l'autre sans le harceler de questions, sans l'évaluer, sans interpréter, sans décider pour lui et sans avoir une attitude de support.

Votre écoute passe alors par la reformulation à condition qu'elle ne soit pas directement restrictive, abusive ou interprétative. Cette reformulation n'a d'autre désir que de montrer à votre collaborateur que vous faites le chemin avec lui et par lui. C'est une manière de lui dire «je comprends ce que vous dites», sans arrière-pensée personnelle. Vous êtes centré sur lui, vous évitez les réactions personnelles et spontanées. Acceptez le silence de réflexion dont il a besoin. Ce silence-là, vous le percevrez grâce à votre décodage du non-verbal. Vous l'identifierez par rapport au silence vide qui, lui, est une manière de point final.

Cette attitude est de loin celle qui vous apportera le plus d'informations authentiques, surtout en ce qui concerne ses ressentis, sa perception des faits, son vécu. Ce n'est pas sur les faits que vous reformulerez alors, c'est sur ses motivations réelles, sur ses sentiments profonds, sur l'implicite.

Cette attitude de compréhension est certainement la meilleure démarche que vous ayez à entreprendre en entretien de négociation ou de vente. Faire apparaître les vraies valeurs qui sous-tendent les points de vue, c'est se donner les moyens d'y répondre réellement. Pas facile, oh non !

Les fausses barbes sont légion... Il y en a même qui y rajoutent des moustaches.

Un bon climat d'écoute

Neutralité bienveillante : mon écoute est inconditionnelle.
Authenticité : je m' intéresse réellement à toi.
Acceptation de l'autre : non évaluation, non interprétation, non support, non décision.
Empathie : j'essaye de te comprendre de ton point de vue.

Elle est très utile pour...

Elle peut aussi manipuler

La reformulation

C'est une absolue nécessité. Elle est d'abord la marque fondamentale de la curiosité et de l'intérêt que l'on porte à autrui, mais aussi :

Elle est très utile pour :

Relancer : la réitération pure des mots que l'autre vous dit va le pousser à s'exprimer davantage. Votre interlocuteur finit sa phrase par... *«et cela est impossible !»*, vous reprenez le mot *«impossible !»* et il poursuit *«oui, parce que...»*.

Clarifier : le questionneur met en évidence ce qui est encore confus. *«Donc vous nous dites...»* : reprécision possible du locuteur : *«Pas tout à fait. Ce que je veux dire, c'est...»*

En savoir plus : il suffit de reprendre un élément exprimé pour en obtenir un développement. *«Ce point est donc important, mais pourquoi ?»*

Elle peut aussi manipuler

En sélectionnant : votre interlocuteur laisse une partie de votre réponse pour ne s'attacher qu'à l'un de ses aspects. *«Vous nous avez parlé du passé, du présent et de l'avenir. Revenons au passé.»*

En interprétant : votre interlocuteur inverse la formulation de votre opinion, pour vous amener dans son angle de vue. *«Vous avez dit : nos concurrents se sont très bien adaptés aux nouvelles techniques. Voulez-vous dire que vous non ?»*

En induisant : partant de la reformulation, il va vous suggérer des réponses. *«Vous nous dites : il faudrait faire plus, cela passe-t-il par une restructuration ?»*

En verrouillant : il reformule un élément comme étant acquis, on n'y reviendra plus, passons à ce qui m'intéresse : *«Bon, vous n'êtes pas pour la réduction du temps de travail. C'est une chose acquise... Passons à...»*

Les styles de conduite

Compte tenu de tout ce que nous venons de dire, on comprend aisément qu'il ne va pas être facile de conduire un entretien. Cela va dépendre du type d'entretien que vous menez.

L'entretien non directif

Il sera dirigé selon trois principes :

1. La reformulation : elle est centrée sur la personne, elle reformule les sentiments (par opposition à la réitération pure qui reformule des faits), elle est présentée de façon acceptable pour l'autre et au moment judicieux.

2. L'empathie : nécessité absolue de compréhension de l'autre.

3. La synthèse globale : il est obligatoire de finir par une synthèse globale. Elle permettra de recadrer, de faire des retours et de repartir, c'est-à-dire de relancer l'entretien.

L'entretien guidé (semi-directif)

Il se déroule selon un guide d'entretien élaboré en amont. L'entretien va passer du non-directif au directif selon les phases de déroulement. L'objectif, les thèmes abordés sont bien définis. L'Entretien Annuel d'Evaluation en est un bon exemple.

L'entretien purement directif

Peu ou pas de libre expression. Il ne s'agit plus d'entretien mais de manipulation, stratégie d'enfermement, etc. (l'interrogatoire policier). Ou tout simplement le questionnaire préparé, codifié... il n'y a plus qu'à mettre des croix. C'est l'outil qui prend le pas sur la relation.

La réalité quotidienne ou professionnelle

L'entretien non directif n'existe pas vraiment, sauf peut-être pour quelques spécialistes psychologues et thérapeutes... et encore ! En revanche, c'est un excellent outil pédagogique pour un apprentissage de l'écoute active.

Dans l'entretien de vente, dont nous parlerons plus loin, le vendeur efficace parviendra grâce à cette écoute centrée sur l'autre à faire ressortir les rapports profond de son client avec le produit qu'il vend.

Notre attitude de compréhension tend à élaborer un climat relationnel positif. C'est sans doute la synthèse essentielle que l'on peut en tirer. Instaurer un bon climat d'acceptation de l'autre est une base de comportement que l'on doit garder en mémoire, dans tous nos entretiens quels qu'ils soient.

La plupart des entretiens que l'on mène ou que l'on subit sont faussement non directifs, c'est-à-dire qu'ils sont dans le meilleur des cas semi-directifs, et dans la majorité des cas directifs à 80 %.

Je ne parle pas des enquêtes, sondages et autres entretiens guidés, qui, eux au moins, osent dire leur nom.

Optimisez vos entretiens

Comme nous venons de le voir, il n'est pas facile de donner à la relation interindividuelle un caractère d'authenticité. Pour optimiser cet entretien, quelques principes sont à retenir pour créer une relation favorable et la plus efficace possible.

- **Ecoutez-le dans ce qu'il vous dit et dans son non-verbal.**
- **Acceptez les silences. Acceptez qu'il n'ait rien à dire.**
- **N'utilisez pas le questionnement systématique.**
- **Usez de l'interprétation, plutôt en fin d'entretien.**
- **N'évaluez qu'en coopération avec lui.**
- **Faites de l'empathie, sans prendre sa place.**
- **Centrez-vous sur l'autre.**

Les attitudes se mélangent allègrement

On pourrait donner à ces entretiens le nom des attitudes dont nous venons de parler.

• L'entretien de recrutement, qui devrait être le moins directif possible, si je veux vraiment connaître la personne que je vais engager, va devenir nécessairement un entretien d'enquête très directif, parce que j'ai un objectif précis : évaluer sa capacité à remplir une fonction définie.

• L'entretien que je vais avoir avec mon médecin va être un entretien d'enquête et de support qui finit par une attitude de décision sur une ordonnance à suivre.

• L'entretien de compréhension, que je souhaite avoir avec mon banquier, se transforme en entretien d'évaluation des risques...

• L'Entretien Annuel d'Evaluation, lui, veut cacher son nom sous des vocables d' «entretien d'appréciation», «entretien de progrès» et autres appellations valorisantes...

Ces généralités et ces prises de conscience des attitudes que nous pouvons avoir nous conduisent donc à parler plus particulièrement de quatre d'entre eux pour leurs caractères spécifiques : «l'entretien de recrutement», «l'entretien annuel d'évaluation», «l'entretien de vente» et d'un entretien professionnel très spécial et très directif, «l'interview avec les médias».

Nous allons maintenant nous attacher à ces quatre entretiens spécifiques.

A retenir en priorité

■ En entretien, le non-verbal vous apporte des informations capitales.

■ Un bon entretien repose avant tout sur un bon climat.

■ Les outils de l'entretien
- L'écoute active
- La réitération pure (répétition des mots utilisés par l'autre)
- La reformulation simple
- La reformulation des sentiments

■ Le questionnement : une manipulation
- Question ouverte
- Question fermée
- Question alternative
- Question-question

■ 6 attitudes d'entretien
- D'enquête, d'évaluation, d'interprétation, de décision, de support, d'empathie.

■ 3 types d'entretien
- L'entretien non directif
- L'entretien guidé
- L'entretien directif.

L'ENTRETIEN DE RECRUTEMENT

Un entretien semi-directif

Nous nous trouvons ici dans une forme d'entretien, où l'enjeu est d'une grande importance pour les deux interlocuteurs.

Naturellement, la situation n'est pas du tout ressentie de la même manière par celui qui demande un emploi et celui qui recrute.

Cet entretien devrait avoir nécessairement au début un caractère non directif, afin d'avoir une meilleure connaissance de l'autre, de ce qu'il est, et passer ensuite dans sa phase directive. Cette situation est d'autant plus difficile que nous sommes globalement dans un entretien d'investigation, où le recruteur sait (en principe) ce qu'il cherche et où le candidat présuppose.

Chaque recruteur, pour peu qu'il ait un peu d'expérience, a sa manière de faire, ses trucs à lui, ses habitudes. Comment s'adapter à une telle situation quand on est demandeur ?

«Mains crispées ou pas ?» Les postures reflètent l'entretien.

Se présenter

Votre C.V. : C'est Vous

Depuis l'apparition de la crise de l'emploi, de nombreux ouvrages prônent les mille et une astuces pour être embauché. Cela va de la présentation de son C.V. à l'entraînement aux tests que le demandeur d'emploi risque de passer. Cela n'est pas notre propos.

On vous demande un C.V. manuscrit : écrivez-le donc. Votre écriture est ce qu'elle est. Même si vous faites «des pattes de mouche en écrivant comme un chat», cela n'est pas nécessairement mauvais. Et puis, la graphologie (qui n'est que l'étude d'un seul geste, celui de l'écriture) n'est pas une science exacte ! N'essayez pas de transformer votre écriture ou d'écrire de la main gauche, ce sera pire ! Et ne répondez pas par traitement de texte interposé, c'est déjà foutu.

Photo souhaitée ?

Vous ne vous trouvez pas beau (ou belle), et alors ? Personne n'aime vraiment son image, nous l'avons dit. N'adressez pas une photocopie d'une «photomaton», où l'on ne voit qu'une tache sombre, floue et rayée, *«comme cela on ne me voit pas bien, c'est préférable»*. Si vous n'avez pas les moyens de vous faire tirer le portrait, n'adressez pas de photo et dites

Le C.V. bidon !

La première qualité que recherche un recruteur ou un chef d'entreprise, en dehors des capacités professionnelles, c'est la capacité à s'investir. Alors, à peu près tous les C.V. que nous avons reçus lors de nos recrutements portaient cette mention «... je suis prêt (prête) à m'investir dans une société dynamique qui...»
L'autre qualité demandée est justement ce dynamisme, cet engagement, et cette énergie qui peuvent présupposer une volonté, une adaptabilité, une recherche d'efficacité.
Enfin, pour ne pas oublier le facteur ambiance, tous les C.V. portent ce type de mention «je suis d'un naturel gai, d'un caractère agréable et j'aime le relationnel».
Je me souviens de l'une d'entre elles, dont le dynamisme, la volonté, la faculté de s'investir se sont résumés à dire en soufflant d'une voix monotone et lente «ah! oui... oui... le poste m'intéresse, mais cela me fait deux changements de métro !» Elle était au chômage depuis plus d'un an.

tout simplement pourquoi. Si vous envoyez une photographie, faites-la choisir par ceux qui vous connaissent bien. On est toujours mauvais juge de la façon dont les autres nous voient. Généralement, quand on vous voit arriver, on se demande si vous n'avez pas adressé la photo de votre cousine ou de votre voisine, de votre cousin ou de votre voisin. Ça ne correspond pas, ce n'est pas vous, et ce n'est pas bon signe.

On a besoin de vous

Si l'on vous a convoqué après avoir lu votre candidature, dites-vous une chose : *«on a besoin de moi»*, «on» pense qu'éventuellement vous correspondez au poste à pourvoir. C'est déjà un point fort qu'il faut se mettre dans la tête, même si vous avez galéré depuis des mois.

Je ne connais pas un chef d'entreprise, un directeur des ressources humaines ou un recruteur qui accepte de vous rencontrer pour vous faire plaisir ! Cela n'existe pas. Si votre C.V. est sincèrement le reflet de ce que vous avez fait et de ce que vous êtes, continuez à être vous-même.

On va peut-être jouer au chat et à la souris avec vous. Et alors ? Où est le risque ? Que vous ne correspondiez pas au poste ? Encore une fois, si vous êtes authentique et si vous ne correspondez pas, autant le savoir tout de suite. Parce que vous ne feriez pas long feu dans la place. Et, avant d'en arriver à votre licenciement, je ne vous raconte pas l'enfer.

Votre look de présentation

Votre première rencontre peut être décisive et c'est justement là que vous perdez vos moyens, votre sourire, votre gestuelle et même votre bon sens. Vous n'affirmez rien, vous n'avez plus d'opinion personnelle, vous hésitez sur tout, vous ne comprenez pas bien, vous tâchez de vous expliquer sans y parvenir, «on» vous dit des stupidités que vous acceptez...

Les raisons de cette mauvaise présentation sont multiples : trop de pression, timidité, questionnement déstabilisateur, antipathie, etc. Toujours est-il que c'est l'image donnée sur laquelle «on» va se faire une idée. Mais oui, pour le recruteur : «l'habit fait souvent le moine».

Votre look parle pour vous. Ne vous habillez pas comme vous ne vous êtes jamais habillé. Votre style est le garant de l'image que vous donnez. Il ne s'agit pas de venir en basket, mais ne vous déguisez pas. Votre tenue vestimentaire, pour être soignée, n'en est pas moins personnelle. Classique avec une petite note de fantaisie si vous le voulez. Mais le style «je m'endimanche, en me mettant sur mon trente et un, avec mes nouvelles chaussures qui me font un mal de chien» : non !!!

Ce que vous avez dans votre penderie doit convenir.

Comment vous habiller ?

Ce sont tous les «artefacts» qui vont donner une image de vous. Les artefacts sont aussi bien les vêtements, les bijoux, que la coiffure ou les lunettes. Ce sont tout les éléments non naturels (des facteurs artificiels).

Il n'y a pas «un look d'entretien de recrutement» mais il y a quelques éléments incontournables, sur lesquels il vaut mieux se repérer. Car, que cela vous plaise ou non, c'est aussi sur cela qu'on va vous juger.

Pour les hommes :
Généralement le costume cravate. Pas gris avec des rayures blanches style borsalino ! Si vous n'avez pas de costume, le veston pantalon assorti fera très bien l'affaire.

- La **veste** se ferme en position debout et s'ouvre en position assise.

-Votre **cravate** doit arriver au niveau de la boucle de ceinture. Evitez de penser qu'elle peut aussi vous servir de cache-sexe.

- **La ceinture est obligatoire !** Ne rajoutez pas les bretelles, la ceinture suffit. Les deux à la fois, ça fait petit monsieur qui a peur de perdre son pantalon. Sans ceinture, ça fait plouc !

- **Pas de chemise à manches courtes** sous la veste, même en été. On se fout pas mal que vos avant-bras soient bronzés ou pas.

- Vos **chaussettes**, si elles sont blanches, jetez-les donc aux orties, ou gardez-les pour votre tennis du mercredi soir. Des chaussettes fines et foncées qui ne boudinent pas et remontent sur votre mollet de cycliste feront très bien l'affaire et ne vous «casseront» pas la jambe. Non, Monsieur ! on ne découvre pas ses mollets, même en croisant les jambes.

- Votre **pantalon** n'a pas le feu au plancher et son revers, s'il y en a un, casse un peu sur la chaussure.

- Vos **chaussures** sont confortables, elles ne sont pas rouges, ni bleues, ni jaunes, choisissez-les noires de préférence, en tout cas foncées. Vous verrez, ça se cire très bien. Donc, cirez-les !

- La **chevalière** que vous tenez, Monsieur, de votre père ou de votre grand-père, tâchez de la perdre dans un tiroir et d'égarer en même temps la gourmette que vous a offert tata Philomène. Elle est gentille, tata, en plus elle a fait graver votre prénom dessus ! Comme si vous ne le connaissiez pas !

- Et vos **lunettes** ? Avec l'âge, vous avez acheté une paire de petites lunettes en demi-lunes. Vous êtes-vous regardé dans un miroir avec ce regard-là ? Vous devriez ! parce que regarder «par-dessus» vos lunettes, ça vous oblige à baisser la tête et vous donne un regard par «en dessous», un regard de retors. Ça ne l'engagera pas à vous engager.

Choisissez des lunettes normales ou à verres variables si nécessaire.

Pour les femmes
Les principes sont les mêmes. Si vous tenez à porter le pantalon, certains sont très féminins... mais votre robe vous va si bien !

- Votre **mini-jupe** sous un décolleté profond avec une large ceinture qui vous comprime la taille pour faire ressortir le reste, des talons aiguilles de 7 centimètres, ce n'est plus une affaire de bienséance mais du «harcèlement de recruteur».

- Votre **maquillage** discret comme votre parfum ne poussera pas nécessairement les hommes à vous sauter dessus. Les hommes ne sont pas tous des satyres. La sobriété raffinée est ce qui vous va le mieux.

- Votre petite **broche** est très discrète, votre collier et votre bracelet ne vous font pas ressembler à un arbre de Noël.

- Votre **sac** n'est pas un fourre-tout, allégez-le pour l'occasion. Si vous devez chercher quelque chose (votre agenda par exemple), ne le videz pas sur le bureau de votre interlocuteur.

- Votre **élégance** est un atout dont vous devez vous servir sans exagération et qu'il ne faut pas dissimuler à tout prix.

Un petit problème qui saute parfois aux yeux, ne nous en veuillez pas, c'est votre âge... Là, vous n'êtes pas toujours tout à fait lucide : ce qui vous allait à 18 ans ne vous convient peut-être plus !

Donnez l'image de vous qui correspond à ce que

Attention à votre look !

vous avez écrit. Assurez ! Votre poignée de main est ferme, franche. Evitez les mains molles, ce serait un départ catastrophique. Ouvrez votre gestuelle, pensez à regarder votre interlocuteur. Ne parlez pas trop vite, faites des silences et tâchez d'être clair et court dans vos réponses. Vous serez sur le bon chemin...

Faire couleur locale ?

C'est pas une bonne idée.

«Je viens en chemise à carreaux texane et en jean, parce que c'est une société américaine et, si l'on me demande ce que je veux boire, je commande un coca dont j'ai horreur. La dernière fois j'ai pris du thé, c'était une boîte anglaise, j'aime pas non plus ! Mais les sociétés colombiennes, ça court pas les rues...

Chez Renault, j'y suis allé en salopette bleue, on m'a dit que c'était dépassé. En revanche, pour une chaîne de restaurant, j'avais envoyé un C.V. sous forme de menu, ça c'était une bonne idée ! Ils ne m'ont jamais appelé, pourtant j'ai changé trois fois de menu.

J'ai arrêté le jour où j'ai été convoqué par une société écossaise...

Répondre aux questions

Généralement, la personne qui vous reçoit commence par vous poser des questions ouvertes, pour vous laisser aller un peu, du style : «Qui êtes vous ? pourquoi avez-vous répondu à notre annonce ? etc.»

Certains vont même vous présenter d'abord leur société pour vous laisser le temps de vous reprendre. Ecoutez-les au lieu de vous dire *«qu'est-ce qu'il faut que je dise après ?»* et les questions que vous désirez poser, posez-les après qu'il a fini.

Préparez-vous

Préparez votre présentation à haute voix. Non pas pour la savoir par cœur (surtout pas !) mais pour en retenir le fil conducteur. N'essayez pas de tout dire. Faites des choix, ceux que vous qualifiez vous-même d'importants.

Les questions peuvent vous paraître curieuses, étonnantes, mal comprises. Dans tous les cas, dites-le, faites part de vos impressions profondes avec la politesse et la retenue qui conviennent à la situation. Et si vous n'avez pas bien compris, demandez des précisions, plutôt que de répondre n'importe quoi ou risquer d'être à côté de la plaque.

Vous vous dites prêt à vous faire engager ? Engagez-vous ! Ecoutez la question sans interpréter, sans évaluer. Prenez le temps de silence nécessaire à la réflexion avant de répondre.

Cela signifie à l'autre : *«Je prends votre question en compte... elle est importante... je n'ai pas de réponse toute faite.»*

- *«Pourquoi voulez-vous quitter votre travail actuel ou pourquoi avez-*

vous cessé votre ancien job ?» Vous le savez ! Dites-le. Tout se recoupe et tout se sait. Il vaut mieux que ce soit par vous. Ne vous étendez pas sur votre passé avec délectation sans qu'on vous le demande. Parlez plutôt de vos aspirations dans le futur, de vos envies, de vos souhaits. On ne vous engage pas pour ce que vous avez été, mais pour ce que vous allez être, pour ce que vous allez apporter et peut-être pour ce que vous allez devenir.

Ce n'est pas parce que vous passez à la question qu'il faut oublier que vous aussi vous avez des questions à poser. Sans inverser les rôles, il n'est pas crédible que vous vouliez à tout prix cette place sans en savoir plus. Votre saine curiosité sera un atout supplémentaire.

Les questions bateau

«Quel est le plus gros défaut que vous vous connaissiez ?»
Ne répondez pas : «Je m'acharne trop sur le travail, j'aime faire les choses jusqu'au bout, j'aime trop le travail bien fait, etc.»
Le nombre de fois où l'on a entendu ces faux défauts qui sont des qualités ! Personne n'est dupe. Vous vous connaissez, on vous l'a souvent dit. Votre défaut principal, c'est... Vous n'en êtes pas fier, il ne déteindra pas sur votre travail, mais il existe bel et bien. Si vous pratiquez ainsi, vous aurez gagné à ses yeux au moins une qualité : la franchise.

«Quelle est votre première qualité ?» «Oh ! J'en ai plusieurs, je suis...» On vous en demande une : vous la connaissez, non ? Alors, n'en inventez pas plusieurs qui vous paraissent répondre au profil recherché. Là encore, on ne marche pas.
L'inverse ne fonctionnera pas non plus «des qualités euh... c'est difficile à dire euh... peut-être que j'ai un peu de... je crois que suis plutôt...»
Si vous ne savez pas quelle qualité donner, comment voulez-vous que les autres la devinent ? Vous ne vous êtes jamais posé la question ? C'est grave ! Et la confiance en soi n'est-elle pas une qualité importante pour réussir ?

Si l'on vous demande «Qu'emporteriez-vous sur une île déserte ?», emportez donc ce que vous voulez et dites pourquoi. Aucune grille des valeurs n'existe, il n'y a pas de bonne réponse.
Et si vous répondez : «J'emporterais un bateau, parce que si je m'ennuie...», cela montrera que vous avez de l'humour.

La fin d'entretien

Les comportements à éviter

Les comportements qui suivent sont parmi les plus courants que j'ai rencontrés dans les entretiens de recrutement. Naturellement, ils sont exprimés ici de façon un peu caricaturale. En tout cas, c'est cet état d'esprit qui «passe».

Pour le recruteur aussi, il y a des comportements à éviter.

La dilettante
«Je suis pas sûr que ça m'intéresse, je suis venu pour voir.»

«Bonjour, j'ai reçu votre petit mot. Alors, comme j'avais rien à faire de mieux...»

La sympathie
«Salut, mon pote. Je sens qu'on va bien s'entendre tous les deux.»

«Qu'est-ce que je suis heureux de vous voir ! Ça fait une paye qu'on m'avait pas reçu.»

Le faux compliment
«C'est bien, c'est propre, ça fait cossu ici. Ça doit en coûter du pognon, tout ça ? Ça va pour vous !»

Le dépressif
«Vous êtes bien sûr que c'est moi que vous vouliez rencontrer ?»

«Je suis étonné que quelqu'un réponde à mon courrier.»

«Oh ! Je sais que ça va encore servir à rien, mais bon, je suis venu.»

La forfanterie
«Si vous tenez à votre place, vous feriez

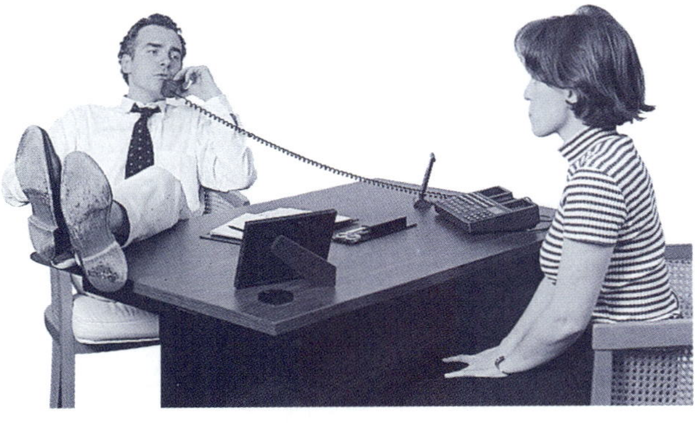

mieux d'engager quelqu'un d'autre. Dans six mois, c'est moi qui serai assis derrière votre bureau.»

Le chantage
«J'ai eu une proposition de votre concurrent. Il m'offrait 3 fois plus, mais bon, j'y suis pas allé. Ce sont pas des gens bien.»

La prétention
«Des qualités, oh là là ! J'en ai tellement s'il fallait toutes les dire.»

«Des défauts ? Non ! J'en vois pas.»

La fainéantise
«Attendez ! On parle travail, travail, travail ! Et les congés ?»

La victime
«Bien sûr, j'ai été licencié il y a trois ans, une réduction de personnel, et comme on n'était que deux dans la société, mon patron et moi, évidemment...»

L'inconscience
«Enceinte ? Non pas encore ! Pourquoi ? Vous n'aimez pas les enfants ?»

«Oh ! Vous savez, je suis pas quelqu'un qui reste longtemps à la même place...»

«Vous donnez des primes en cas de licenciement ?»

Encore une fois, ne jouez pas un rôle !

La fin d'entretien

«Merci ! J'ai tous les éléments que je souhaitais avoir. On vous donne une réponse sous huit jours.»

Il a refermé ses dossiers, posé son stylo, reculé son siège. Il s'apprête à se lever et soudain... *«Quelles impressions retirez-vous de cet entretien ?»*

Ne répondez pas *«aucune»*, ou *«c'était bien»* ou *«boff»*. Prenez le temps d'analyser et puis dites ce que vous avez ressenti, les questions sur lesquelles vous auriez dû répondre autrement, etc.

Ce non-directif vous donne une chance de plus pour vous faire connaître. Profitez-en !

C'est peut-être là que le véritable entretien commence.

A retenir en priorité

- **Un maître mot : soyez vous-même.**
  - Ne jouez pas un rôle.
- **Restez cohérent avec votre CV.**
- **Préparez votre propre présentation orale.**
- **Attention à votre look !**
- **Ecoutez bien les questions.**
  - Ne répondez pas trop vite.
  - Ne répondez que si vous avez bien compris la question.
  - Expliquez sincèrement vos motivations.
- **Posez vous-même des questions. C'est une manière de montrer votre intérêt.**
- **Expliquez franchement vos hésitations.**

L'ENTRETIEN ANNUEL D'ÉVALUATION

Un entretien guidé

L'organisation et la participation à l'entretien d'évaluation sont devenues pour tous un passage obligé. Tout ce que nous avons dit sur l'entretien d'une manière générale se retrouve dans celui-ci, mais les objectifs sont différents, ainsi que l'aspect formalisé de la démarche et les conséquences qui y sont liées. Bien sûr, il y a plusieurs méthodes d'évaluation, qui vont du N-1 évalué par N jusqu'à l'évaluation à 360°, en passant par N évalué par N-1...

Danger : l'entretien d'évaluation ne doit pas avoir lieu dans le bureau de N+1.

En ce qui concerne l'entretien d'évaluation le plus couramment mis en place dans les entreprises, le dirigeant devra évaluer ses collaborateurs.

Contrairement à l'entretien de recrutement, où chaque recruteur a le plus souvent ses petits trucs, ses techniques, sa méthodologie, l'entretien annuel d'évaluation, lui, est fortement calibré par un guide d'entretien élaboré par la D.R.H. Suivre ce guide peut finalement paraître très facile : il y a des rubriques, on les prend les unes après les autres. On remplit le questionnaire et basta.

En réalité, cet entretien est beaucoup plus difficile à réaliser qu'on ne pense, car un bon entretien d'évaluation va passer par des phases directives et des phases non directives. Bien pratiquer ces deux aspects n'est pas évident, ni pour l'évaluateur, ni pour l'évalué. Nous sommes en présence d'un entretien typiquement semi-directif.

Le guide d'entretien

Pourquoi un guide ?

Choisir les thèmes

Choisir l'ordre

Choisir les mots

Pourquoi un guide ?

Si la direction des ressources humaines veut tirer des enseignements des entretiens annuels d'évalution (E.A.E.), il lui faut un outil calibré, un outil qui lui permette d'établir des statistiques, un outil fiable pour agir sur la mobilité, le pourvoiement des postes, la gestion des salaires, le plan de formation, etc.

L'élaboration de ce guide est fondamentale, elle va reposer sur les valeurs de l'entreprise.

Pour construire ce guide d'entretien, les responsables vont passer par trois étapes incontournables :

1. Choisir les thèmes

Globalement, les thèmes abordés sont connus. Ce sont toujours à peu près les mêmes : redéfinition de la fonction, bilan factuel des opérations sur objectifs, bilan des compétences, bilan du relationnel, établissement des futurs objectifs, besoin en matière de formation... La différence se fera à deux niveaux : celui de l'identité de l'entreprise (ses valeurs, ses principes, son activité) et celui de la fonction. On ne peut évaluer sur des critères tout à fait identiques la secrétaire, le commercial ou le chef de service.

Un E.A.E. est un moment privilégié d'échange.

2. Choisir l'ordre

La structuration du guide d'entretien doit tenir compte de l'influence de l'ordre des questions. Nous l'avons vu, chaque réponse de l'évalué sera influencée par ses réponses précédentes.

Cet ordonnancement doit prévoir les plages directives et les plages non directives.

3. Choisir les mots

Nous le savons, le sens des mots est plus qu'aléatoire. Si l'on veut pouvoir maîtriser le passage des messages, il faut être sûr que le vocabulaire utilisé dans ces rubriques soit compris de la même manière pour tous.

Une grille de définition, de qualificatifs, de hiérarchisation accompagnera chaque rubrique pour aider la formulation des réponses.

Naturellement, le guide sera d'abord testé par quelques panels représentatifs de fonctions diverses avant d'être validé.

Les objectifs de l'E.A.E.

- **Redéfinition de la fonction.**
- **Bilan des actions.**
- **Bilan des compétences professionnelles.**
- **Bilan des compétences relationnelles.**
- **Appréciation des points forts et des difficultés rencontrées.**
- **Fixation des nouveaux objectifs.**
- **Aides, moyens souhaités.**
- **Cerner les plans de carrière.**
- **Agir sur la grille des salaires.**

Quelques principes de base

Un moment privilégié

L'entretien annuel doit être entouré d'une certaine solennité, qui lui donnera son caractère d'exception. C'est d'autant plus difficile que les deux interlocuteurs se voient peut-être tous les jours, à longueur d'année.

L'entretien annuel d'évaluation doit être constructif et s'appuyer sur des consensus. C'est là qu'est le «hic» !

L'entretien annuel doit être préparé très sérieusement par les deux participants.

L'entretien d'évaluation est une manière d'évaluer aussi bien N-1 que N.

Un état d'esprit incontournable

Pour qu'un entretien d'évaluation soit efficace, il doit être perçu par l'évaluateur et l'évalué comme une action coopérative au bénéfice de chacun. Il ne doit pas être mené par un père fouettard ou un redresseur de torts.

«A nous deux maintenant ! Cet entretien tombe bien, parce que j'ai à vous dire certaines choses qui ne vont pas vous faire plaisir.» Nous avons entendu ce genre de démarrage, qui annonce plus un règlement de compte qu'un entretien participatif.

Votre démarche sera une démarche coopérative dans une relation de compréhension, de partage et d'aide.

La préparation

L'accueil : jouez cartes sur table

Les bilans

Nouveaux objectifs et coup de pouce

Les suites à donner

Les 5 étapes de la démarche

Pour clarifier la préparation, nous vous proposons d'envisager cet entretien sous 5 aspects complémentaires : la préparation, l'accueil, les bilans (des faits, des qualités et des difficultés), les besoins, les suites à donner.

1. La préparation

- Chacun doit préparer de son côté la future rencontre, en s'appuyant sur le document d'évaluation de l'année précédente. La définition de fonction sera revue. A-t-elle changé, s'est-elle modifiée ?

- Vous choisirez ensemble une date, en vous assurant conjointement une parfaite disponibilité sur un minimum de trois heures.

- L'évaluateur rappellera par écrit le rendez-vous fixé et l'objectif de l'entretien.

- L'évaluateur choisira de préférence une salle dans l'entreprise, en évitant son bureau. Pas question de faire l'entretien par téléphone ou autour d'une table de restaurant.

Préparer l'entretien ne signifie pas que le patron a tout rédigé et qu'il lui suffira de le faire signer (c'est arrivé, nous l'avons vu !).

2. L'accueil : jouez cartes sur table

L'évaluateur arrive en avance pour préparer la salle en prévoyant la disposition de chacun : c'est le moment de choisir la position bord à bord, c'est-à-dire de coopération.

N'arrivez pas en retard en lançant : *«Je suis à la bourre, on va se faire ça vite fait...»*

L'évaluateur

- Rappelle les horaires.
- Amorce les attentes de chacun.
- Amorce les attentes de l'entreprise.
- Précise la manière de faire.
- Annonce qu'il sera le rédacteur.

Les préliminaires doivent permettre de créer un climat de confiance. L'évaluateur rappelle encore le but de l'entretien, ses objectifs et la manière dont vous allez procéder.

C'est le moment sans doute pour bien signaler que l'E.A.E. n'est pas directement et uniquement lié aux salaires et de préciser aussi que l'on n'est pas là pour résoudre un problème particulier. L'évaluateur n'est pas là non plus pour apprécier la personne en tant que personne, mais en tant que collaborateur dans une société. Il ne s'agit pas non plus de parler exclusivement de ses devoirs, mais aussi de ses droits.

On doit se mettre d'accord en amont sur tous ces points. Après, ce sera trop tard.

La difficulté de l'accueil réside dans le fait qu'il doit se créer un climat à la fois convivial et solennel. *«Nous nous voyons souvent. Mais aujourd'hui, c'est particulier, c'est un moment privilégié...»*

Le climat est capital. Il ne faut pas croire que vous perdez votre temps par ces préliminaires. Ils sont d'une importance décisive.

3. Les bilans

Vous commencerez par comparer votre définition de la fonction. Vous aurez la liste hiérarchisée (préparée par la D.R.H.) des critères nécessaires à sa fonction. C'est sur cette liste que vous devrez vous appuyer pour faire les bilans et les quantifier. Mettez-vous en amont d'accord sur cette liste, sur le sens des mots et sur sa raison d'être.

Le bilan des faits : échecs et réussites (phase directive)
Le bon déroulement de votre entretien repose sur le respect de l'ordre des rubriques. En cela, chaque retour au guide sera une phase directive.

L'évaluateur rédigera sur brouillon un texte en commun, qui ne sera recopié sur le document qu'après un accord réciproque. C'est l'évaluateur qui tient le stylo. Il doit tâcher d'être très simple et clair dans la rédaction.

Partez des faits et uniquement des faits. Vous avez une chance de tomber d'accord. Il ne

Evaluateur : n'en faites pas trop

Nous avons vu des évaluateurs se mettre à vouvoyer un collaborateur qu'ils tutoient tout au long de l'année... C'est trop. Nous avons vu des évaluateurs s'installer dans un grand fauteuil derrière leur grand bureau et inviter leur collaborateur à s'asseoir sur un tabouret sans même l'avoir salué... C'est trop. Nous avons vu des évaluateurs dire : «C'est une formalité ! faut le faire, faisons-le ! Qu'est-ce qu'on met ?» ... C'est trop peu.

s'agit pas encore de l'interprétation de ces faits.

L'évaluateur relit chaque objectif mentionné l'année précédente et demande à son interlocuteur son jugement personnel.

«Qu'est-ce que tu en penses (vous en pensez) ? Objectif atteint ou pas ?» C'est par un questionnement en alternative, avec des questions très ouvertes, que commencera l'évaluateur.

Le bilan des qualités et des difficultés : les compétences (phase non directive puis directive)
L'évaluateur n'oubliera jamais qu'il est là pour écouter (attitude de compréhension).

«Pourquoi d'après toi (vous) ?» C'est au cours de cette étape que la discussion doit être la plus riche, mais aussi la plus difficile. Vous en êtes au stade des opinions. Les opinions cachent des sentiments, pensez-y. Sur les opinions, il est toujours complexe d'obtenir des consensus. L'évaluateur va tâcher de voir avec le point de vue de son collaborateur, pour comprendre ce qu'il dit réellement. Ce qui est important pour l'un ne l'est peut-être pas pour l'autre.

L'évaluateur donne son opinion (attitude d'évaluation)
Les divergences viennent souvent de la définition des mots. Mettez-vous d'accord sur ces définitions, choisissez ensemble les termes qui conviennent aux deux. La réussite de cette étape ne se fera que si chacun de vous s'engage sincèrement et, pour cela, il vous faudra une bonne dose d'empathie.

Au cours de cette étape ressortiront nécessairement les manques, les insuffisances, les regrets ou les griefs de l'évalué. L'évaluateur les notera pour lui. Ils serviront pour l'étape suivante.

Sans doute, l'évaluateur aura la possibilité de comparer ici les insuffisances et les difficultés de type professionnel, en s'appuyant sur la définition de la fonction qu'il établit avec l'autre.

Le bilan des comportements : le relationnel (phase non directive puis directive)
Attention ! C'est le moment où l'on se rapproche le plus du subjectif. Vous risquez d'être dans le domaine du sentiment. Pas de «délit de sale gueule», s'il vous plaît ! Les remarques de l'évaluateur doivent toujours s'appuyer sur des faits et des exemples, en évitant de les généraliser. L'évaluateur ne dit pas *«vous êtes comme ça»* mais *«dans ce cas précis, vous êtes comme ça»*, *«face à tel événement, vous avez réagi comment ?»*, *«quand il y a eu cela, c'était dû à quoi d'après vous ?...»*

L'évaluateur interprète
Faites toujours remarquer que vous ne jugez

pas l'homme, mais le collaborateur dans sa fonction professionnelle.

4. Nouveaux objectifs et coups de pouce (phase directive)

C'est parce que vous aurez cerné ensemble les difficultés et les qualités, que vous pourrez ensemble rédiger les deux points suivants : les objectifs pour l'année à venir et les aides à lui apporter.

Rien ne sert de fixer des objectifs inatteignables, qui vont décourager l'évalué avant même qu'il ait essayé. De la même manière, des objectifs trop bas seront sans intérêt. Il faut trouver le bon équilibre. Ce n'est pas chose aisée. L'évaluateur doit pouvoir expliquer pourquoi il attend cela et pourquoi il pense que l'évalué y parviendra.

Il ne suffit pas de fixer des objectifs, encore faut-il obtenir son accord et la certitude qu'il est prêt à relever le défi.

Le coup de pouce que lui donne l'évaluateur ne doit pas être ressenti comme un coup de pied au derrière.

L'aide doit porter sur la démarche à entreprendre pour atteindre ces objectifs. En établissant ensemble les moyens à mettre en œuvre, les formations éventuelles, les aides possibles, l'évaluateur confirme sa confiance.

L'évaluateur O.K.

Si vous êtes évaluateur, ne dites pas oui à tout ce que votre interlocuteur souhaite. Si vous n'en percevez pas la nécessité ou si vous n'en avez pas les moyens, refusez en expliquant pourquoi.
Nous avons lu un entretien d'évaluation, où un commercial réclamait «un stage d'équitation», sous prétexte que cela le détendrait... Et l'évaluateur avait noté «o.k.» !
A la rubrique «plan de carrière», l'évalué commercial de base avait fait noter : «Souhaite prendre la place de Directeur Général.» Et l'évaluateur avait noté «o.k.» !
Il avait noté «o.k.» à une demande de réduction des objectifs, «o.k.» à la demande d'augmentation de salaire...
A croire qu'il avait rédigé le document d'entretien sous la dictée de l'évalué.

Les pièges de l'E.A.E.

■ **LE RÈGLEMENT DE COMPTE** **(nous en avons déjà parlé) :**
On profite de ce moment pour déverser, dans un sens comme dans l'autre, tous les griefs accumulés. Rectifier l'état d'esprit, en recadrant sur les faits, sans porter de jugements et en demandant à l'autre d'en faire autant.

■ **L'OPPOSITION SYSTÉMATIQUE :**
Chacun restant sur ses positions, les consensus sont impossibles. Vous devrez trancher avec le supérieur hiérarchique de l'évaluateur, qui servira de recours.

■ **LA FIXATION :**
Nous avons lu une évaluation, où le N+1 (un chef des ventes) demandait par trois fois à son commercial de «changer de lunettes quand il allait voir les clients». Elargissez votre vision, c'est le cas de le dire.

■ **LE DÉSACCORD SUR LES MOTS :**
Vous avez le vôtre, il a le sien, trouvez-en un troisième qui satisfasse les deux parties ou notez directement ce que vous y mettez.

■ **L'ARROSEUR ARROSÉ :**
L'évaluateur se retrouve en position d'évalué. Il doit se justifier en répondant aux questions de l'évalué. L'évaluateur ne peut pas entrer dans cette situation et doit recadrer les rôles dès que possible.

■ **LES ERREURS D'OBJECTIFS :**
Nous l'avons dit, très souvent l'évalué considère que cet entretien est directement lié à son salaire (il y entre bien d'autres critères, bien sûr). Vous n'êtes pas là non plus pour résoudre le dernier problème survenu !

5. Les suites à donner : plan de carrière, formation et suivi

En parlant de son avenir, l'évaluateur va donner des informations sur la manière dont il se voit et se projette à moyen et à long terme. C'est le «pourquoi ?» qui vous dévoilera ses désirs, ses ambitions, ses souhaits et les capacités qu'il se reconnaît, mais aussi ce qui ne lui convient pas dans son poste. C'est le «comment ?» qui vous indiquera les démarches qu'il envisage.

Avant de se séparer, l'évaluateur demandera à l'évalué de rendre compte à des dates précises de son avancement vers les objectifs décidés.

Après avoir relu l'ensemble de l'entretien, l'évaluateur laisse un exemplaire à l'évalué et prend lui-même une photocopie du document signé par les deux.

Une troisième photocopie sera remise au supérieur hiérarchique de l'évaluateur, le document original à la D.R.H.

L'entretien est terminé, mais ce n'est pas fini. C'est au contraire à partir de ce moment que les actions doivent se mettre en place.

L'évaluateur fait lui-même la démarche auprès de la D.R.H. pour trouver, si nécessaire, la formation la mieux adaptée aux besoins identifiés.

L'évaluateur adresse à l'évalué, et par courrier dans les 15 jours, le rappel des décisions prises en commun en le remerciant de sa coopération et en lui rappelant qu'il est prêt à l'aider.

Il rend compte à son supérieur.

A retenir en priorité

■ **L'E.A.E. doit être un moment privilégié de la relation.**

■ **Il doit avoir un minimum de solennité.**

■ **L'E.A.E. passe par des phases directives et des phases non directives.**

■ **Le guide d'entretien**
- Il répond aux normes de l'entreprise.
- Il est accompagné d'un lexique de définitions des mots et des évaluations.
- Il s'adapte aux définitions de fonction.
- Il s'élabore selon un déroulement ordonné des rubriques.

■ **Une démarche en 5 étapes**
- La préparation
- L'accueil
- Les bilans
- Les objectifs
- Les suites à donner.

L'ENTRETIEN DE VENTE

Du non directif à l'entretien guidé

Nous sommes ici en présence d'un entretien qui trop souvent prend les allures directives d'un entretien où le vendeur cherche à tout prix à vendre un produit plutôt qu'un autre. Cet entretien est généralement «guidé» par un argumentaire, par les questions à poser, les réponses possibles, les objections à traiter, la manière de les traiter, etc.

L'entretien de vente étant un acte essentiel pour la survie d'une entreprise, les techniques de vente abondent. Depuis la méthode Pygmalion jusqu'aux Stratégies d'Engagements, en passant par les PSS1, PSS2, etc., la palette des supports du commercial ne manque pas de nuances.

Le malheur sans doute est que, comme toute technique, toute démarche construite a priori ne sera efficace que si elle n'apparaît pas comme telle. Et là, il s'agit de savoir faire ou de savoir mal faire.

Certes, la relation vendeur-client a évolué. Le client est (en apparence du moins) devenu le roi. Oui, mais les chiffres d'affaires, les objectifs à atteindre, les contraintes de temps ne laissent hélas que peu de place à la relation authentique entre le client et celui que l'on voudrait appeler le «conseiller commercial».

La conduite de l'entretien non directif avec une écoute active basée sur un soutien empathique sera d'une utilité incontournable pour donner à l'entretien de vente toute son efficacité... Et jouer enfin réellement Gagnant-Gagnant.

A.D.A.P.A.C., c'est simple

Le déroulement d'une démarche de vente est assez bien connu pour qu'il puisse être codifié. Nous verrons simplement que, pour chaque étape, la manière de conduire l'entretien va devoir s'adapter. Et s'adapter à qui en priorité : au client.

C'est souvent le client qui vient chez le vendeur. Le porte-à-porte n'existe pratiquement plus. La vente par correspondance, avec ses manipulations de toutes sortes, l'a souvent remplacé, pour le meilleur et pour le pire.

A comme : Accueil

Tous les commerciaux savent, en principe, que l'accueil est de nos jours une étape importante de la démarche de vente. Et on y va de son petit gobelet plastique pour une tasse de café, d'un fauteuil douillet et confortable, d'un sourire plein de dents, d'une courbette polie... Est-ce que c'est cela, l'accueil ?

Apprendre à dire «bonjour» ?

D comme : Définition du besoin

«Vous désirez», «vous êtes intéressé par nos produits ?», «êtes-vous déjà fixé sur quelque chose ?»

Bien sûr, pour en savoir le plus possible, le vendeur questionne : *«Avez-vous déjà eu ce type de produit ?», «quelle est l'utilisation que vous voulez en faire ?», «avez-vous déjà essayé le...», «connaissez-vous la...»*

Cette attitude d'enquête est censée faire découvrir les besoins du client. Les vendeurs connaissent toutes les ficelles des questions ouvertes, des questions fermées, des réitérations, des questions-questions, etc. Les sondages non directifs et directifs n'ont plus de secret pour eux.

Accueil

Définition du besoin

Accord

Preuve Produit

Accord

Conclure

Mais le client répond «non»

Retour à la définition

«Non mais...»

Difficile à dire

«Oui si...»

Le vendeur a défini le besoin du client. Avant d'aller plus loin, comme notre vendeur est perspicace, il va demander l'accord du client.

A comme : Accord

Le vendeur prend soin de faire valider par le client la définition du besoin qu'il vient «d'évaluer». Si le client n'est pas tout à fait d'accord, il a la possibilité de recadrer, de repréciser, d'élargir le besoin. Fort de ce nouvel apport, le vendeur va reformuler une nouvelle définition du besoin. Tant qu'il n'a pas obtenu un accord, il n'ira pas plus loin.

Si le client valide, pas de problème, on passe à l'étape suivante.

P comme : Preuve Produit

Pour répondre au besoin défini et validé par le client, notre vendeur propose alors le produit le plus adapté possible au besoin qu'il vient de définir (et à ses besoins propres de vendeur !).

Comme c'est un bon vendeur, il présente les caractéristiques du produit en les transformant en avantages. Et, de préférence, il présente des avantages correspondant au besoin exprimé. Cette étape-là, c'est son domaine, il connaît, on ne le coincera pas sur le produit (ou alors il faut qu'il fasse un autre métier). Il parle beaucoup, c'est normal, il y a tant de choses à dire. Il connaît son argumentaire par cœur, mais comme nous avons dit qu'il était bon, il l'adapte !

Il en rajoute même un peu, ça ne peut pas faire de mal !

A comme : Accord

En guise de synthèse, il rappelle les points forts de son argumentation. *«La preuve que mon produit répond bien au besoin que j'ai défini et sur lequel nous étions d'accord.»* Et le client dit *«oui»*. C'est fait.

C comme : Conclure

Il ne reste plus à notre brillant vendeur qu'à conclure un engagement, faire signer le bon de commande ou passer à la caisse... «In the pocket !» C'est simple !

> **Le schéma ADAPAC**
>
> Accueil --> Définition du besoin --->Accord sur la définition ---> Preuve produit ---> Accord sur la preuve produit
>
> Conclusion de la vente.

Mais le client répond «non»

En réalité, malgré toute cette démarche extrêmement bien réalisée, la réponse, au grand dam du vendeur, est souvent «non». Allons bon ! Et pourquoi ? Où chercher l'erreur ?

Aucun client ne va répondre «oui» d'emblée à la fin d'une démonstration de vente importante. Ou alors, avant d'entrer, il était déjà décidé, il suffisait de le faire payer ou signer pour éviter de perdre du temps.

Retour à la définition

Notre commercial ne se démonte pas. Son client vient de rajouter quelque chose à sa définition du besoin. C'est généralement là que le bât blesse. La définition était peut être bonne, mais elle était incomplète. Il faut retourner vers la première étape et recommencer la démarche en répondant à cette nouvelle définition.

Attention ! Le vendeur va peut-être regretter d'avoir donné un peu plus que ce qu'il fallait pour répondre au premier besoin défini. Ça va peut-être lui manquer !

«Non mais ...»

En achevant cette deuxième démarche, la réponse qui va arriver à la nouvelle demande d'engagement sera sans doute, dans le meilleur des cas, *«non mais...»*.

Généralement dans le «mais», il y a *«je reconnais que votre produit est intéressant», «ce que vous m'avez dit est convaincant, mais je ne suis pas sûr que...», «c'est effectivement un produit qui correspond à peu près à ce que je cherche, mais...»*.

Le commercial, qui n'est pas né de la dernière pluie, fait un renforcement sur les évaluations positives faites par son client. Il engrange les compliments avant de demander : *«Alors, qu'est-ce qui vous empêche de le prendre ?»*

Deux principes pour un «non»

Principe de non-dépendance

Accepter sans discuter et s'engager dans un achat important (on ne parle pas des sucettes que vous allez acheter pour votre petit dernier) sans émettre d'objection, tous les commerciaux dignes de ce nom vous diront que ce n'est pas gagné. Le client ne se donne pas le droit d'exister, de prouver que c'est lui qui décide. Il y a bien un moment où il va le dire et ce moment risque d'être dans une étape de non-retour.

Principe de défense

En acceptant d'emblée toutes les preuves «produit» que lui présente le commercial, le client peut avoir le sentiment de se faire rouler dans la farine. Plus encore, son moi profond le met en garde «contre ce type qui parle si bien».
Le client se sent menacé, même et surtout s'il est d'accord avec l'argumentation bien faite, trop bien faite. Alors, pour se défendre, il va dire «non». Oh, il ne le dit pas aussi fermement que cela : «je comprends ce que vous me dites, seulement voilà j'ai...», «c'est un achat important, alors vous comprendrez que je ne peux pas comme cela...», «parce que je ne serai pas le seul à utiliser ce produit, il y a...», «il faut que je réfléchisse encore, parce que j'ai l'impression que si...»

Les principes du «non, mais»

Les motivations irrationnelles
Chaque être humain, nous l'avons suffisamment répété, s'est façonné des attitudes. Ces attitudes conditionnent ses points de vue, ses sensations affectives, son éthique, ses principes moraux ou esthétiques. Il est difficile de formaliser et de rationaliser des motivations, en répondant à des questions et des arguments factuels. Surtout à ce moment de l'entretien, où par un cheminement de questions et de réponses, le client est induit dans une «direction piège».

La projection de soi
Maintenant qu'il est au bout de la démarche, il ne se voit pas avec cette voiture, cette veste qui «lui va si bien» selon le vendeur... «Que vont penser les autres de moi ?», «je n'ai jamais porté ce genre de truc...», «avec une telle voiture, je vais avoir l'air de quoi ?», «que vont penser les voisins ?», «et puis, il y a des machins qui sont peut-être très bien mais qui n'ont aucun intérêt pour moi...»
L'intérêt, le goût, la préférence, le sentiment de..., tout ça, ça s'explique pas, ça se ressent ! Et ça vient de loin.

Difficile à dire

A ce moment de la démarche, le client a du mal à exprimer franchement son refus. Les causes sont multiples, mais pour ne pas les avoir dites jusque-là, c'est qu'elles sont profondes ou difficilement avouables...

Il se sent peut-être embarqué trop loin dans un processus qu'il ne voulait pas : *«J'étais juste venu pour m'informer, j'aurais dû le dire plus tôt...»*, *«c'est beaucoup trop cher pour moi !... je vais avoir l'air d'un plouc...»*, *«je ne peux pas décider tout seul»*, etc.

Mais la raison de ce refus est difficile à exprimer, parce qu'elle est due à la motivation du client. C'est-à-dire son ressenti irrationnel : *«Elle ne me plaît pas, cette voiture !»*, *«j'aime pas ce vendeur...»*, *«elle ne correspond pas à l'image que j'ai de moi...»*, etc.

Le vendeur va avoir du mal maintenant, s'il s'est fourvoyé au niveau de l'attitude, du sentiment, des motivations...

«Oui si...»

Si le «oui si» arrive, notre commercial a quelques raisons d'être satisfait. Le «oui si» est le sésame de la transaction et de la négociation.

Le client entre dans la démarche inverse de celle qu'il a subie. C'est lui qui négocie, c'est à l'autre de donner. Marchand de tapis ou pas, le client commence le troc.

Généralement, le vendeur a quelques cartouches en réserve qu'il va pouvoir proposer pour remporter l'affaire avec un petit cadeau, une remise, un service supplémentaire, une option, etc. S'il ne l'a pas proposé trop tôt !

Les motivations de choix

Sécurité

Orgueil

Nouveauté

Confort

Argent

Sympathie

Une étude américaine, vieille de plus de vingt ans, dénombre plus de 90 motivations de choix possibles pour un client. Autant dire que ce genre de listing ne servirait rigoureusement à rien, si ce n'est que 6 de ces motivations reviennent toujours en tête de liste.

Monsieur SONCAS achète sa voiture

Il est motivé par une de ces six motivations de choix :

Sécurité : monsieur Sécurité met en premier dans son échelle de valeur «l'assurance sur le futur». Il appuie souvent cette garantie sur le passé.

«Il a des bretelles et une ceinture, on ne sait jamais.»

Ce n'est pas lui qui prendra le dernier modèle de voiture avant qu'il ait fait ses preuves. Si vous lui parlez de freins, d'air bag ou de tenue de route, ça le concerne directement. La vitesse, c'est peut-être pas son truc.

Orgueil : monsieur Orgueil aime paraître, sa voiture doit se voir. Lui dire que cette voiture est un succès commercial veut dire que beaucoup de gens l'ont achetée. Il préférerait faire partie d'une minorité.

Si sa cravate ou sa pochette pouvait se changer en panache, ce serait bien !

Peut-être y a-t-il une couleur peu répandue qui lui conviendra ? Ou l'option qui lui permettra de se démarquer ?

Nouveauté : le dernier cri, s'il n'est pas primal, lui convient. Il est à la pointe du progrès. Le nouveau modèle est pour lui.

Il a le dernier petit ordinateur de poche et le stylo à plume radiale pour écrire dans les coins.

La nouveauté pour lui, c'est aussi ce qu'il n'a jamais eu, c'est changer. L'occasion n'est pas son fort. Le dernier pare-brise ou le dernier moteur lui plaît, parce que c'est le plus récent.

Confort : monsieur Confort n'est pas monsieur Sécurité (on les confond souvent). Les freins machin truc, il s'en moque. Le dernier moteur, il s'en bat l'œil.

Il a des chaussures «confortables» et un stylo qui ne coule pas !

Assis dans un fauteuil qui se règle automatiquement à sa hauteur, un pare-soleil qui descend en appuyant sur un bouton, une boîte automatique souple... et la clim qui fonctionne bien... c'est la joie !

Argent : il est «regardant» sur tout, cela ne veut pas dire qu'il ne dépense pas. Il compte, c'est différent. Il calcule, c'est un plaisir.

Il a payé cher sa serviette en cuir pleine peau. Il met peu de choses dedans pour ne pas la déformer. Il sait qu'elle lui durera longtemps.

Le dernier modèle, pourquoi pas ? Plus cher au départ, mais plus économique à l'arrivée. Si le vendeur lui fait perdre son temps parce qu'il est trop long, parce qu'il parle trop, c'est pas un bon point. Il est économe aussi de son temps. Il n'est pas avare, il ne supporte pas le gâchis, c'est différent.

Sympathie : monsieur Sympathie fonctionne aux sentiments encore plus qu'un autre. La relation sociale est pour lui capitale. Il se veut humaniste, humain. Il plaisante et met à l'aise, il veut être aimé.

Il est souriant, aimable, convivial. Il ne veut surtout pas déranger. Il s'adapte, il est flexible dans ses choix.

Il achèterait presque cette voiture, parce que le vendeur lui plaît bien et si c'est une vendeuse, alors !!! Et le vendeur lui plaira d'autant plus qu'il le comprendra, qu'il renforcera ses opinions, son affect.

La question que se posera le vrai conseiller de vente, c'est «quel est... ?» S.O.N.C.A.S. ?

Mais à quel moment et comment ?

Du non-directif pour vendre mieux

L'accueil et la définition du besoin

D'abord un bon climat

Tendre vers l'expression de l'autre

La démarche de vente ADAPAC est, à n'en pas douter, une technique de l'entretien de vente simple, bien construite et efficace. L'oubli essentiel est généralement l'absence de réelle validation du client, le conseiller de vente ne cherche pas un accord sur chaque avancée. Il ne fait que peu de retour en arrière sur la définition du besoin... En un mot, il trace son chemin tout seul, il ne favorise pas assez l'expression de son client.

Le S.O.N.C.A.S. est un bon moyen mnémotechnique pour comprendre les motivations du client. Oui ! Mais ces motivations, ces sentiments, ces attitudes, comment les découvrir ? Il ne va pas les exprimer implicitement. Il ne va pas dire : *«Oui, moi je suis monsieur Orgueil, j'aime paraître, ou je suis monsieur Sécurité, j'ai peur. Je suis monsieur Confort un peu pantouflard, je suis monsieur Nouveauté, les gadgets c'est mon truc, Je suis monsieur Sympathie, j'aime qu'on m'aime.»*

Tout ça, les clients ne vont pas le dire au vendeur, ou plutôt si, ils vont le dire, mais de manière implicite. Au conseiller commercial de savoir écouter...

Bien vendre, c'est d'abord créer un bon climat.

Bien débuter un entretien de vente

- Se centrer sur le client, non sur le produit à vendre.
- Commencer par la question la plus large possible.
- Reformuler sur le client et non sur le produit.
- Réitérer ce que dit explicitement le client en y rajoutant le sentiment implicite.

L'accueil et la définition du besoin

Il ne suffit pas de «bien recevoir» un client pour que l'accueil soit réussi.

Bondir sur lui avec des petits gâteaux à la crème, lui glisser un fauteuil sous les fesses, lui offrir un ou deux sucres dans son café... et la petite cuiller qui va avec, c'est de la mise en scène. Ça peut marcher ! Mais c'est rare.

L'accueil, c'est une mise en confiance. Si vous lui déroulez un tapis rouge, monsieur Orgueil peut être très satisfait s'il ne se dit pas : *«C'est bidon ! on ne me la fait pas, à moi !»* En tout cas, pour tous, ce tapis rouge, c'est déjà : *«Vous allez marcher là-dessus.»* Le client est canalisé, pris en charge, conditionné.

Nous l'avons dit, le sentiment de dépendance du client vis-à-vis du conseiller est facteur de blocage de son expression.

D'abord un bon climat

Dans l'attitude de compréhension, souvenez-vous qu'un bon climat repose sur 4 principes incontournables : l'authenticité, la neutralité bienveillante, l'acceptation inconditionnelle de l'autre et l'empathie.

Dès cette première phase, le conseiller commercial doit se centrer sur le client et pratiquer une écoute active.

Le climat qu'il va créer est le facteur le plus important de l'entretien de vente.

On peut se tromper sur la démarche, sur la technique, pas sur le climat. Et le climat est relationnel, pas factuel.

Tendre vers l'expression de l'autre

Le conseiller commercial pour faire parler son client sait qu'il doit lui poser des questions.

Nous l'avons vu, le questionnement est une forme de manipulation des plus efficaces. Voilà le danger.

Le vendeur a appris le questionnement, les sondages directifs ou pas. Il va rendre son client dépendant de lui. S'il a une attitude d'enquête, c'est fini, terminé en ce qui concerne l'expression authentique des sentiments.

Les objections

Elles sont vraies ou fausses aux yeux du vendeur qui s'en tient aux faits. Elles peuvent être perçues par lui comme de la mauvaise foi. Mais même s'il y a effectivement «mauvaise foi», elle cache donc autre chose.

Vraies ou fausses ?

Découvrir cette autre chose sera impossible au conseiller commercial si, dès le départ, il n'a pas mis son interlocuteur dans une relation de convivialité et de confiance réelle.

L'objection peut être due tout simplement à un manque de connaissance. Le danger sera alors de rectifier ce qui est dit par le client avec le ton de quelqu'un qui pense *«comment pouvez-vous dire des bêtises pareilles»* ou *«tout le monde sait cela !»*. Nous sommes en pleine attitude d'évaluation. Si le client avait l'intention d'émettre une autre objection, il risque de la garder pour lui. De faire un blocage et le conseiller sera étonné de s'entendre salué par un *«je vais réfléchir»* avant que le client disparaisse.

Traiter l'objection

J'ai envie de dire que pour traiter l'objection, il faut commencer par ne pas la traiter. Il faut la laisser se vider ou l'y aider. Le vendeur a souvent le réflexe de répondre d'emblée à une objection pour la simple raison qu'il la connaît déjà, on la lui a faite si souvent ! *«A quoi bon attendre, j'ai ma réponse et je lui cloue le bec !»*

Nous sommes ici dans une attitude de décision : *«Vous avez un problème ? J'ai la solution !»* ou dans une attitude de support : *«Votre problème, c'est pas vraiment un problème ! Ne vous inquiétez pas !»*

Vider l'objection

J'accepte l'objection.
Je la considère comme unique.
J'aide à la vider.
J'essaye de savoir sur quoi elle s'appuie.
Je cherche à découvrir ce qui la sous-tend.
Je l'aide à trouver sa solution.

Aider le client à décider

La Preuve produit et la Conclusion

Le conseiller de vente va devoir «faire l'article». Pour cela, il a son argumentaire, ses habitudes, ses petits trucs et c'est très bien. Il sait que chaque caractéristique devra être exprimée en avantage pour son client, c'est mieux.

Mais l'avantage pour monsieur Confort n'est pas le même que pour monsieur Nouveauté ou monsieur Orgueil... Et notre vendeur risque de s'évertuer à reformuler des faits.

Une attitude de compréhension

Cette preuve produit sera d'autant plus efficace qu'elle s'appuiera sur l'écoute active du client. C'est parce qu'il aura «entendu» et fait sortir par des réitérations et des reformulations ses motivations cachées (et non les faits) qu'il comprendra où il se situe dans S.O.N.C.A.S. Il aura compris la relation authentique que celui-ci a avec tel ou tel produit.

Le danger de cette phase réside dans les attitudes qui vont créer des comportements de décision et de support. Nous l'avons vu, ce type de comportement est à manipuler avec douceur.

Plus le conseiller saura favoriser l'expression authentique de son client au départ de la relation, plus celui-ci aura été libre, mieux le conseil passera et sera efficace.

Un bon conseiller ne conseille pas...

C'est le moment de la synthèse de l'entretien. Le conseiller a tendance à enfoncer le clou en faisant la synthèse de ses propres arguments, des

Les caractéristiques + les avantages

- «Cet aspirateur a une puissance de 1500 W» en rajoutant «ce qui vous permet d'aspirer même les miettes de pain dans une moquette longue, ou les poils de ce brave toutou qui vous accompagne et sans avoir à brosser avant.»
- «Le moteur de celle-ci est un 6 cylindres en V, ce qui vous assure des reprises essentielles et sécurisantes dans les conditions de...»
- «Il y a deux ascenseurs qui desservent cet étage, c'est un énorme avantage au cas où l'un tombe en panne. Parce que monter 9 étages à pied...»

points forts du produit, des possibilités offertes.

C'est exactement l'inverse de ce qu'il doit faire.

L'aide la plus efficace sera d'aider le client à prendre tout seul sa décision. Le conseiller ne dit pas : *«Compte tenu de ce que vous m'avez dit, je vous conseille ceci ou cela»* ou *«si j'étais à votre place, je choisirais...»*

C'est en faisant la synthèse de ce que le client a validé, tant au niveau des sentiments que des besoins concrets, qu'il va réellement l'aider à prendre sa décision, à s'engager et, ce faisant, il y adhérera pleinement et de façon durable.

Ce sera la décision du client, pas celle du vendeur.

Les attitudes dangereuses d'un vendeur

«Ecoutez, tout le monde prend cette option, et tout le monde est content ! Je suis sûr qu'elle vous conviendra aussi.» Cette attitude de support peut au contraire vexer : «Je ne suis pas tout le monde !»

«Je vois que vous hésitez, moi à votre place je choisirais celui-là parce que...» et le client pense : «Mais qu'est-ce qu'il en sait, il n'est pas à ma place !» Voilà une attitude de décision qui risque de contrarier notre client.

«Là, permettez-moi de vous dire que ce n'est pas le meilleur moyen d'évaluer le...» Et vlan ! Une attitude d'évaluation que le client se prend gentiment.

«Si je comprends bien, vous préféreriez plutôt quelque chose qui puisse vous servir à la fois pour... » et vous risquez d'avoir un client qui pense : «Oui bon tu n'as rien compris toi» et qui se bloque. L'attitude d'interprétation est dangereuse.

A retenir en priorié

- **Une démarche «A.D.A.P.A.C.» - Accueillir. Définir le besoin. Obtenir son accord sur la définition. Apporter la preuve produit. Obtenir son accord. Conclure.**
- **Les motivations de choix S.O.N.C.A.S. - Sécurité. Orgueil. Nouveauté. Confort. Argent. Sympathie.**
- **Etablissez d'abord un réel climat de confiance.**
- **Ayez une écoute active centrée sur le client.**
- **Faites ressortir ses motivations implicites.**
- **Evitez les attitudes de décision et de support.**
- **Faites la synthèse de ce que vous avez «entendu», pas de ce que vous avez dit !**
- **Le choix doit être «le libre choix du client».**
- **Traiter les objectifs en valorisant le client.**

L'INTERVIEW

Un entretien très directif

Ce type d'entretien, s'il peut avoir des ressemblances avec les autres entretiens, n'en est pas moins totalement différent sur de nombreux points. La relation journaliste-quidam est une relation très particulière.

S'il y a un entretien directif, c'est bien celui-là ! C'est le journaliste qui choisit les questions, c'est lui qui les pose, c'est lui qui rédige, c'est son monteur qui coupe et reconstruit le message et c'est son rédacteur en chef qui décide si ça doit passer, comment ça doit passer, où ça doit passer et quand ça doit passer... Et vous, pauvre interviewé, vous n'avez pas voix au chapitre.

L'image du journaliste est une image excessivement forte à notre époque. On lui donne le pouvoir (et pas toujours sans raison) de faire la pluie et le beau temps. On le craint, on le redoute. La diffusion des informations qu'il fait passer est si large qu'elle peut très vite prendre des allures de vérité intouchable. Le journaliste fait peur !

On comprend pourquoi cet exercice est redouté par tous et pourquoi il est nécessaire de se préparer et de s'entraîner à l'interview, qu'elle soit pour la presse écrite, pour la radio ou pour la télévision.

Et pourtant, vous pouvez avoir besoin du journaliste

La presse, la radio, la télévision surtout, ont un tel impact de nos jours que de plus en plus de chefs d'entreprise, de responsables ou de spécialistes (sans parler des hommes politiques) sont appelés à s'exprimer sur un plateau, dans un studio ou face à la presse.
Ces outils, particulièrement les outils télévisuels, réservés pendant longtemps aux seuls professionnels, font aujourd'hui partie intégrante de l'environnement communicatif de tous. La vidéo, simple et peu coûteuse, trouve sa place en intra-entreprise sous forme de journaux ou de messages ponctuels. Et certaines sociétés ont même leur propre matériel et leur propre équipe de techniciens. Raison de plus pour apprendre à être efficace dans ces conditions particulières.

Y a un hiatus !

Qui est demandeur ?

Chacun son message

C'est pas ce que j'ai dit !

Qui est demandeur ?

Il peut arriver que votre attaché de presse ou vous-même sollicitiez les journalistes pour leur donner des informations que vous voulez faire connaître...

Il y a souvent une fin de non-recevoir, surtout si c'est pour annoncer que tout va bien. Le journaliste prétextera le peu d'intérêt pour ce type d'information, son manque de disponibilité, etc. Dans le meilleur des cas, il veut bien faire un papier, mais... bon passons !

La plupart du temps, c'est le journaliste qui vient vous chercher en vous téléphonant pour vous dire qu'il a l'intention de faire un papier sur... et qu'il aimerait bien vous rencontrer.

Le journaliste est plus souvent «demandeur» que vous ne l'êtes. S'il n'a pas d'info, s'il n'a rien à dire ou à écrire, il ne gagne pas sa vie. Vous êtes son gagne-pain nécessaire. Mettez-vous bien cela dans la tête.

Chacun son message

Le problème est là ! Vous arrivez avec votre message et le journaliste arrive avec le sien. Ou, plus exactement, il arrive avec un objectif différent. Et quand arrive-t-il ? Quand il y a quelque chose qui ne va pas, quand il y a crise.

Mettez-vous à sa place ! Un train qui arrive à l'heure n'intéresse personne, alors qu'un train qui déraille... c'est logique.

Le journaliste cherche le scoop, parce que le public le demande. Et le public, c'est nous, c'est vous. Alors, il faut peut-être mieux comprendre comment il fonctionne.

C'est pas ce que j'ai dit !

Le grand reproche que l'on fait généralement à un journaliste qui nous a interviewé, c'est pratiquement toujours *«il a écrit autre chose que ce que je lui ai dit»* et, quand il s'agit de T.V. ou de radio enregistrée, *«il m'a interviewé pendant une demi-heure, ils n'ont passé que 30 secondes et mon message tronqué ne veut plus dire la même chose»*.

Il y a des contraintes matérielles que peu de gens connaissent et qui expliquent ce type de remarque. Trente secondes à la T.V., c'est beaucoup pour une interview enregistrée. C'est un témoignage, une info, un message. Chronométrez les reportages au journal télévisé, vous verrez que le plus long n'atteint pas 1 minute 30.

Et pour le choix du montage, vous êtes peut-être vous-même en cause !

La connaissance du sujet, c'est vous qui l'avez en principe. Vous ne pouvez pas demander à un journaliste généraliste d'être spécialiste du revêtement des autoroutes, des puits de forages pétroliers, des nouveaux produits bancaires et de la recherche sur le sida... Peut-être sa mauvaise compréhension vient-elle aussi de vous.

Vous passez à la T.V.

Un fort média

Parce que c'est la situation la plus difficile (il y a l'image en plus), celle que l'on appréhende avec le plus de difficultés, nous nous attacherons tout particulièrement à l'interview télévisée. Les outils que nous vous avons donnés jusque-là sont toujours utilisables avec bonheur, quelles que soient vos rencontres médiatiques. Mais, se retrouver face à un journaliste souvent plus connu que vous, dans un milieu qui ne vous est pas familier, un environnement pratiquement inconnu, ne facilite pas votre prestation.

Celui qui passe à la T. V. sait que, de ce qu'il va dire, de sa manière de l'exprimer dépendent beaucoup de choses. Son image, l'image même de l'entreprise ne tiennent parfois qu'à 30 secondes d'interview, une minute d'entretien... Il ne sait pas toujours très bien gérer cette situation.

Se préparer à être interviewé

Appliquez-vous à vous-même le modèle de Lasswell.

- **«Qui» va m'interviewer ?**
- **«Pourquoi» m'interroger, moi ?**
- **«Quand» va-t-il m'interroger ?**
- **«Où» cela se passera-t-il ?**
- **«De quoi» est-ce que je vais parler ?**
- **«Comment» ça se passe-t-il dans cette émission ?**
- **«A qui» cette interview est-elle destinée ?**
- **«Quel résultat» je veux atteindre ?**

J'ai l'air d'un vieux bouc !

La télévision était alors un tout nouveau moyen de communication. Peu de gens étaient rodés à cette nouvelle discipline qu'impose la caméra.
Le lendemain de sa première prestation télévisée, de Gaulle appelait son ami Bleustein-Blanchet :
- «Dites-moi, mon cher ami, est-ce que vous m'avez vu hier ?»
- «Oui, mon Général !»
- «Et comment m'avez-vous trouvé ? (long silence) J'ai l'air d'un vieux bouc !»
C'était vrai : le képi sur la tête, les lunettes sur le nez, le nez dans son papier, sans geste et sans jamais regarder la caméra, il venait de faire le dur apprentissage de son image dans l'étrange lucarne... et cette image ne reflétait pas sa véritable personnalité.
Quelques années plus tard, les journalistes lui reprochaient de trop bien utiliser la TV... comme quoi on peut apprendre !

Quel message ?

Cela paraît simpliste, mais ce sont bien les questions capitales qu'il faut se poser en amont de tout passage T.V. Il y a toujours deux aspects, qui ne sont pas nécessairement compatibles.

1. Pourquoi fait-on appel à moi et qu'est-ce qu'on en attend ?
Mieux vaut refuser une interview sur un thème que l'on ne souhaite pas traiter ou que l'on connaît mal, plutôt que de satisfaire à sa fibre cabotine pour se «planter» lamentablement.

«Suis-je habilité à parler de cela ? Puis-je faire autorité sur ce thème ?»

2. Je veux passer quel message?
Etre clair avec soi-même, hiérarchiser les messages que l'on souhaite faire passer.

Savoir quelle est la priorité des priorités, voilà le deuxième point qui doit être compatible avec le premier. Car le temps vous sera compté !

Je décide à l'avance du message que je veux passer quoi qu'il arrive.

L'œil de la caméra tétanise l'interviewé.

Quelle émission ?

Comment cela va-t-il se passer ?

Quel type d'émission est-ce ? Du direct, du faux direct ? Du différé ?

L'émission est-elle enregistrée ? En public ? Seul avec le journaliste ? Avec d'autres invités ? Quels sont les risques encourus ?

Chacune de ces situations satisfait à des exigences et des contraintes différentes. Nous n'allons pas ici faire une revue de détail, mais donner quelques savoir-faire simples.

C'est du direct

L'avantage du direct, c'est sa spontanéité. L'inconvénient du direct, c'est sa spontanéité.

La vérité qui passe dans un direct est frappante, les micro-trottoirs et autres «prises» au vol en sont les exemples les plus représentatifs.

Rassurez-vous. La plupart des «directs» vous laissent un temps de préparation avec le journaliste. Le danger est d'essayer de mémoriser les questions prévues avec lui. Ne le faites jamais ! Il va peut-être, en cours d'interview, ne pas les poser comme vous les attendez, ou vous en poser d'autres. Soyez à l'écoute ! A l'écoute et encore à l'écoute ! Journaliste et formateur chez Personnalité, Philippe Leclerc a une jolie formule pour résumer tout cela : *«Préparez-vous à l'irruption de l'inattendu.»*

Soyez flexible pour vous adapter et pragmatique pour passer tout de même votre message.

C'est enregistré

L'avantage de l'interview enregistrée, c'est naturellement la possibilité que l'on a de refaire une ou plusieurs prises.

Ne touchez pas au matos
(matos : employé par les techniciens pour signifier matériel)
Si les micros sont posés, ne les touchez pas. Ce sont des professionnels qui les ont installés. Faites-leur confiance !
Si vous avez avant la prise quelques difficultés techniques, demandez au technicien de vous aider. Il vous en sera reconnaissant.

Cela semble normalement plus facile, mais attention : il y a deux inconvénients majeurs.

Le premier : naturellement vous perdez en spontanéité. Les acteurs sont capables de redire plusieurs fois les mêmes mots en en gardant la «fraîcheur», vous peut-être pas. Préservez l'idée, mais changez donc les mots, n'essayez pas de retrouver ceux que vous avez dits à la prise précédente.

Le second : c'est le montage. A priori, il ne dépend pas de vous. Mais sachez que de nos jours, s'il le veut, un monteur mal intentionné peut vous faire dire n'importe quoi, en collant syllabes après syllabes. Cela n'arrive jamais, heureusement !

Car, que vous le vouliez ou non, les journalistes ont une éthique et ce n'est pas parce que l'on parle de telle ou telle fausse information qu'il faut généraliser. Des brebis galeuses, il y en a dans tous les métiers.

Ne soyez tout de même pas étonné de voir passer à l'écran la phrase qu'il ne fallait pas ou la prise la moins favorable pour vous. Ne hurlez pas à la malversation. Il est possible que ce soit de votre faute.

Il suffit que vous ayez chevauché la question du journaliste pour que celui-ci, ne voulant pas qu'on entende sa question, demande à son monteur de ne prendre que vos réponses. Si vous avez répondu avant que le journaliste n'ait terminé, le monteur ne pourra pas prendre cette réponse. Il ira chercher ailleurs.

Ces contraintes purement techniques, que vous ignorez encore, vous rendent sans le savoir responsable de ce résultat fâcheux. Nos mises en garde limiteront les risques de pareilles déconvenues.

Prenez en compte la compétence des autres

Kathia David, journaliste et formatrice chez Personnalité, donne ce conseil qui va bien au-delà du simple technicien.

Ne vous penchez pas sur le micro. Si l'ingénieur du son l'a placé ici, il y a une raison. Répondez toujours directement en regardant celui à qui vous répondez. Le réalisateur aussi connaît son métier, il aura placé une caméra dans l'axe du journaliste. Faites-lui confiance. Ce n'est pas votre job. Restez donc concentré sur les questions et sur le message à passer.

Un confort dynamique

Si vous êtes assis, ouvrez votre veste. Ne vous appuyez pas sur le dossier du siège, vous perdriez votre dynamique. Positionnez-vous en avant sur le siège. Ne vous agrippez pas aux accoudoirs, vous n'êtes pas sur une chaise électrique. Ne passez pas vos jambes sous votre siège, avancez-les un peu, pieds parallèles, vous éviterez les balancements et autres bercements parasites.

Et quand vous parlez, faites des gestes, animez-vous. On a souvent l'impression que les interviewés ont peur d'être flous s'ils bougent. Alors, ils restent figés et leur message manque de vie.

Vos gestes peuvent aller de chaque côté du visage. Même dans les gros plans, il y a toujours un espace vide à ce niveau. Mais évitez les auto-contacts, surtout du visage.

Votre posture vous donnera une image plus agréable, si vous êtes légèrement vissé ou dévissé et asymétrique par rapport à votre interviewer.

Pour les interviewées en jupe, un croisement cheville est suffisant !

Et à la radio ? Bougez aussi !

Tout ce que nous disons sur l'interview T.V. reste valable (à part le maquillage et le look) pour vos interviews radio.

Comme pour votre passage à la télévision, n'oubliez pas que, au téléphone comme à la radio, les gestes sont nécessaires.

Le sourire d'abord puisqu'il s'entend de l'autre côté des ondes.

Mais aussi tous les autres gestes qui faciliteront votre expression. Ils seront là, non pour les autres, mais pour vous, pour dynamiser vos propos, pour faciliter votre fluidité verbale, pour mieux maîtriser votre trac.

Au téléphone comme à la radio, les silences peuvent être des blancs. Ils ne le seront pas, si vous laissez à votre voix une intonation ouverte.

Votre look à la TV

- Ne refusez jamais le maquillage, Messieurs. Les professionnels savent ce qu'il vous faut en fonction de votre peau et des éclairages. Faites-leur confiance là encore.

- Evitez de porter des vêtements à rayures ou à chevrons. La vidéo crée des effets de moirage désagréables à voir.

- Supprimez les couleurs très violentes (le rouge en particulier) qui bavent en vidéo.

- Bannissez les chemises et chemisiers blancs qui, par un effet de contraste, vont donner un mauvais éclairage à votre visage.

- Les couleurs de vêtements pastel passent en revanche très bien.

- Mesdames, ne mettez pas trop de bijoux. Cela cliquette et perturbe l'écoute. Pour la même raison, ne tapez pas, Messieurs, sur la table avec vos boutons de manchettes.

«Du maquillage ? Pour avoir l'air d'une folle !»

Je puis vous certifier que de Gaulle, non seulement acceptait le maquillage, mais le demandait.
Je me trouvais dans le Sud tunisien pour le tournage d'un film, quand notre maquilleur vint nous prévenir que trois jours après, il ne serait pas avec nous.
Je lui demandai pourquoi et quelle ne fut pas ma surprise d'entendre «je viens de lire dans le journal que de Gaulle avait décidé de parler dans trois jours à la télévision».
«Et alors ?»
«Alors comme c'est moi qui le maquille d'habitude, il va me demander de venir.»
Je lui ai répondu qu' il y avait d'autres maquilleurs et maquilleuses à Paris !
«Tu verras !», dit-il simplement.
Trois jours après, notre chef maquilleur était absent, un avion était venu le chercher la veille et nous le rendait le lendemain matin. De Gaulle n'a jamais fait «folle», à ma connaissance.

A la radio, vos gestes dynamisent vos propos.

Interview téléphonique ou de presse

Le temps de la réflexion

Si un journaliste vous appelle pour vous poser quelques questions, NE RÉPONDEZ JAMAIS !

Demandez-lui d'abord qui il est. Pour quel journal ? Pourquoi vous et sur quoi veut-il vous interviewer ? Généralement, vous devinez ce qui le conduit vers vous. Les événements récents vous suggèrent qu'il doit s'agir de cela. Demandez-le-lui quand même.

Sa façon de formuler son intérêt vous donnera sans doute des indications sur sa manière d'envisager l'interview.

Tâchez de savoir ce qui l'intéresse plus particulièrement.

Demandez-lui de vous rappeler dans un quart d'heure ou plus tard. Prétextez une réunion, un entretien, mais laissez-vous le temps de réflexion.

Du temps pour se préparer

Prenez des chiffres qui pourront vous servir et sur lesquels vous comptez vous appuyer. C'est capital pour ne pas faire d'erreur et avoir des faits.

Construisez le message principal que vous voulez passer à tout prix.

Envisagez les objections qu'il va vous présenter et sa façon partisane de présenter les choses. Préparez vos réponses.

Vous répondez à ses questions

Ne vous faites pas embarquer là où il veut vous mener. Soyez vigilant et recadrez chaque fois sur votre message.

Répondez parfois à une question en la lui renvoyant : *«Et vous, qu'en pensez-vous ?», «vous-même, vous avez bien une opinion ?»*, cela vous permettra de voir où il se situe.

Ne bondissez jamais sur la réponse.

Revenez plusieurs fois sur votre message. Si vous avez prévu une formule (voir notre chapitre sur la rhétorique), répétez-la. Si elle est frappante, cela peut l'inciter à en faire son titre.

Evitez les réponses longues, les justifications appuyées.

Rebondissez en choisissant dans sa question le mot confort.

Le mot confort

Quelle que soit la verbalisation de la question du journaliste, vous aurez toujours la possibilité de vous appuyer sur un mot pour revenir sur ce qui vous semble le plus important.

Ne refusez jamais de répondre à une question sans dire pourquoi. Donnez toujours des morceaux de réponses quand vous les avez. Parfois, les journalistes peuvent se nourrir de miettes. Si vous ne leur donnez rien, ils iront chercher ailleurs, chez la concierge ou dans la poubelle, et vous ne maîtriserez plus.

Les charnières

Certain mots facilitent le passage d'une idée à une autre. *«A propos»* fait partie de ceux-là. *«Il y a deux aspects dans votre questions - ou trois ou quatre...», «Cela me fait penser à...»*

N'oubliez pas que ce sont les exemples et les analogies qui passeront le mieux votre message.

Bibliographie

ABRIC J. C., 1996. *Psychologie de la communication*, Paris, Armand Colin.

BOURDOISEAU Y., 1976. *Savoir négocier*, Paris, Retz.

DURIDOLLOU B., 1992. *Réussissez vos entretiens professionnels*, Paris, E.S.F. Editeur.

DORA M., MILLET G., 1981. *Comment mener un entretien individuel*, Paris, Dunod.

MAISONNEUVE J., 1966. *Psychosociologie des affinités*, P.U.F., Paris.

A retenir en priorité

- **Une interview se prépare toujours.**
- **Définissez à l'avance le message à passer.**
- **Vous n'avez pas bien compris, faites reformuler ou préciser.**
- **Appuyez-vous sur le mot confort que vous trouverez dans la question.**
- **Ne laissez pas dire n'importe quoi, rectifiez franchement avec le sourire.**
- **Si vous ne pouvez répondre, dites-le.**
- **Si l'interviewer vous piège, volontairement ou non, gardez votre calme, respirez, recadrez.**
- **Faites des phrases courtes et claires.**
- **Méfiez-vous des questions périphériques.**
- **Répondez à l'agressivité par le calme et le sourire.**

Cinquième partie

Le face public

Mesdames, Messieurs, Bonjar !

Dix, cent, cinq cents personnes, quatre mille personnes... Une rumeur dans la salle. Des projecteurs qui éclaboussent une estrade là-bas, tout là-bas... Et le chemin pour y arriver : long, très long, trop long !... Vous marchez au supplice, vos jambes sont de flanelle, votre cœur bat la chamade, une bouffée de chaleur vous monte au visage... (c'est le moment de respirer avec le ventre). Ça y est, vous y êtes, face à vous, le trou noir, le grand trou noir...

Vous allez parler. Vous devinez ce public qui vous découvre, vous scrute, vous décrypte, vous investit...

Le président Bonjar !

Un jour, le président d'un Conseil général, dont nous tairons le nom, allait prendre la parole devant une centaine d'élus. L'enjeu était de taille et c'est la peur au ventre qu'il se dirigea vers l'estrade. Tétanisé par le trac, il avança en regardant ses chaussures, manqua la première marche de la tribune, se raccrocha au micro pour ne pas tomber, ouvrit enfin le document qu'il devait lire en lançant d'une voix tremblante :

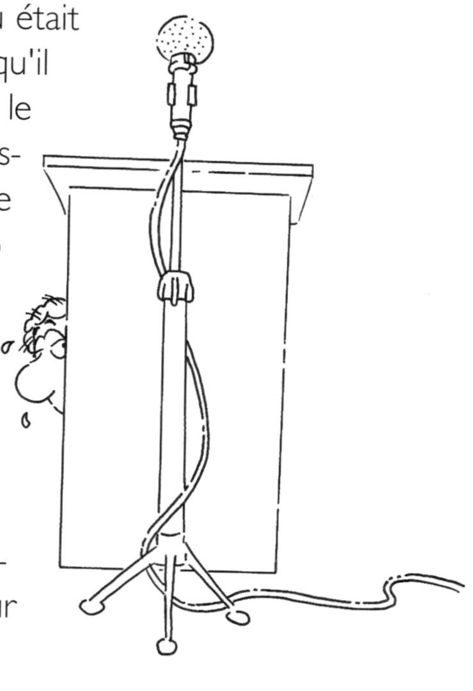

«Mesdames, Messieurs BONJAR !» La salle frissonna de rires étouffés. Quand vous commencez par «bonjar», il va falloir souquer ferme pour arriver à bon port !

Gérer ses émotions

Le trac, et patatrac !

Rien de plus simple que le trac, nous pouvons vous l'expliquer.

Une glande surrénale qui sécrète de l'adrénaline, qui engendre une élévation de la tension, du taux de sucre et de globules rouges...

Les thalamus, gros noyaux cérébraux qui jouent le rôle de relais pour les voies sensitives, échappent au contrôle cortical, etc. etc. etc.

«Ça va t'y mieux, maintenant ?»

«Non ? Attendez, j'ai un truc imparable, vous allez voir : le trac, il ne faut pas s'inquiéter, tout le monde l'a !»

«Ça me fait une belle jambe ! C'est le mien qui compte !»

Vous ne supprimerez pas le trac. C'est la défense naturelle de votre organisme, «un mal nécessaire» disait l'homme de théâtre Antoine. Il attise votre vigilance.

Mais s'il doit engendrer des trous de mémoire, des tremblements, des bégaiements et tout autre phénomène dévastateur qui s'y attache, s'il doit vous faire perdre le fil de vos idées et de vos moyens, il faut le museler, le dompter pour mieux vivre avec.

Trac et talent

Sarah Bernhardt, vers la fin de sa vie, mythe adulé du public, faisait dans sa loge ses exercices de respiration, afin de mieux gérer le trac qui l'envahissait.
Vint une jeune comédienne, fraîchement sortie du conservatoire.
- «Vous, Madame Sarah Bernhardt ? Avec la carrière que vous avez ! Le nombre de pièces jouées ! Un public tout acquis ! Vous avez encore le trac ? Je joue, moi, pour la première fois, je ne l'ai pas !»
Et Sarah Bernhardt de répondre :
- «Vous verrez, mon petit, cela viendra avec le talent...»

Réapprendre à respirer

Se préparer, c'est respirer

Bien sûr, les bêtabloquants vont agir sur le rythme cardiaque. Bien sûr, les anxiolytiques... Bien sûr, le verre de scotch...

Mais l'outil purement humain, l'outil physiologique existe. Il est efficace, il fonctionne et il est vieux comme le monde : c'est la respiration ventrale, celle qui agit sur les poumons bas, celle qui décontracte.

N'oublions pas que notre corps est un instrument à vent, puisque c'est l'expiration qui fait vibrer les cordes vocales.

Lorsque vous vivez une situation stressante, le diaphragme qui sépare les poumons des viscères a tendance à se crisper et à remonter vers les poumons. Vous donnez l'impression de parler en apnée et la salle, mal à l'aise, respire pour vous.

Une bonne préparation respiratoire passe par la redécouverte de l'utilisation des poumons bas.

Respirez avec le ventre

Placez votre main à plat, au niveau du nombril, paume vers le haut. Attachez-vous à ce que votre main avance dans l'inspiration et rentre au creux du ventre dans l'expiration. Inspirez et soufflez profondément et sans tension.

Cette respiration était naturelle lorsque nous étions bébé. Nous l'avons remplacée progressivement par la respiration rythmique, afin de faciliter les échanges gaz carbonique-oxygène qui nous permettent d'alimenter nos muscles. Oui mais voilà. Cette respiration rythmique nous prive d'une quantité d'air fort utile pour parler. Vous respirez encore avec le ventre lorsque vous dormez !

Se préparer, c'est respirer

Respirez avec le ventre

«Méfie-toi de l'homme dont le ventre ne bouge pas lorsqu'il respire»

De l'accouchement sans douleur à la sophrologie, la technique respiratoire est garante de performances. Si Alain Prost, Florence Arthaud, Franck Picard, Karl Lewis, des joueurs de rugby comme des boxeurs ou autres sportifs, ont utilisé ou utilisent régulièrement la sophrologie, c'est qu'ils sont convaincus de son effet positif sur la maîtrise de l'énergie.

Vous ne manquez pas d'air !

Si vous avez quelques difficultés pour trouver cette respiration, pratiquez-la d'abord de manière buccale, puis vous passerez à la respiration nasale pour mieux oxygéner le cerveau. Suivez alors mentalement le trajet de l'air que vous respirez, de son entrée (air frais) jusqu'à sa sortie (air chaud).

Respirer pour parler

POUR INSPIRER DEBOUT
Descendre le diaphragme, épaules basses.
Redresser la colonne vertébrale au niveau des lombaires.
L'inspiration doit être silencieuse et se faire rapidement.
Poumons bas -----> puis poumons hauts.

POUR EXPIRER DEBOUT
Pousser avec les muscles abdominaux et les reins.
Agir sur le diaphragme en relâchant les muscles thoraciques.
Rester droit en gardant les épaules basses.
L'expiration doit être lente.
Poumons hauts ----> puis poumons bas.

Testez votre souffle oratoire

Dire chacun des textes suivants selon les consignes.
QUATRE FOIS sur une seule expiration en gardant la même force vocale.
1/ Les traits très tirés de tata Dédé lui donnent un attrait très pâte à gâteaux.
2/ Ton docteur autodidacte d'Etretat dicta sans laisser de date tous ses desiderata.
UNE FOIS sur une seule expiration en finissant fort.
3/ Un pêcheur prépare pitance, plaid, pliant, pipe, parapluie, prend panier point percé pour pas perdre petits poissons, place dans poche petit pot, parfaite piquette, puis part pédestrement pêcher pendant période permise par police.
4/ Le petit baudet battu par le bêta Barnabé passa barbelés pointus pour pouvoir brouter en paix mais le buté Barnabé plus bêta que le baudet le poursuivant dans le pré se prit pied dans barbelés. Demandez au grand dadais qui de dedans regardait qui des deux bêtes butées est le plus âne bâté.

Pour pratiquer, nous vous conseillons de vous allonger sur une surface dure, dos au sol, de poser sur votre ventre un livre assez lourd. Lorsque vous inspirez, votre ventre se gonfle et le livre monte. Lorsque vous expirez, le ventre se vide et le livre descend.

Cette mécanique respiratoire va nous servir pour parler avec plus d'assurance, plus d'efficacité et plus de conviction. Encore faut-il gérer son souffle.

Pour travailler cette émission et ne pas s'essouffler ou finir en apnée, quelques exercices traditionnels existent. Nous en avons rajouté de nouveaux.

Les textes ci-contre comportent de nombreuses plosives B, P, D, T, qui demandent beaucoup de souffle. Dites-les à haute voix, en soutenant la force vocale jusqu'à la fin de chaque exercice.

Se relaxer pour être énergique

Premier objectif : se relaxer

Remobiliser ses énergies

Quand et où pratiquer la méthode ?

De la sophrologie, nous pouvons retirer des méthodes efficaces pour mieux vivre nos stress, mieux récupérer de nos fatigues et mieux nous ressourcer pour l'action.

Premier objectif : se relaxer

- Se déconnecter d'un environnement agressif.
- Diminuer les tensions psychiques et corporelles.
- Retrouver un équilibre stable.
- Faire le vide dans sa tête et dans son corps.
- Dominer les effets du «trac».

Pratiquer la relaxation relève d'une démarche simple, où chacun peut découvrir son propre savoir-faire.

Remobiliser ses énergies

Se relaxer ne serait pas suffisant pour vous préparer à l'action.

Mobiliser ses énergies, restructurer ses pensées, voilà les passages obligés pour replonger dans la vie avec des forces nouvelles.

Nos sophrologues Martine Favier et Danielle Fiacre assurent que : *«Vingt minutes de ces techniques valent deux heures et demie de vrai sommeil.»* D'autant qu'elles vous aideront à vous endormir si vous êtes insomniaque !

Quand et où pratiquer la méthode ?

- Lorsque vous vous sentez tendu, quand vous devez affronter une épreuve à fort enjeu et lorsque vous n'arrivez pas à dormir (relaxation) ou à bien vous réveiller (énergie).

Quelques principes

- Respirer convenablement et calmement avec le ventre.
- Utiliser la décrispation progressive de la tête aux pieds (faites mentalement, de la tête aux pieds, le trajet de vos muscles à détendre).
- Se mettre à l'écoute de son corps (écoutez votre intérieur).
- Mettre son esprit en pensée de «bien-être» (un mot, une image qui, pour vous, est l'expression du «je me sens bien»).

Se restructurer, comment ?

- En se remettant à l'écoute de l'environnement.
- En redonnant progressivement une fonction à ses activités musculaires (les chats et les chiens s'étirent).
- En remobilisant les influx nerveux.
- En inspiration profonde.
- Le corps et l'esprit reprennent vivacité et tonus par un effet de rebond.
- Inspirations profondes, puis jets de gestes (coup de poing), d'impulsions rapides, allant au bout du mouvement en soufflant pour l'accompagner.

- Avec un certain entraînement, tout le monde peut en quelques minutes accéder à la relaxation par des détentes flash.

- Debout ou assis, les processus seront les mêmes.

- Bruit ou pas, la maîtrise des techniques permettra une pratique en tout lieu.

C'est dans l'expiration que l'on relâche les tensions.
C'est dans l'inspiration que se rechargent les énergies.

Le trac : un mal nécessaire.

Mimer la bonne santé

Vivre, c'est agir !

Dans un deuxième temps, il va falloir agir. Mais agir pleinement et de manière efficace, et ce, dès les premières secondes.

Comment expliquer qu'un pianiste tremblant de trac va pouvoir mettre ses doigts sur les bonnes notes et jouer juste ses premières mesures ? Pourquoi la danseuse aux jambes de flanelle en coulisses ne tombe-t-elle pas en faisant ses premières pointes sur scène ?

Ils ont appris à respirer certes, mais cela ne suffit pas. Ils se mettent en action physique.

L'une des grandes difficultés du jeu de dire en situation critique est due à la fâcheuse impression que nous avons qu'il s'agit d'un cerveau qui parle à un ou plusieurs autres cerveaux.

Rien n'est plus immobile, physiquement, qu'un cerveau en train de réfléchir. Le trac nous tétanise, notre cerveau s'embrume et nos mots s'évaporent.

C'est l'action qui nous libère des effets sidérants du trac. C'est donc en adoptant des attitudes corporelles énergiques que nous pourrons mieux canaliser ses effets.

En libérant le corps, vous libérez l'esprit.

Dans les situations difficiles

«Mimez l'assurance plutôt que la timidité. Mimez la force plus que la faiblesse. Mimez la bonne santé, plutôt que la maladie. Et l'imagination dévastatrice aura du mal à s'installer.» Alain

A retenir en priorité

- **Respirez avec le ventre pour mieux vivre le trac.**
- **Un principe de base**
  - Expirez pour libérer les tensions.
  - Inspirez pour mobiliser les énergies.
- **Se relaxer**
  - Faites le vide dans la tête en coupant avec le monde extérieur
  - Faites mentalement la visite de votre corps
  - Faites résonner en vous des mots de sérénité.
- **Se remobiliser**
  - Reprenez conscience du monde extérieur
  - Remettez progressivement en mouvement les muscles du corps.
  - Allez au bout du geste d'étirement.
- **Mimer la bonne santé plutôt que la maladie.**
- **C'est par l'action physique que vous agirez sur le mental.**

La prise de parole

Ça me stresse de penser que je vais avoir le trac...

Faire une différence entre stress et trac ? Oui, une différence de mots. On pense généralement que le stress est un phénomène long alors que le trac est plus ponctuel.

Les recherches que nous avons menées à l'Université de Provence (Aix-Marseille) tendent à prouver qu'il n'y a pas un indicateur non verbal défini du stress, mais une augmentation de la fréquence ou un changement de nature de certains comportements.

En situation de stress, on remarque une élévation de fréquence et de temps passé à se toucher les mains. Le contact main-main est durable.

Les postures de bras croisés sont longues. On se rassure par des gestes «autistes» tournés vers soi alors que l'on parle aux autres.

Les sourires peuvent s'apparenter aux rires nerveux ou à des rictus. Les regards se détournent plus qu'en situation normale. Les sujets s'isolent en regardant ailleurs. Ces fuites de regard leur permettent de prendre de la distance, de s'éloigner artificiellement. Comme dans la réflexion.

Les gestes illustrateurs disparaissent quasiment en situation stressante.

On peut donc constater que le stress (ou le trac) a un pouvoir sidérant qui provoque chez l'individu une sorte de tétanisation. La pensée nous met une camisole de force.

Faisons la démarche inverse : agissons sur le corps pour casser nos chaînes et nous libérerons la pensée.

Gérer les cinq premières secondes

Un crédit de cinq secondes

De la posture du nudiste...

... à la posture du fusillé

Un crédit de cinq secondes

Ils sont là, ils vous accordent un court crédit, ils sont prêts à vous écouter. Votre intervention repose pour une grande part sur votre accroche (les attaques). Etes-vous prêt à parler ?

Le malheur de la question, c'est sa réponse : *«Ça tombe mal ! Le moment le plus difficile pour moi, c'est mon commencement. Après, ça va mieux...»*

De la posture du nudiste...

La peur, le trac, et personne pour vous donner la main.

Vous rangez votre cravate, vous caressez votre menton, vous vous grattez la joue (activité de dérivation)... une manière de vous toucher, de vous prouver que vous existez.

Peut-être même remontez-vous votre pantalon ?

Enfin, n'en pouvant plus de «mal-être» et ne sachant que faire de ces mains qui vous gênent, vous échappent, vous prenez la gauche avec la droite (auto-contact) et les laissez pendre toutes deux lamentablement au bout de vos bras devant le bas-ventre.

Vous êtes alors dans la position du nudiste (posture en contraction = attitude de soumission).

N'est-on pas «déshabillé par le regard des autres» ?

... à la posture du fusillé

Vous sentez bien que ce maintien qui vous cache le bas-ventre ne donne pas de vous une image particulièrement communiquante...

Mais bon sang, ces

mains, il faut bien en faire quelque chose. Alors vous les mettez dans le dos. Comme cela, on ne les verra plus...

Et vous passez de la posture du nudiste à la posture du fusillé. Ce n'est pas mieux !

N'est-on pas «fusillé par le regard des autres» ?

Vous ne pouvez tout de même pas croiser les bras ou mettre vos mains dans les poches ! Les mains dans les poches ne sont pas interdites, mais une fois dans leurs nids, bien au chaud, elles ne sortiront plus. Et les mouvements qu'elles font dans les poches... Bien des femmes vous le diront.

Puisque le moment le plus difficile est votre commencement et qu'il conditionne le jugement du public pour le reste de votre prestation, attachons-nous plus particulièrement à ces cinq premières secondes qui peuvent vous être fatales.

On ne parle pas devant les autres, on parle aux autres.

A vider !

- Avant de prendre la parole, videz vos poches. Les cliquetis de pièces ou de clés risquent de parasiter votre message, sans que vous vous en aperceviez.

- Passez aussi par les commodités. Vous écrier «pipi !» au moment de commencer n'est pas vraiment ce que l'on attend de vous.

- Pendant le trajet qui va vous conduire jusqu'à l'espace orateur, soufflez plusieurs fois, expirez à fond, déchargez les tensions.

5 principes pour bien commencer

Un homme ouvert

Comme tout le monde, vous préférez parler à quelqu'un d'ouvert.

Tous les gestes de réassurance dont nous venons de parler vous rassurent vous, mais pas nécessairement votre auditoire. Votre image en contraction se fait petite et fermée.

Commencer par un ancrage fermé vous conditionne pour le reste de votre intervention.

Généralement, les prises de parole «face public» commencent par *«Bonjour»*, et quand vous dites bonjour à quelqu'un, vous lui tendez la main, vous faites un geste vers lui.

Avant votre intervention, commencez donc par ouvrir votre gestuelle. Donnez à votre corps l'ouverture nécessaire à la libération de l'esprit et vous donnerez l'image d'un homme ouvert.

1er principe : Ouvrez votre gestuelle.

Un homme qui avance

Les mains oui ! Mais les pieds ? Les pieds, et c'est bien normal, ont tendance à vouloir reculer pour s'éloigner, pour s'enfuir.

Alors, avant de dire bonjour, l'orateur recule un peu.

Ce n'est plus lui qui commande, ce sont ses pieds. Et, dès lors qu'ils auront commencé en voulant s'enfuir, il sera dur par la suite de maîtriser leurs mouvements anarchiques. Notre stabilité repose sur eux. Mais la tête doit rester au commandement.

La danse de l'ours

Les pieds de l'orateur parlent pour lui. Ils exécutent à son insu toutes sortes de danses qui expriment l'instabilité. La danse la plus souvent exécutée est «la danse de l'ours».
Un pas en arrière : «Je voudrais être ailleurs» dit l'un des pieds.
Un pas sur le côté : «Mais il ne faut pas» répond l'autre pied.
Un pas en avant : «Alors je reviens» reprend le premier... et la danse de l'ours se poursuit ainsi.
Au bout de cinq minutes, les spectateurs auront le tournis.

Pas besoin de hurler

«Parle pour la dernière colonne du théâtre...» disait Louis Jouvet à l'un de ses élèves, «... inutile de parler plus fort, ceux qui sont dans la rue n'ont pas payé.»

Lorsque vous tendez votre main pour dire bonjour à quelqu'un, vous allez vers lui. Avancer vers le public, c'est déjà rechercher le partage.

2e principe : Avancez vers le public.

Un homme qui regarde

Puisque vos pieds ne peuvent vous emmener autre part, c'est avec vos yeux que vous allez vous évader. Vous regardez votre texte, votre pupitre, vos mains, vous regardez ailleurs, quoi !

Toutes ces fuites du regard crient : *«Au secours ! à l'aide ! j'ai peur !»* Prenez l'initiative, vous sentez que l'on vous regarde, eh bien regardez à votre tour, de préférence au fond de la salle. Pourquoi au fond ? Parce qu'ainsi votre voix prendra la mesure de l'espace environnant.

C'est l'œil qui nous fait moduler la force vocale. On ne parle pas à quelqu'un qui se trouve à 2 mètres comme à celui qui est à 50 mètres, micros, amplificateurs, haut-parleurs ou pas.

Un chuchotement, même amplifié, reste un chuchotement.

3e principe : Regardez le fond de la salle.

Un homme chargé d'énergie

Quand vous partez en voyage, vous faites le plein d'essence. Avant de parler, faites de même : votre carburant, c'est l'air. Chargez-vous de carburant.

Le trac du début fait que certains intervenants parlent en apnée, et c'est la salle qui, mal à l'aise, respire pour eux.

Pour éviter les tremblements de voix, pour être percutant dès le premier mot, prenez une inspiration ventrale pendant que vous avancez.

4e principe : Inspirez.

Un homme convivial

Difficile à vivre, ce démarrage ! Alors, comment sourire ? Vous allez enfin dire bonjour, ne faites pas une mine de six pieds de long.

Vous allez partager un instant de votre vie professionnelle avec d'autres hommes, avec d'autres femmes. Donnez-leur un peu de chaleur humaine. Et même si, par la suite, trop pris par le fond de votre sujet, vous oubliez de sourire, une fois - au moins une fois -, souriez-leur. Il s'agit bien de leur souhaiter «bon jour», pas «mauvais jour».

5e principe : Sourire.

Les 5 premiers principes du prêt-à-parler

(1) **Ouvrir**
(2) **Avancer**
(3) **Regarder**
(4) **Inspirer**
(5) **Sourire.**

En cinq secondes, vous venez de donner l'image d'un homme ouvert, d'un homme qui avance, qui regarde, qui est énergique et souriant... Ce n'est pas si mal pour un début !

Une prise de parole face public commence par un silence.

Les cinq secondes sont passées, vous pouvez dire : *«Bonjour.»*

Petit truc

Si vous avez de la peine à sourire en début de discours, à la place du «bonjour» que vous saurez dire sans papier, dessinez une petite tête souriante, elle vous fera penser au sourire.

L'espace orateur

L'espace orateur est variable. Il dépend de tout un environnement, parfois même d'un décor. Quelquefois, assis derrière une table, l'orateur se croit à l'abri (attention aux pieds). Le plus souvent debout, ses déplacements sont restreints par la lumière, le pupitre ou l'estrade. Mais il peut arriver aussi qu'il ait toute une scène à sa disposition.

Espace réduit

Coincé par le pupitre, le micro, ses supports, l'orateur peut difficilement se déplacer. Alors, il fait du surplace.

Il est aberrant de constater que l'on continue à l'épingler dans un rond de lumière d'où il ne peut rien voir. Souvent derrière une tribune, il ne lui reste que le haut du corps pour donner de la vie à son intervention.

Dans cette situation, attention aux appuis de hanche qui vous donnent un air penché sur le côté, puis un air penché de l'autre côté.

Interdisez-vous aussi les reculs et avancées style «je m'en vais, non je reviens». Evitez les piétinements style «vendanges à l'ancienne».

Espace large

Les déplacements sont possibles. Mais n'oubliez pas que se déplacer n'est pas aller d'un point à un autre, pour aussitôt revenir au premier.

Les déplacements doivent être justifiés (ce ne sont pas les pieds qui dirigent, mais la tête).

Avancez vers le public pour les temps forts : départ, conclusion...

Après un déplacement, stabilisez le corps.

Ne bougez pas comme un pied

Se déplacer ne veut pas dire «laisser» les pieds commander. Si vous les laissez faire, ils n'en feront qu'à leur tête. Avec le temps, nous avons donné des noms à ces figures un peu particulières.

■ **LES ÉCHASSIERS : ils se tiennent sur un pied, soulèvent l'autre sans savoir où le poser. Déstabilisés à l'intérieur, déstabilisés à l'extérieur.**

■ **LES PATINEURS : ils traînent les pieds en se déplaçant. Ils n'entendent généralement pas le bruit qu'ils font. Le public oui !**

■ **LES SKIEURS DE L'IMPOSSIBLE : ils arrivent à parler plusieurs minutes sur les carres extérieures. On leur demanderait de le faire, ils ne sauraient pas !**

■ **LES PATROUILLEURS : ils se déplacent de long en large sans s'arrêter. Ils font les cent pas. Et, en plus, ils regardent le sol (sans doute pour éviter les mines !).**

Du métronome à la balançoire

Si vous avez tendance à vous balancer de droite à gauche, c'est aussi pour vous rassurer (se bercer) ! Ce risque peut disparaître à l'instant.
Lorsque vous vous installez face au public, pensez simplement à mettre vos pieds parallèles. Sans les mettre en dedans, renfermez un peu les pointes. Le tour est joué. Cette posture vous stabilisera et vous n'aurez plus à y penser.

Ne faites pas du mot à mot.

Pupitre et micro

Souvent les accessoires de l'orateur dans le face public se limitent à un pupitre, un micro, un morceau d'estrade, un faisceau de lumière.

Le pupitre

Le pupitre n'est pas un appui ou un paravent. L'orateur a tendance à s'y accrocher comme à une bouée, ce qui réduit sa gestuelle.

Ne vous approchez donc pas trop près de ce pupitre. Laissez un peu d'air entre vous et lui. Posez les mains sans vous appuyer.

Il doit être placé assez près de la première rangée des auditeurs, sans pour cela leur cacher le buste de l'orateur.

Il doit être suffisamment éclairé pour permettre une bonne lecture.

Pour régler un pupitre à la bonne hauteur, mettez les coudes au corps, le bras en angle droit : le tranchant de la main doit frôler le pupitre.

Le micro

Comme la fourchette, c'est le micro qui vient à la bouche, pas l'inverse. Faites toujours un essai micro en répétition. Cet accessoire est utilisé de plusieurs manières.

Micro baladeur à la main

Il ne doit pas s'éloigner ou s'approcher de la bouche. Le technicien passerait son temps à en régler le volume. Si vous n'êtes pas habitué au micro, appuyez-le légèrement sur le menton, au-dessous de la bouche. Votre souffle passera par-dessus. Faites mettre une bonnette de mousse. Ne faites pas de geste avec le micro, ou alors sans parler.

S'il y a un fil qui le relie à l'ampli, tenez une boucle à la main pour lui laisser du mou. Cela vous évitera dans vos déplacements de le voir s'échapper de votre main et de le retrouver en kit sur le sol.

Micro sur pied

Réglez-le, avant de parler, sous la ligne du cou (mieux vaut plus bas que trop haut). Multidirectionnel, il vous permettra tout de même de bouger la tête, sans que le son se perde.

Il doit permettre de parler sans que l'orateur se penche sur lui et prendre votre voix à 50 centimètres sans problème.

Attention de ne pas cogner le pied.

Micro-cravate

Evitez les frottements sur la veste (collier, broche).

Ne vous frappez pas la poitrine, même si vous souhaitez montrer votre sincérité !

Le micro-cravate est de loin le plus pratique, puisqu'il vous permet de vous déplacer et d'avoir les mains libres.

Derrière un pupitre et un micro à la main, gardez votre dynamisme.

Une lecture
en trois temps

Lire en public

La technique que nous vous proposons peut s'acquérir très vite. Rigoureusement appliquée, elle est toujours d'une efficacité fabuleuse.

Une lecture en trois temps

L'un de nos formateurs, Gérard Probst, aime à dire que *«toute prise de parole doit rester un dialogue»*. C'est dans la lecture en public que l'on a le plus de mal à préserver ce dialogue muet. L'orateur parle plus souvent à sa feuille qu'à son public.

Principe de base : décaler le temps de lire du temps de dire.

Premier temps : le chargement
Je lis avec les yeux.

«Je prends livraison de quelques mots.»

Deuxième temps : le transport
Je regarde le public.

«Je regarde à qui je vais livrer ces mots.»

Troisième temps : la livraison
Je dis ce que j'ai lu.

«Je fais ma livraison, toute ma livraison.»

Je prends encore le temps de vérifier du regard si la livraison a été reçue avant d'aller chercher la suite.

Commencez toujours par un geste vers votre public. Poursuivez par une gestuelle vivante. Variez le nombre de mots à livrer. Ne parlez jamais à votre feuille. Elle ne vous répondra pas. Avec la pratique, vous vous donnerez le temps de prendre de plus en plus de mots. Assumez vos silences. Ils vous paraîtront plus longs qu'à ceux qui vous écoutent.

Lisez le texte qui suit,

avec la technique indiquée, pour vous obliger à une pratique très contraignante (pas plus de 5 mots au début de votre apprentissage). Peu à peu, en maîtrisant la technique, vous parviendrez à un rythme plus coulé, plus vivant en augmentant le nombre de mots. Nous avons préparé pour vous un code de ponctuation (détaillé dans le chapitre ponctuation), qui vous obligera aux enjambements, aux silences, vous forcera à l'utilisation des répétitions, vous obligera à donner du relief à certains mots (scansion)... Tâchez de respecter ce code. En pratiquant la lecture à trois temps. Et n'oubliez pas les gestes chaque fois que vous parlez.

Je ne sais plus où j'en suis !

Si, revenant sur votre feuille, vous ne retrouvez plus la ligne, prenez votre temps. Pas de panique, n'essayez pas d'aller vite, vous ne verriez plus rien. Quand vous aurez retrouvé la suite, ne la livrez pas immédiatement. Prenez encore le temps de lever votre regard sur les autres avant de dire.
Il s'agit de couvrir un silence involontaire (celui de la recherche) par un silence volontaire (pour reprendre contact). Ainsi, c'est «plus de silence» qui vous sauvera et non «moins de silence»...

1. Je lis.

2. Je regarde.

3. Je dis.

La lecture en 3 temps

La lecture en trois temps

Lisez ce texte en respectant le code de ponctuation.

Le Commandant de la Base Aérienne 320
à
Monsieur le Directeur
du service de Santé de la 5e R.A. Alger

Vos bureaux // nous ayant fait savoir // par téléphone // qu'ils ne pouvaient nous fournir // du carbosulfure // contre les fourmis, // nous nous sommes adressés // au Commissariat de l'Air, // qui nous répond // ne pouvoir nous en fournir que // si les fourmis à exterminer // sont à l'intérieur du bâtiment. Si elles se trouvent // hors du local, // les règlements prescrivent // que le carbosulfure // soit fourni / par le Service de Santé. ///

Il est difficile // de se rendre compte // des intentions des fourmis / dont nous essayons // de nous débarrasser : / les unes / sont dehors // et viennent chez nous // pour se nourrir, les autres // sont à l'intérieur // et sortent / pour chercher à manger. // C'est un problème // presque insoluble // que d'établir quelle fourmi // vient du dehors et / appartient au Service de Santé // et quelle fourmi appartient au / Commissariat, // si elle vient de l'extérieur. //

Certaines de nos fourmis // ont l'air / de faire le tour // et d'autres / vont un peu partout. Ces tactiques // extrêmement confuses // risquent / d'amener une fourmi du Commissariat // à être tuée par le poison / du Service de Santé // et vice versa, // ce qui serait contraire aux règlements // et pourrait donner lieu // à enquêtes // et échanges de correspondances // interminables. ///

Etant donné qu'une fourmi // tombe raide morte // du poison du Commissariat comme // du poison du Service de Santé, // nous demandons à toucher // de vos services // les poisons identiques // et en quantités égales. Après quoi, // nous les mélangerons // de telle sorte // qu'on ne puisse savoir // quel poison / a tué / quelle fourmi.

Cette lettre pleine d'humour est authentique. Nous en détenons l'original.

Rappel du code de la ponctuation

(encadré)	Scansions
(double soulignement)	Répétitions
/ // ///	Silences
(flèche courbe)	Enjambements

Préparer ses fiches

Si parfaite que soit une lecture en public, elle n'apportera pas la vérité que peut donner un parler non récité. N'apprenez jamais par cœur vos prestations en public, un jour vous le regretteriez.

La fiche bristol est l'outil par excellence de toute présentation ou de tout discours public que l'on veut «naturel». Son utilisation est d'une efficacité et d'une fiabilité qu'aucun autre moyen ne peut égaler.

Ce ne sont pas des antisèches

Ceux qui hurlent que les fiches *«ça ne marche pas !»* ont négligé deux éléments essentiels : la manière de les préparer et comment les utiliser.

Lorsque le support fiche n'a pas été efficace, c'est toujours parce que l'orateur n'a plus retrouvé le sens de ses notes ou ne s'est pas donné le temps de les lire. Cela coince au niveau des charnières, des mots clés.

N'écrivez qu'au recto de vos fiches, mais pensez à les numéroter recto et verso.

Ie étape

Ecrivez d'abord votre texte en linéaire, pour vous ! C'est-à-dire tout le texte, même si vous ne soignez pas l'écriture, la syntaxe... Réservez-vous une marge.

Quand vous aurez ce continuum, vous pourrez sortir dans la marge vos mots clés, et le lien se fera naturellement. Cachez le texte, vérifiez si les mots en marge vous suffisent, s'ils sont réellement des déclencheurs d'idées.

2e étape

Notez en GROSSES MAJUSCULES ces MOTS (uniquement les mots,

Quand on a des phrases, on cherche les mots. Quand on a des mots, on trouve les phrases.

De la mauvaise utilisation des fiches.

Petits trucs

- Si vous avez tendance à faire la danse de l'ours, dessinez-vous deux pieds sur vos notes.
- Si vous n'avez pas l'habitude de faire des gestes, rajoutez deux bras ouverts à votre petit bonhomme souriant.
- Si l'on vous reproche de ne pas assez regarder, dessinez deux yeux !

pas de phrase) ET TOUJOURS NOIR SUR BLANC. Préservez l'unité d'une fiche.
Un même argument = une même fiche.

3e étape

Rajoutez un code couleur pour mieux repérer la hiérarchisation de vos arguments.

4e étape

Gardez une réserve pour le cas où vous auriez besoin d'un exemple de plus, d'une anecdote, d'une citation...

Numéroter recto-verso -1-

FICHE BRISTOL (75 X 125 mm)

MOTS

GROS

NOIR SUR BLANC

MAJUSCULES

CODE COULEUR

UNE UNITE VERBALE PAR FICHE

UNIQUEMENT RECTO

Réserve : au cas où...

Autres CITATIONS

Autres EXEMPLES

Autres ANECDOTES

Utiliser ses fiches

L'utilisation des fiches est une manière d'improvisation guidée. Les mots qui sont sur votre fiche sont évocateurs des «passages obligés». Les fiches vous éviteront les diversions et les vagabondages de l'esprit à condition de les regarder !

Leur manipulation

- **Prenez le temps de les regarder réellement.** Cela vous force au silence. Ce silence aide aussi votre public. Il vous suit sans courir.

- **Tenez vos fiches dans le creux de la main.** Les tenir par un bout, c'est risquer de les voir s'envoler comme une poignée de confettis.

- **Tenez-les à hauteur de la taille.** Votre bras peut bouger ! Changez de temps en temps de main.

Un principe de base

Les fiches sont des supports que l'on ne cache pas. Légitimez-les dès le début, même et surtout si vous en connaissez le contenu.

La fiche est un support que l'on ne cache pas.

Avec un micro en main, comment je fais ?

**Si vous avez un micro dans la main droite et vos fiches dans la main gauche, pour passer d'une fiche à l'autre, aucun problème ! Vous utilisez les deux mains, mais au moment du changement, vous restez silencieux. Vous replacez votre micro sous la bouche, tout en regardant la nouvelle fiche, et vous recommencez à parler en nous regardant.
Que voilà un bon silence !**

LE DISCOURS

Un message descendant

Nous appelons discours toute prise de parole en public, qui va du discours de table pour un mariage à la remise de médaille ou au cours magistral, en passant par le grand oral d'un examen ou l'exposé professionnel.

Toutes ces prises de parole reposent sur quelques principes de base communs avec une même nécessité : faire savoir, faire comprendre, faire partager.

Ils sont plus ou moins longs, ils sont occasionnels ou réguliers, ils sont professionnels ou pas. Ils doivent motiver ou instruire, distraire ou enseigner. Ils s'adressent à peu de gens ou à quatre mille personnes...

Mais la situation est la même. Le message est descendant. L'orateur parle et les autres se taisent. C'est cette situation «seul contre tous» qui rend cette opération si délicate.

Le discours doit rester un échange.

Trois conseils de base

Faire court

Soigner son accroche

Commencez par la conclusion !

Faire court

Tout dire ne sert à rien. Mais faire court signifie beaucoup de travail. Voltaire, à la fin d'une de ses lettres, écrivait : *«Excusez-moi d'avoir été long, je n'ai pas eu le temps de faire court.»* Hiérarchiser ses arguments et ses informations pour ne garder que le nécessaire, cela prend du temps en effet.

Soigner son accroche

Quel que soit le type de discours, l'accroche est essentielle. Surprendre, étonner, voilà un bon moyen d'intéresser dès le début ceux à qui l'on s'adresse. Vous pouvez même décaler le «bonjour» ou les formules de politesse pour les placer après l'accroche.

L'humour sera le bienvenu. Ce qui est sans humour est sans humanité ! Cela ne signifie pas qu'il faut, à la manière anglo-saxonne, raconter systématiquement une blague à mourir de rire avant de commencer ! Les cartésiens que nous sommes acceptent mal ce démarrage, s'il n'a aucun rapport avec la suite.

On n'a pas deux fois l'occasion de faire une bonne première impression.

Commencez par la conclusion !

Pour en savoir plus sur notre manière d'envisager la conclusion et sur nos conseils, reportez-

3 Shadocks

Un jour, un «économiste distingué» devait nous parler du phénomène inflationniste. Nous nous attendions tous à être abreuvés de données techniques. Tenant compte de nos conseils, il commença son discours ainsi :
«Trois Shadocks sont dans un bateau. Le premier puise de l'eau dans la mer et la verse dans le bateau... Le second vide l'eau du bateau dans la mer... Le troisième rame avec une seule rame... Et le bateau tourne en rond... Eh bien ça, Mesdames et Messieurs, c'est l'inflation !...»
Il obtint, dès le début, une écoute parfaite et fit un tabac !

vous à la fin de ce livre, c'est là que nous en parlerons plus précisément.

D'ores et déjà, lorsque vous préparez un exposé, un discours sur un thème particulier, commencez par préparer au brouillon votre conclusion. Cela vous obligera à savoir avec précision où vous voulez aller et votre objectif final. En préparant ensuite votre prise de parole, votre cheminement sera simplifié. Vous éviterez les vagabondages et les détours inutiles.

Et rien ne vous empêchera plus tard de la modifier quelque peu, si votre raisonnement a évolué entre-temps. Les rhétoriciens donnaient à la conclusion le nom de «péroraison»... Ce n'est pas une raison pour pérorer !

Entraînez-vous !

Pour travailler sur la construction et la forme, nous donnons depuis des années à nos stagiaires des thèmes un peu farfelus à défendre. Ce jeu leur permet un apprentissage de l'art de convaincre avec des idées qu'ils ne partagent pas nécessairement. Entraînez-vous vous aussi à construire et à soutenir une argumentation sur :

- Il faut laisser sortir tous les prisonniers chaque week-end.
- Les vacances sont trop longues.
- Il ne devrait y avoir en France qu'un seul parti politique.
- La publicité est une bonne chose parce qu'elle informe.
- Il n'y a pas assez de jeux à la T.V.
- Le tour de France ne devrait pas sortir de France.
- Les voitures de fonction seront remplacées par des vélos.
- Il y a trop de femmes en politique.
- Chacun devra lister sa corbeille à papier tous les soirs.
- Le sucre sera désormais interdit dans l'entreprise.
- Les choses urgentes ne seront traitées qu'une semaine plus tard.

Sachez parfaitement votre introduction et votre conclusion ; le reste, les gens n'écoutent pas !

Proverbe jésuite

Quatre types de discours

Les quatre types de discours dont nous allons parler ne sont pas absolument différents sur tout, mais leurs objectifs prioritaires et leur déroulement varient sensiblement.

Le discours d'effet

Le discours d'effet joue essentiellement sur les motivations, les opinions et les sentiments. Son objectif premier est de mobiliser et de motiver. Il peut être subjectif, puisqu'il est le reflet de l'opinion de l'orateur. Il réclame généralement un débat contradictoire après la prestation. Il est souvent long, trop long !

Les qualités premières que doit dégager l'orateur sont l'énergie, la conviction et l'engagement.

Si le discours d'effet a pour objectif de mobiliser, de toucher l'affectif, de sensibiliser, il n'en demeure pas moins, comme nous allons le voir, que vous devrez pour l'étayer trouver des faits sur lesquels appuyer votre argumentation.

Le discours d'information

Il s'agit bien d'un discours d'information. Il faut donc donner toute l'information, mais rien que l'information.

Ce type de discours doit être objectif. Son rôle principal étant de porter à la connaissance des autres des messages venus souvent d'ailleurs, évitez les interprétations personnelles, volontaires ou pas. Annoncez dès le début de votre intervention que, pour supplément d'information, vous ouvrirez un débat «après». Cela vous évitera d'être interrompu avant d'avoir tout dit.

Transparents ou diapos seront réduits en nombre et peu chargés (voir 6e partie, «les réunions», l'utilisation du matériel d'animation).

Evitez

- Les démarrages en rodage :
«De tous temps, l'homme a chéri la liberté. Déjà sous Caius Julius...», «Je vais essayer de vous expliquer...!»
- De donner à votre démarrage un caractère d'obligation :
«On m'a demandé de vous parler de...», «Je dois vous parler de...», «Il faut que je vous parle de...»
- Les questions données en ouverture et qui n'attendent pas de réponse (questions rhétoriques). On peut vous en lancer une (et pas toujours intelligente) souvent déstabilisatrice : «Qui de nos jours n'a pas pris de vacances ?» - «Moi !»

Un petit truc efficace

Lorsque vous avez totalement rédigé votre texte, vérifiez votre accroche ! Pour cela, supprimez les deux premières phrases et commencez par la troisième. Il y a de grandes chances pour que ce soit efficace ! Les deux premières n'étaient alors que de la «marche à vide». Si cela ne colle pas, c'est qu'elles étaient effectivement nécessaires. Gardez-les !

Je vous parle de moi !

Qu'il s'agisse de remise de médaille, de l'accueil d'un nouveau collaborateur, du départ à la retraite d'un autre, quel que soit le discours que vous faites, adressez-vous directement à la personne. «Monsieur Untel, vous avez fait ceci ou cela...» et non «Monsieur untel a fait ceci ou cela...». Ne le mettez pas en vitrine !
Ne retracez pas toute sa chronologie, donnez une ou deux anecdotes représentatives. Et profitez-en pour parler de vous, que vous avez tel hobby ou que vous faites tel sport...

Le discours de formation

Plus encore que les autres, le discours de formation demande une connaissance parfaite du sujet, une grande compétence et surtout une méthodologie. Il doit être le plus simple possible. Dans les deux premières minutes, le formateur doit faire intervenir les membres du groupe sous peine d'établir un rapport élève-professeur, qui le fera passer pour un donneur de leçon. L'interaction continue est le principe de base de ce type de prise de parole.

Lorsque vous formez, pensez que votre rôle est de faire trouver par les autres ce que vous savez déjà. Vous connaissez la recette, faites-leur faire la cuisine.

Le discours d'occasion

Ce n'est pas la fonction qui parle, c'est l'individu. C'est le moment de vous faire connaître en tant qu'être humain. C'est le discours affectif par excellence. La convivialité, le sourire, l'anecdote sont de mise. Ce type de discours interdit la lecture mot à mot et privilégie l'improvisation. Evitez de faire des discours d'occasion trop longs. Les gens sont généralement là pour boire un verre, ne les laissez pas se dessécher.

Ce type de discours ne suscite pas de débat.

La s.i.c.a.v. discours

S-imple----------->Vocabulaire	-----	pour	---->	le Fond
I-magé------------>Exemples	-----	pour	---->	les Preuves
C-ourt------------> Concision	-----	pour	---->	le Récepteur
A-éré------------> Ponctuation	-----	pour	---->	la Forme
V-ivant----------->Orateur	-----	pour	---->	l'Emetteur

Argumenter son discours d'effet

Notre argumentation repose sur quelques éléments simples que l'on a tendance à mélanger allègrement pour se donner raison.

De quoi sont faits nos raisonnements ?

Si vous êtes mon assureur et que je vous dis :

«Ce matin en venant, j'ai eu un accident. Il y a un idiot qui a débouché sur ma droite et qui roulait beaucoup trop vite. La preuve, il n'a pas eu le temps de freiner, j'ai entendu ses pneus crisser et j'ai vu une fumée. Il m'a arraché la portière avant droite et l'aile droite de ma voiture. Je suis bon pour aller chez le garagiste. Il va falloir que je loue une voiture pour demain...»

J'essaie de me justifier, de vous prouver que j'ai raison. Mais, en réalité, vous entendez quoi ?

Vous avez entendu **une opinion** : *«Il roulait trop vite.»*

Vous avez perçu **un sentiment** : *«C'est un idiot !»*

Vous avez compris **mon intention d'action** : *«Il faut que j'aille chez le garagiste.»*

Vous en avez tiré **la résonance** : *«Je dois louer une voiture.»*

Mais vous allez retenir **un fait** : *«Il venait de la droite, il a arraché la portière droite...»* Cette petite affaire va vous coûter cher, à vous assureur.

Pour évaluer, vous vous êtes appuyé sur **un fait** : le code français donne la priorité à droite. Elle n'a pas été respectée.

Un fait, toujours un fait.

Commencez par les Faits (objectivité)

Poursuivez par les Opinions (subjectivité de la tête)

Donnez du Sentiment (subjectivité du cœur)

Proposez une Intention d'action (engagement)

Finissez sur la Résonance attendue (conséquences)

Construire son argumentation

Commencez par les Faits (objectivité)

Quand l'orateur, l'animateur ou le formateur parle, il cherche à vendre une idée, une analyse, une décision. Pour ce faire, il est comme tout vendeur : il ne peut obtenir un engagement que sur un accord. Sur quoi avons-nous le plus de chance de nous mettre en accord ? Sur les faits ! C'est donc sur des faits qu'il est bon de démarrer une argumentation.

Le fait peut être un exemple, une anecdote, une statistique, à condition que ce soit représentatif de l'idée qu'il soutient.

Poursuivez par les Opinions (subjectivité de la tête)

Ce sont les analyses, les propositions, les convictions de l'orateur face à ces faits. C'est ici qu'interviennent les arguments, la démonstration, les réflexions. L'opinion est subjective, mais cette subjectivité est le fruit d'un raisonnement qui se veut logique.

Partant du fait, l'orateur démontre sa thèse.

Donnez du Sentiment (subjectivité du cœur)

Les sentiments font partie de nos convictions. Naturellement, ils sont subjectifs, mais cette subjectivité ne passe pas par un raisonnement, elle s'appuie sur du ressenti. Le sentiment n'est pas inutile, il donne de l'humain à ce qui ne serait que démonstrations mathématiques.

L'orateur fait entrer ici les éléments irrationnels et joue la corde sensible.

Proposez une Intention d'action (engagement)

Parler doit se traduire par une volonté d'action. L'orateur tire les conséquences de son raisonnement et de ses sentiments pour marquer les intentions d'action. Comment agir pour aller dans le sens qu'il vient d'étayer sur des faits, démontrer par des opinions, renforcer par des sentiments.

C'est là que les objectifs sont définis, ainsi que les modalités de mise en application pour l'atteindre.

Finissez sur la Résonance attendue (conséquences)

De cette mise en action naîtra une nouvelle situation, qui sera la résonance de cette action, le nouvel état. Le résultat attendu.

Souvenez-vous de ce schéma de construction : **F. O. S. I. R.**

Il n'y a pas assez de femmes en politique !

Si vous commencez par cette phrase d'opinion, vous séparez déjà la salle en deux camps : les «pour» et les «contre». Partir d'un fait indiscutable, c'est partir sur un accord.

■ FAIT : **«En France, la population française en âge de voter est pour 51,4 % féminine. En politique : 8 % de femmes.»**
Si les chiffres sont exacts, personne ne pourra les contredire. (Les faits ne sont pas toujours des chiffres. Il peut s'agir d'exemples, d'anecdotes... Mais ils doivent être reconnus comme indiscutables et indiscutés.)

■ OPINION : **«Ce n'est pas assez ! La politique étant la gestion de la cité, les femmes en sont déjà un élément essentiel... Elles gèrent souvent l'économie familiale, l'éducation des enfants...»**
Ici se développe votre argumentation, la tête.

■ SENTIMENT : **«Nous nous privons du charme féminin, du plaisir d'entendre autre chose que...»**
Ici prend place l'affectif, le cœur, l'irrationnel.

■ INTENTION D'ACTION : **«Il faut agir dans ce sens. Décider d'un quota minimum... donner aux femmes une formation qui... leur donner la possibilité de...»**
Ici le programme, l'action à mettre en œuvre.

■ RÉSONANCE : **«... Dans quelques années, nous aurons ainsi une vie politique plus équilibrée, reflétant réellement...»**
Ici la projection, la conséquence de l'action entreprise.

Les mots réducteurs

Les tics verbaux

Les désobligeants

Les parasites de l'orateur

Pour ne pas donner trop fermement son point de vue, ou parce qu'il perd le fil de sa pensée, l'orateur émaille involontairement son exposé de mots parasites, réducteurs et de tics verbaux qui polluent son message.

Les mots réducteurs

- *«Je crois que»* : vous en êtes sûr ? C'est votre opinion ? Rectifiez tout de suite par *«j'en suis même persuadé»*, cela renforcera l'expression.

- *«Quand même»* : minimise le propos. *«Tout de même»* passe mieux.

- *«Peut-être»* : remplacez-le par *«sans doute»*. Ce sera plus efficace.

- *«J'ai oublié de vous dire que...»* : la répétition courante de cette expression crée le doute. Dites plutôt : *«Je ne vous ai pas encore dit que...»*

«Je crois quand même qu'on pourrait dire peut-être que j'ai un bon petit produit.»

Les tics verbaux

- *«Je dirais, je voudrais dire...»* : au bout du troisième *«je dirais»*, le public a envie de crier *«eh bien dis-le !»*.

- *«Car, donc...»* : les conjonctions de coordination, souvent trop répétitives, ponctuent artificiellement et alourdissent le discours.

Les désobligeants

- *«Il faut savoir»* connoté *«si vous ne savez pas ça, alors vous êtes un idiot !»*.

- *«C'est évident, il est évident que...»* : si je ne sais pas, c'est que je suis un ignare ? Et si c'est aussi évident que cela, à quoi bon le dire ?

- *«Ecoutez»* : mais il écoute, bon sang ! Ne lui rebattez pas les oreilles avec votre *«écoutez»* à chacune de vos interventions.

La chasse aux «euh» est ouverte !

Le euh est un parasite de la famille des euhnomatopées, qui vit à l'intérieur des phrases aux dépens des temps de pause et des silences. Le euh est un grand dévoreur d'espace.

C'est à la queue leu leu que le euh se déplace. Le premier des euh engendre alors toute une ribambelle de petits euh joyeux et ébaubis qui batifolent deçà, delà, en guise de traits d'union dans une syntaxe bardée de points de suspension.

Naturellement, il ne faut pas mettre tous les euh dans le même panier. On trouve des euh de nature tout à fait différente : du euh timide, un peu maigrichon, tout juste perceptible à l'oreille nue, au gros euh bedonnant de santé, bouffi de redondance, qui se gave de temps morts pour meugler, la palette des euh n'est jamais très eurythmique, ni très euphonique.

Pour étouffer l'euh dans l'œuf, il faut être heuristique. Attention ! Le euh pond ses euh plus particulièrement sous les «alors», les «je dirais», et les «je pense que». Derrière eux, vous avez de grandes chances de marcher sur des euh à tout bout de mot.

Bien entendu, étant donné son caractère frondeur, le euh raffole des hésitations, des accrochages et des lapsus linguæ, il faut alors s'armer d'une articulation mordante pour le croquer cru.

Mais le gîte idéal de gestation du euh, c'est bien le trou de mémoire. Le euh s'y love, s'enfle, s'étire, s'élargit et s'étale. Là, le heu est heu-reux ! Là, le euh est euphorique ! Il ne faut pas hésiter à tirer à répétition sur ces heu-là. La répétition de vos derniers mots peut abattre le plus coriace d'entre les heu.

Et puis, res-pi-rez ! Le heu a horreur de la respiration. Une bonne inspiration peut vous tuer plusieurs euh à la fois. C'est dans l'inspiration que le euh expire. L'inspiration sonne l'hallali du dernier des euh.

Pensez-y !... Faites un euh à votre mouchoir !

Savoir improviser

L'improvisation, quelquefois nécessaire, est toujours un bon entraînement pour apprendre à parler en toutes circonstances. Elle fait appel à votre cerveau droit, celui des analogies, des associations d'idées, des métaphores. Votre cerveau gauche est trop sémantique, logique et rationnel pour se lancer comme cela sans savoir où il va. Il vous bloque. Il faut donc suractiver le droit.

Improviser ne s'improvise pas

Je jouais au Théâtre du Palais Royal des scènes en français de commedia dell'arte. En parallèle, Ferruccio Soléri, Arlequin à vie du Piccolo Théâtre, jouait en italien les mêmes scènes. Au bout d'une semaine, n'ayant toujours pas vu ni entendu leurs fameuses improvisations, je lui en ai demandé la raison. Il m'a répondu «Mama mia, improviser ! Sur dix jours, tu seras une fois génial, quatre fois bon, et cinq fois mauvais, et ces cinq fois-là le public a payé !»
Sa seule improvisation consistait à choisir le moment et la durée des «lazzi» qu'il avait travaillés et répétés souvent.

La forme fait naître le fond

Pour bien improviser, il faut se libérer du carcan de l'autocensure :

- Commencez par une affirmation.

- Commencez franchement avec un ton fort.

- Assumez les silences.

- Dynamisez le corps, faites des gestes ouverts.

Les moyens

- Dès qu'il y a blocage, utilisez la répétition. C'est une recette miracle. Cet écho fait à vous-même permet d'alimenter facilement la suite. Cela marche toujours. Essayez !

- Usez de reformulations, de paraphrases, de périphrases... Les mots feront naître les idées.

- Utilisez les chapelets de mots (synonymes, qualificatifs...).

- Exprimez à haute voix les questions que vous vous posez. On suivra mieux votre démarche et vous donnerez un caractère authentique à votre improvisation.

- Evitez les mots restrictifs : *«Je ne sais pas très bien, il est possible...»* Ils sont autobloquants.

- Recadrez sur ce que

vous venez de dire, cela vous aidera pour un nouveau départ.

- Soyez vigilant, la chute se présentera d'elle-même. Soyez prêt à la saisir.

L'entraînement par analogie

Prenez un objet, que vous voyez : un verre, une table, un cendrier... ou une situation que vous connaissez bien... ou un souvenir qui vous a marqué.

Vous avez en tête de nous parler d'un thème. Gardez ce thème en mémoire mais partez sur l'objet, la situation, le souvenir que vous connaissez bien. Parlez-en, décortiquez-le en faisant dès que vous le pouvez un lien analogique avec votre thème.

C'est un exercice que tout le monde arrive à réaliser, je vous l'assure.

Parler par analogie vous servira de support pour une fluidité verbale. Cela devriendra très vite un jeu efficace pour celui qui veut être rompu à l'art oratoire.

Testez-vous

Appliquez-vous à tenir votre analogie tout en donnant les informations que vous souhaitez. C'est beaucoup plus facile que vous ne croyez. Lancez-vous !

- Ma fonction, c'est comme : conduire une voiture, naviguer en bateau, une armoire, un clavier de téléphone, un instrument de musique, mon premier appartement...

- Mon entreprise, c'est comme : un corps humain, une montre, un agenda, une cafetière électrique, mon premier amour...

- Ma vie, c'est comme : un chemin de montagne, une rivière, une maison, un arbre, une cigarette, mon premier voyage à l'étranger...

Voulez-vous expliquer votre management ? Avec une tasse de café...

Analysez les objets : une tasse, une soucoupe, du café, une petite cuillère, du sucre. Commencez par dire «Mon management, c'est comme cette tasse de café», le reste suivra...

Il y a le contenant et le contenu. Le contenant, ce sont les idées de chacun des membres de l'entreprise, ou de mon service. Mon management, c'est un peu comme cette cuillère qui doit touiller l'ensemble pour lui donner une unité. Bien sûr, tout n'est jamais parfait, tout n'est jamais facile et quelquefois on risque d'être un peu trop directif quand on commande. Alors, ma façon de manager, c'est aussi le sucre que j'y mets parfois pour adoucir les effets qui peuvent nuire à la bonne ambiance. Quand on a du café dans une tasse, on peut aussi faire des taches, on peut se tromper. C'est la raison pour laquelle j'ai une sous-tasse qui me supporte, ce sont mes collaborateurs directs, ceux qui soutiennent mon action, qui m'aident et sur lesquels je m'appuie. Mon management, c'est aussi de la convivialité. Quoi de plus convivial que de boire ensemble une tasse de café ! etc.

Vous pouvez jouer à ce jeu-là avec n'importe quel objet...

Je suis un stylo ?

Je suis le capuchon de ce stylo. Ma fonction est de couvrir un service, une équipe. Je suis aussi la plume de ce stylo, parce qu'un chef doit être en avant de ses collaborateurs, il doit tracer le chemin. Mais la cartouche de ce stylo, c'est le travail de chacun, la connaissance de tous. Sans cette encre, ma plume de chef restera sèche, etc.

Un souvenir ?

La première fois que je suis monté à bicyclette ?

Mon management, c'est comme quand on apprend à monter à bicyclette. Au commencement, on cherche d'abord la stabilité. On regarde sa roue, on choisit la bonne position. Quand on prend ses fonctions, c'est pareil. Il y a toujours ce moment de rodage, où l'on essaye de maintenir l'équilibre entre le passé et le présent. Quand on est plus à l'aise, que l'on a bien huilé les rouages pour que chaque pignon de la roue fasse son travail sans grincer, et que l'on a trouvé la bonne tension pour que la chaîne entraîne tout le monde, on peut changer de vitesse. On fait avancer le vélo plus vite et dans la direction choisie. Et puis, petit à petit, on apprend à regarder plus loin que la roue. C'est aussi le rôle du manager de «voir plus loin». Ce n'est que lorsqu'il tient bien sa machine, qu'il maîtrise son allure, que le cycliste va pouvoir modifier sa trajectoire pour s'adapter au terrain. C'est aussi le rôle du manager que de savoir s'adapter au nouveau paysage et d'infléchir son management en conséquence. Bien sûr, il y a des côtes, des faux plats et là, il faut appuyer fort sur les pédales.

Quand on manage, il y a aussi de ces moments difficiles à passer. Mais si l'on a bien managé son équipe, qu'on forme un peloton compact, c'est ensemble qu'on atteint l'objectif. Je ne suis que le capitaine d'une équipe. Nous portons le même maillot et....

Bibliographie

BOON H ; DAVROU J. ; MACQUET J. C., 1985. *La sophrologie.* Paris, Retz.

CARLE E., 1998. *Bien communiquer en public c'est facile,* Alleur, Marabout.

CORNUT G., 1983. *La voix*, Paris, Que sais-je, n° 627.

FURET Y., 1975, *Savoir parler en toutes circonstances*, Paris, Retz.

LEBEL P., 1990. *L'intervention orale*, Paris, Retz.

LEQUENNE M., 1985. *Bien parler en public*, Paris, Les Editions d'Organisation.

LISS J., 1971, *Débloquez vos émotions*, Tchou, Paris.

A retenir en priorité

■ **Les 5 premières secondes avant de parler**
- Ouvrez votre gestuelle vers les autres
- Avancez
- Regardez le public
- Respirez avec le ventre
- Souriez.

■ **La lecture en public à trois temps**
1. Lisez avec les yeux sans parler
2. Levez la tête et regardez le public
3. Dites ce que vous avez lu
Faites des gestes.

■ **Préparez vos fiches. Ce ne sont pas des antisèches ! Légitimez-les dès le début.**
- Ecrivez le mot à mot de votre texte
- Sortez les mots clés

■ **Improvisez ! Entraînez-vous à l'analogie.**

Sixième partie

Les réunions

Il est en réunion !

Je parle de la réunion qui consiste à travailler en groupe, pas de la réunion que mon assistante annonce pour prétexter que je suis injoignable. «Il est en réunion !», cela fait sérieux, on ne peut pas déranger une réunion qui sous-entend de nombreuses personnes. La plupart du temps, il s'agit d'un entretien ou du simple besoin de ne pas être dérangé. Le «il est en réunion» est une bonne couverture... Mais tellement connue !

La «réunionnite» qui sévit dans nos entreprises est une sorte de maniaquerie qui consiste à rassembler des hommes et des femmes pour parler, pour les faire parler, pour leur parler, pour les écouter parler... Peut-être y en a-t-il trop, sans doute sont-elles trop longues, certainement sont-elles mal faites... Toujours est-il que réunir les gens, c'est encore le meilleur moyen que l'on ait trouvé pour les rassembler, pour qu'ils prennent des décisions communes, pour qu'ils posent des questions, pour qu'ils se posent des questions, pour leur poser des questions ou pour qu'ils entendent ensemble, au même moment, un même message.

Si elle est moins évidente dans la vie quotidienne, la «réunionnite» existe aussi en dehors des entreprises. Réunions de copropriétaires, réunions de parents d'élèves, réunions de membres d'un club, réunions associatives... Quelles que soient ces réunions, les groupes fonctionnent de la même manière. Connaître ce fonctionnement est donc aussi utile dans l'entreprise que dans la vie de tous les jours.

Salut ! A la prochaine...

La réunion est à 9 heures. Le premier des participants, Joyeux, arrive en sifflotant avec 10 minutes de retard. Prof, le chef, n'est pas là. Il les connaît, Prof, ses collaborateurs. «Aujourd'hui, il y a réunion. Y en n'a pas un qui sera à l'heure, je peux dormir une demi-heure de plus.» Joyeux promène en souriant son regard sur la salle vide, les tables et les chaises en vrac, le tableau de papier... «Rien n'est prêt, je vais aller boire un café.» Dans le couloir, il rencontre Timide qui se dirige en rasant les murs vers la salle de réunion. «Inutile de te presser, y a personne. Je vais prendre un café. Viens.» «Bon !»... Leurs autres collègues arrivent dans la salle de façon très organisée avec un décalage de 5 minutes entre chacun d'eux. Simplet ne voyant personne pense qu'une fois de plus il s'est trompé de jour, ou d'heure, ou de réunion. Il est en train de vérifier sur son calepin, quand Grincheux arrive en bougonnant. Il est 9 heures 20.

«Ça m'aurait étonné qu'on commence à l'heure ! C'est toujours pareil ! Et y a personne bien sûr, comme d'habitude !». «Y a moi, répond Simplet, je me demandais justement si...»

Prof, le chef qui est en même temps l'animateur, arrive en dernier comme il se doit. Juste après qu'Atchoum a fait tomber le contenu de sa serviette, en prenant son portable. Il n'a pas eu à attendre Prof, c'est déjà ça ! La réunion peut commencer. Timide et Joyeux sont revenus de la cafétéria et Dormeur arrive en bâillant : «Excusez-moi. Je ne me suis pas réveillé !» La réunion «pourrait» commencer si la perspicacité du chef ne lui faisait pas remarquer qu'il avait prévu de passer 76 transparents et que le rétroprojecteur n'est pas dans la salle. Il pique une grosse colère, le chef. Joyeux se propose d'aller quérir le rétro. Il sort en lançant un «vade retro satanas !» qui fait beaucoup rire.

Les tables et les chaises sont installées en moins de 5 minutes et l'on peut commencer. Il n'est même pas encore 10 heures. D'ici midi, c'est largement suffisant. Prof, animateur-manager, a profité de l'attente du rétro pour faire rapidement une sorte d'ordre du jour «On va commencer par ce thème et puis..». «Ah bon, tu veux qu'on parle de ça ?» «Oui ! Pourquoi, ça ne t'intéresse pas ?» «Ben, c'est-à-dire que... Qu'est-ce que tu veux que je dise là-dessus ?» Les autres participants, comme un seul homme et pour marquer l'unité du groupe, acquiescent. Prof en profite «Vous avez rien à dire tant mieux, moi j'ai à parler...». Joyeux revient avec le rétroprojecteur «Vous savez où ils l'avaient mis ?». «Non, mais moi la dernière fois, je l'ai retrouvé dans le bureau de la secrétaire de Machin, sous l'étagère.» «Il faudrait peut-être qu'on lui trouve une place à ce rétro.» «Et si on l'enfermait dans le placard là-bas ?» «Tu as la clé ?» «Non, mais on n'a qu'à la demander.» «C'est pas la peine. Il paraît qu'elle est perdue.» «Moi je propose...» En moins de 15 minutes, le problème rétro est résolu : «On ne changera rien.»

«Bon, passons à cette redéfinition des postes.» lance Prof. «Je vais vous montrer l'évolution de...» Le portable de Atchoum sonne, il sort, il est poli. Dormeur bâille en regardant sa montre.

Et c'est parti pour les 76 transparents qui évoquent une fonction et son évolution, dans le temps, depuis la création de l'entreprise... Ça, c'est intéressant ! Vers 11 heures, on en est à l'année 95...

«Et si on faisait une pause ?» demande Grincheux. «15 minutes de pause !» ordonne Prof, le chef.

A la pause, Joyeux raconte quelques histoires, auxquelles Simplet ne comprend rien, tandis que Grincheux rouspète sur le manque de petits biscuits. «Evidemment, on est toujours les derniers à faire la pause. Les autres sont passés par là !» 30 minutes après, pas une de plus, la réunion reprend... «En 95 donc...»

Il est maintenant 12 heures 35. Prof a donné les grandes lignes de la redéfinition des fonctions du comité. «On n'a pas le temps de faire un débat là-dessus. Mais enfin, vous avez compris vers où je veux qu'on aille...»

«Bon, on y va ?» demande Grincheux. «T'as vu l'heure ! On peut jamais terminer à l'heure.»

La réunion se termine, on n'a pas eu besoin du paper-board, c'est heureux. Il n'y avait pas de papier et les feutres sont secs.

«Salut, à la prochaine, même heure !»

Cette méthode d'inconduite de réunion a fait ses preuves. C'est pour cela qu'elle est tant utilisée en France.

L'INDIVIDU ET LE GROUPE

La réunion fait la force

L'union fait la force ! La réunion devrait la faire aussi. La réunion se caractérise par un travail de groupe ou en groupe. Les groupes peuvent être des groupuscules, de petits groupes ou de grands groupes.

Par «groupuscules», j'entends pas plus de 3 personnes. Ce n'est pas encore un groupe, c'est une forme d'entretien à plusieurs. Nous ne reviendrons pas sur l'entretien.

A partir de 4 ou 5 personnes, on peut commencer à parler de petits groupes, puisqu'il y a effectivement une dynamique particulière, c'est-à-dire un «effet groupe». Ces petits groupes peuvent aller jusqu'à une quinzaine de personnes.

Et puis, il y a les grands groupes : 40, 400, 4000 personnes. A quel moment deviennent-ils une assemblée, un public, un auditoire ?

Le fonctionnement de ces groupes varie, la manière de travailler aussi.

Prendre conscience des phénomènes qui sous-tendent les relations des individus à l'intérieur d'un groupe, c'est se donner les moyens de mieux comprendre, de mieux participer et de mieux conduire ses réunions.

Si toutes les réunions se ressemblent dans leur aspect groupal, elles diffèrent largement dans leurs objets, leurs objectifs et la manière de les animer. Nous nous intéresserons plus particulièrement à la vie des petits groupes (de 5 à 15 personnes). C'est généralement de ceux-là qu'il s'agit quand on parle de réunion.

Qu'est-ce qu'un groupe ?

Il ne suffit pas de rassembler plusieurs personnes pour créer un groupe. Les groupes dits «primaires» existent déjà à l'état naturel. Dans l'entreprise, chaque service, chaque équipe est un groupe. Le comité de direction est un groupe au même titre que les copropriétaires d'un immeuble ou les membres d'un club.

Le groupe est considéré comme tel quand les individus de ce groupe ont une réalité commune, un objectif commun, une appartenance commune et une reconnaissance directe des autres.

Ce sont ces groupes-là, qui se réunissent de façon plus ou moins occasionnelle, dont nous allons parler.

Les caractéristiques d'un groupe

De l'interaction : ce sont les échanges qui vont avoir lieu entre les individus du groupe. Plus il y a d'interaction, plus le groupe est vivant.

Des normes : le groupe va établir une façon de fonctionner, des valeurs auxquelles chacun adhère et où il se reconnaît.

Des objectifs communs : le groupe se fédère sur des tâches, des centres d'intérêt et des problèmes qui le concernent directement.

Des réactions collectives : le groupe réagit collectivement aux événements, à l'environnement hostile.

Des comportements affectifs : les individus du groupe vont établir des rapports sympathie-antipathie entre eux.

Un inconscient collec-

Le nouveau groupe vient d'arriver

Si vous rassemblez des gens qui ne se connaissent pas pour les faire travailler ensemble, vous aurez une évolution des comportements en 5 phases :

Phase 1 - Inquiétude, angoisse, surprise, questions, blocages.

Phase 2 - Les individus avancent masqués. Les échanges sont respectueux.

Phase 3 - Les oppositions apparaissent, les agressivités, chacun se défend en attaquant.

Phase 4 - Besoin de structuration, organisation, méthode.

Phase 5 - Coopération, production commune, progression. ... un nouveau groupe vient de naître !

tif : le groupe engendre un inconscient collectif, qui naît de son histoire, de son passé, de son vécu.

La dynamique de groupe

L'ensemble de ces caractéristiques va créer la dynamique du groupe.

On peut définir la dynamique de groupe par l'expression de ces deux aspects :

1. Les phénomènes psychosociologiques qui se produisent dans les petits groupes.

2. Les méthodes qui permettent d'agir sur l'individu, en passant par le petit groupe, et celles qui vont agir sur le petit groupe, en passant par l'individu.

La somme des individus d'un groupe ne fait pas le groupe.

L'âge mental du groupe

Nous savons très bien que nous faisons en groupe des «bêtises» que nous ne ferions pas tout seul.

On dit communément sous forme de plaisanterie que «l'âge mental moyen d'un groupe est de 10 ans». Cela n'est pas faux dans son principe. C'est cet aspect-là qui va souvent donner au groupe sa force et son intérêt.

Ainsi rassemblés, les participants vont oser ce qu'ils n'oseraient pas tout seuls. Ainsi réunis, les individus vont pouvoir sortir des cadres de référence et devenir plus créatifs.

Le groupe est une entité

Le groupe a sa vie propre, son vécu. Aucun groupe n'est identique à un autre. Voilà ce que devraient retenir ceux qui animent des réunions, en ne tenant pas compte du particularisme de chaque groupe.

Malgré ce particularisme, on peut classer les petits

groupes en deux typologies totalement différentes : les groupes homogènes et les groupes hétérogènes.

Les groupes homogènes

Ils sont composés de participants ayant sensiblement le même profil : spécialistes de ceci ou de cela (les experts en balistiques se réunissent pour parler d'Argos) ; professions identiques (les chirurgiens cardiologues se réunissent pour partager leurs recherches sur la greffe du cœur) ; caractéristiques spécifiques (les bègues se réunissent pour parler...).

Ces groupes vont avoir pour eux une connaissance pointue d'un problème. Ils pourront travailler avec bonheur dans des réunions de discussion, des réunions d'information et de résolution de problème. Ils auront peu de pouvoir créatif.

Les groupes hétérogènes

Les participants ont des cultures différentes, des vécus différents, des connaissances différentes.

Un groupe de comité de direction réunit des fonctions différentes : le directeur financier, le directeur du marketing, le directeur commercial, le directeur de la communication, etc. On pourrait croire qu'il s'agit d'une certaine façon d'un groupe hétérogène. Chacun pouvant de son point de vue voir le même problème, ils pourront l'analyser, le radioscopier sous des angles différents. Pourtant, on peut considérer qu'il ne s'agit pas d'un tel groupe, ne serait-ce que parce qu'ils ont la même culture d'entreprise.

S'il s'agit d'un directeur financier d'une société, d'un directeur commercial d'une autre, d'un directeur marketing d'une troisième, etc., nous aurons un groupe déjà plus hétérogène. Tout de même, ils auront en commun d'être des directeurs, de faire partie chacun d'un comité de direction, d'avoir un statut équivalent.

L'hétérogénéité sera d'autant plus pure que les individus seront le plus éloignés possible en termes de fonctions, de besoins, de motivations, d'intérêts.

Les groupes hétérogènes seront particulièrement efficaces dans les réunions de discussion et de créativité.

Le groupe hétérogène s'enrichit de la diversité des individus. Le «naïf» peut voir avec d'autres yeux que ceux qui y sont plongés quotidiennement.

Les groupes dits «sauvages» sont des groupes souvent hétérogènes, faits d'individus qui ne se connaissent pas et ne se reverront peut-être jamais.

L'influence de l'individu sur le groupe

Des facteurs positifs : la diversité

Les individualités différentes vont enrichir le groupe. Chacun apportant avec lui ses qualités et ses défauts, ses motivations, ses besoins, sa façon de voir les choses, le balayage des analyses, des réflexions, des solutions sera plus large.

Mais, comme rien n'est jamais parfait, certains facteurs de cette diversité peuvent créer chez le participant des réactions particulières.

Des facteurs négatifs : les motivations

Les blocages culturels : Notre culture, notre environnement sont un frein non négligeable à notre adaptabilité au groupe. Nous avons des convictions, des valeurs que nous avons du mal à remettre en cause.

Les blocages de fonction : La fonction que nous avons dans un groupe, le pouvoir hiérarchique par exemple, va nécessairement influencer la position des autres participants. Le statut connu des autres participants peut réduire leur liberté d'expression.

Les blocages affectifs : L'antipathie ou la sympathie que j'ai pour certains membres du groupe et celle qu'ils ont vis-à-vis de moi est un élément important d'influence.

Les blocages de conformisme : Sortir du cadre de référence est, nous l'avons dit, un comportement difficile à vaincre. Le «nous avons toujours fait comme ça» ne prédispose pas à l'idée neuve, à l'originalité.

L'influence du groupe sur l'individu

Le groupe effectue une pression sur chaque individu. Cette pression prend plusieurs formes : pression de conformité, qui peut pousser l'individu à réagir comme les autres pour leur ressembler. Pression des certitudes : si l'on est plusieurs à penser cela dans le même groupe, on aura du mal à changer d'opinion. Pression de la survie du groupe : la cohésion des individus se renforce pour exister. Pression par relations affectives : «J'aime bien ces gens-là, je vais penser comme eux.»

De l'influence du groupe et de l'individu (Expérience de Asch)

Un sujet naïf est placé par un tirage au sort truqué en avant-dernière position. Les 7 participants qui vont parler avant lui sont des compères. Après une série d'autres expériences où le «naïf» a trouvé ses réponses conformes à celles des autres, et par conséquent créé une sorte d'adhésion à leurs opinions, Asch présente aux participants un carton avec un segment de droite «étalon» et, sur un autre carton, 3 segments de droites, dont un correspond à l'étalon et deux autres segments de longueurs différentes. Quel est de ces trois segments celui qui est identique à l'étalon ?

Quelle n'est pas alors la stupeur du sujet naïf d'entendre que tous ceux qui parlent avant lui donnent séparément une réponse aberrante. L'influence des autres est telle que 32 % des naïfs donneront les mêmes réponses fausses que les autres. En revanche, si un seul de ceux qui le précèdent donne la réponse conforme à son opinion, il l'assume. C'est donc l'unanimité qui va influencer l'individu.

Cette influence du groupe commence en fait à 4 personnes.

On constate aussi que chaque membre du groupe peut, par son comportement, influencer le comportement des autres.

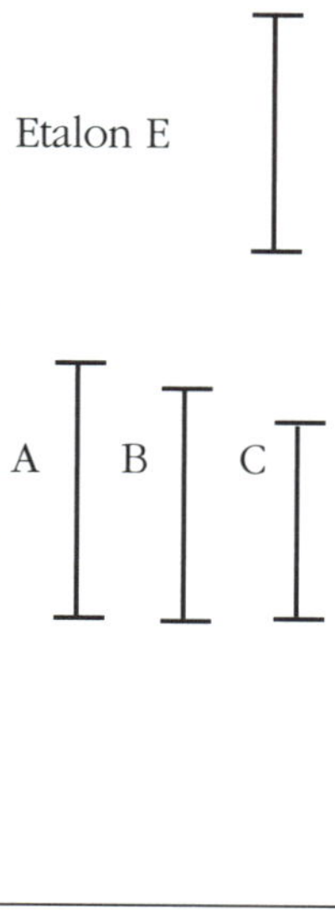

La fonction production

La fonction relationnelle

Les deux fonctions du groupe

Comprendre la communication interpersonnelle à l'intérieur d'un groupe, c'est l'analyser sous deux angles différents : celui de la tâche et celui du relationnel.

La fonction production

Elle est axée sur la tâche.

Quel en est le contenu ?

Son objectif est-il bien défini ?

S'agit-il d'informations descendantes ou transversales, de problèmes à analyser et à résoudre ?

De simples discussions ou de décisions ?

Quelle est la représentation que chacun s'en fait ?

C'est souvent par une mauvaise compréhension de la situation et du travail à faire que le groupe va avoir du mal à atteindre ses objectifs. Encore faut-il que cet objectif soit perçu de la même manière.

La fonction relationnelle

C'est la fonction de survie et préservation du groupe. C'est l'interaction des individus dans le groupe. Elle a un double aspect.

Une fonction de facilitation

On s'intéresse là à la fréquence des prises de paroles. Qui parle ? Combien de fois ? Qui s'adresse à qui ? Quand parle-t-il ? Quels sont les changements d'attitudes que l'on peut observer ?

Ce fonctionnement doit être pris en compte par l'animateur d'une réunion, puisque ce sera à lui de faire participer tout le monde, de faire adhérer aux propos, de relancer pour faire parler, de donner des pistes, etc.

Une fonction de régulation

C'est le traitement des conflits, le maintien d'un équilibre. Cette fonction d'équilibre et de stabilité est nécessaire au bon fonctionnement de la facilitation et de la production.

Naturellement, ce fonctionnement dépendra de la nature de la réunion, du type de management, de l'animateur, de l'ambiance créée, des consignes et des normes établies.

La difficulté sera justement de laisser faire ce «naturel» indispensable et de savoir aussi le canaliser.

Le groupe a donc une énergie potentielle. Cette énergie trouvera une valeur optimale, si le groupe parvient à équilibrer sa fonction production et sa fonction relationnelle. Il peut arriver qu'un groupe ait des résultats très satisfaisants quant aux objectifs atteints, mais si la fonction relationnelle se détériore au bout d'un «certain temps», la production s'effondrera.

Simple à comprendre : le relationnel étant mauvais, les conflits s'instaurent, les rétentions d'informations, les «chacun pour soi» déteindront sur la fonction production du groupe. Le groupe n'existera plus en tant que groupe, mais en tant qu'addition d'individus isolés.

A l'inverse, si la fonction facilitation est très forte, le groupe devient une bande de copains centrée sur l'affectif et le relationnel. Le groupe ne fonctionne pas pour atteindre un objectif, mais pour être ensemble.

De la même manière, si les situations conflictuelles s'amplifient, l'objectif sera alors oublié au profit des règlements de compte. Ces conflits peuvent naître, par exemple, dans la lutte de plusieurs individus pour prendre le leadership.

Le leadership

Selon K. Lewin, «le leadership est une production du groupe» (in *Psychologie de la Communication*. Abric).

Nous avons dit que le groupe a une énergie potentielle. Cette énergie crée des tensions et ces tensions créent des besoins. Pour répondre à ces besoins, apparaît le leader.

Naissance d'un leader

Etre leader n'est pas un statut. Le leader ressent les besoins du groupe à un moment donné et sait y répondre. Il n'est donc pas lié directement à sa fonction hiérarchique. Ce leader est l'émanation de la dynamique propre du groupe à un moment de sa vie. Il peut changer en d'autres temps, si les besoins du groupe changent.

Il n'est pas rare de voir dans certains groupes deux leaders : l'un installé dans la fonction production, l'autre dans la fonction relationnelle. Si ces deux leaders sont complémentaires, l'équilibre est établi pour un temps.

Le chef doit être aussi un leader

Le chef a un statut établi. Son rôle est bien défini. Il conduit son équipe. C'est le patron reconnu comme tel.

Sa qualité de chef en fait le responsable. Cela ne suffit plus !

L'expérience prouve que, si le chef n'est pas un leader ou si le leader n'est pas le chef, il faut s'attendre à des déboires et des échecs considérables.

D'ailleurs, les qualités que l'on demande au chef et au leader ne sont pas les mêmes. Dans le meilleur des cas, elles seront complémentaires.

L'animateur ni chef ni leader

Nous le comprenons bien : manager un groupe ne sera pas chose facile pour l'animateur de la réunion. Prendre en charge autant de fonctions, de relations, de réactions, de comportements demande un savoir-faire, qui va passer par quelques éléments incontournables, et des attitudes bien définies.

La fonction d'animateur

Bien animer un groupe se fera d'autant mieux que l'animateur n'a pas de pouvoir hiérarchique. L'animateur n'est pas en concurrence de leadership, bien au contraire.

Dans les cas d'une très bonne animation, on peut très bien imaginer que l'un des membres du groupe prenne l'animation à son compte.

Dans la réalité, bon nombre d'animations de groupes sont dirigées par le chef.

Le leader est une étoile

Au pont d'Arcole, Bonaparte n'est pas le chef, c'est le leader. Personne n'ose passer, c'est impossible. Il prend le drapeau et prouve qu'on peut y aller. Tout le monde le suit. A Austerlitz, il est le chef et le leader. On l'admire et on le respecte.
A Waterloo, il n'est plus que le chef. Son étoile de leader s'est ternie. Les généraux ne sont plus consultés, ils ne veulent plus le suivre. Ils exécutent les ordres par obligation. La sociométrie (qui va s'intéresser au relationnel des individus dans le groupe) donne au leader le nom d'étoile.

Le rôle de l'animateur, compte tenu de ce que nous avons noté précédemment, est de canaliser l'énergie potentielle du groupe et d'entretenir un équilibre entre la fonction de production et la fonction relationnelle. En privilégiant l'une ou l'autre, selon le cas.

Chef et leader

Les qualités du chef
Il est fiable.
Il ne fait pas nécessairement partie du groupe.
Il fixe des objectifs clairs.
Il fait respecter les consignes.
Il écoute.
Il est responsable.
Il guide et conduit le groupe.
Il évalue et prend les décisions.

Les qualités du leader
Il répond aux besoins ponctuels du groupe.
Les autres se reconnaissent en lui.
Il est plongé dans le groupe.
Il comprend les autres et les représente.
Il est séducteur et est aimé.
Il influence de l'intérieur.

Doctoral

Directif

Participatif

Laisser faire

Adapter son management

4 styles d'animation

L'animateur a sa personnalité. L'adapter au groupe avec lequel il travaille et aux objectifs qu'il souhaite atteindre fait partie de son savoir-faire.

Doctoral

Ce n'est pas une animation. L'information est en sens unique. Il y a un émetteur et des récepteurs. C'est de la prise de parole en public. Un débat peut suivre parfois.

Directif

L'animateur impose ses objectifs et ses idées à la fois. Il organise, donne la parole, la retire. Impose ses points de vue. N'explique pas ses décisions, ne justifie pas ses évaluations. Il donne de bons points et de mauvais points. Le groupe s'exprime peu.

Participatif

Il établit un objectif commun. Ecoute et reformule en tenant compte des opinions divergeantes. Fait trouver les solutions par les autres (maïeutique). Il encourage les échanges entre participants. N'impose rien, mais propose. Il facilite l'expression libre et tient compte des minorités.

Laisser faire

L'animateur n'intervient pas. Il observe sans jugement. Il ne participe pas. Il se laisse manger par le groupe. Il démissionne de ses fonctions.

Ces styles d'animation ne sont que des tendances avec toute une palette de possibilités adaptées à la situation, au groupe, aux objectifs de la réunion, à la dimension du groupe.

Adapter son management

Les petits groupes (de 4 à 15 participants)

Les participants suppor-

J'ai appris mon métier d'animateur sous la direction d'un des meilleurs formateurs que je connaisse : Jean Jacques Féménia. Jean Jacques aime à dire et à répéter : «Un formateur a les participants qu'il mérite.» C'est bien notre style d'animation qui conditionne la bonne marche de nos réunions.

tent mal le management directif. Ils ont besoin de convivialité. Ils se prennent en charge. Ils s'expriment avec moins de pudeur que dans un grand groupe.

Le groupe est créatif. On peut travailler en étoile.

Les grands groupes (plus de 15 participants)
L'objectif est nécessairement imposé. Les consignes sont directives. Le groupe est peu créatif. Les participants travaillent en linéaire. Il est souvent nécessaire, quand le groupe est trop important, de créer des sous-groupes pour dynamiser l'action et faciliter les échanges.

Le groupe idéal au travail

Une atmosphère plutôt informelle, confortable et détendue.
Un leadership souple.
De nombreuses interactions entre les participants.
Une écoute de tous par tous.
Une reconnaissance de l'autre dans sa différence.
Une absence d'attaque personnelle.
Une liberté totale d'expression.
Une tâche bien définie et acceptée par tous.
Des responsabilités claires.
Des décisions prises en consensus.
Des actions décidées qui seront respectées.

A retenir en priorité

■ **Le groupe**
Existe à partir de 4 personnes.
Une entité homogène ou hétérogène.
Petit groupe : jusqu'à 15 participants.
Grand groupe : au-delà.

■ **Les deux fonctions du groupe**
La fonction production : centrée sur la tâche.
La fonction relationnelle : centrée sur les rapports affectifs entre les individus du groupe.
Ces deux fonctions doivent s'équilibrer.

■ **Le leader répond ponctuellement aux besoins du groupe.**

■ **Un bon manager doit être à la fois chef et leader.**

■ **4 styles d'animation :**
Doctoral : l'animateur est le seul à parler.
Directif : l'animateur parle les 3/4 du temps.
Participatif : l'animateur parle 1/4 du temps.
Laisser faire : l'animateur parle très peu.

PRÉPARER SA RÉUNION

Une de plus ?

«Encore une de plus», «c'était déjà décidé avant», «je me demande à quoi on sert», «on perd son temps», «j'y vais parce qu'il faut y aller», «que de temps perdu...».
Voilà, en résumé, ce que l'on entend dans les entreprises à propos des réunions. Dans la vie de tous les jours, c'est à peu près la même chose : «j'ai donné un pouvoir pour me représenter», «je veux bien y aller mais pour quoi faire», «ça sert à rien de discuter des heures», «on parle, on parle et il ne se passe jamais rien»...

Tout le monde le sait, tout le monde le dit et le redit, tous les animateurs le comprennent (parfois à leur détriment) : une réunion, ça se prépare.

Tout le monde le sait et personne ne le fait. Pourquoi ? L'impression de perdre son temps, l'impression que l'on connaît la musique, l'illusion que l'on sait faire !

Nous pensons surtout que les animateurs de réunion n'ont pas de méthode claire, d'outils faciles à mettre en œuvre. Les voilà, ces outils et ces méthodes.

Appliquez-les, vous gagnerez du temps et vos réunions seront plus efficaces. Tout bénéf !

L'animateur d'une réunion, quelle qu'elle soit, doit préparer celle-ci de façon à cerner clairement deux composantes : **l'objet de la réunion et l'objectif de la réunion.**

Pour cela, il faut qu'il sache où il va, avec qui il y va, comment il y va.

5 types de réunion

Quelles réunions

Si aucune réunion n'est semblable à une autre, puisque chaque groupe a son identité, il est tout de même possible de classer ces réunions dans une typologie claire.

Nous ne parlons ici que des réunions centrées sur la tâche. Laissons aux psychologues et aux experts, les réunions centrées sur le groupe.

Ces réunions-là ne demandent pas de préparation spécifique, mais exigent un savoir-faire à prendre avec des baguettes.

La typologie que nous vous proposons va s'appuyer sur l'un des deux facteurs dont nous venons de parler : **l'objet de la réunion et son objectif.**

L'objet, c'est de quoi on va parler. L'objectif, c'est dans quel but on va en parler.

5 types de réunion

- La réunion de discussion.
- La réunion d'information (descendante ou ascendante).
- La réunion de formation.
- La réunion de résolution de problème.
- La réunion de créativité.

Naturellement, il peut y avoir un peu des autres dans chacune d'elles.

La réunion de formation, c'est aussi de l'information ; résoudre un problème demande parfois de la créativité !

Etude prélable de la situation

Etude préalable du thème général

L'objet de la réunion

Posez-vous deux questions en préalable, deux questions qui peuvent réduire considérablement le nombre de vos réunions : de quoi allons-nous parler au cours de cette réunion ? Est-ce que cette réunion est utile ? Très honnêtement, si elle ne l'est pas, ne la faites pas ! Si elle l'est, préparez-la.

Etude préalable de la situation

L'animateur ne réunit pas les membres du groupe sans s'être posé des questions sur la situation qui nécessite cette réunion.

- Ma connaissance de la situation est elle suffisante ?
- Est-ce que c'est bien à moi de parler de ce thème ?
- Quelles sont les informations qui me sont nécessaires ?
- Qui contacter pour en savoir plus ?

L'animateur va rechercher les faits qui justifient cette réunion. Ces faits seront des exemples, des chiffres, des analyses, des audits... enfin, tout ce qui va renforcer la nécessité de se réunir.

Etude préalable du thème général

Ce n'est pas parce que l'animateur sait de quoi on va parler que le tour est joué. Il va lui falloir, sans doute, découper ce thème général en plusieurs thèmes particuliers. Son premier devoir étant d'organiser son ordre du jour, l'animateur hiérarchise les points à aborder.

Ce n'est que lorsque ces points seront ordonnés qu'il préparera la structure de son introduction. Disons-le tout de suite, le démarrage d'une réunion est un moment capital.

L'objectif de la réunion

Réunion de discussion

- Partage de savoir

Le but est d'échanger. Le rôle de l'animateur sera la facilitation de l'expression de tous. Il aura une fonction de régulation.

Les thèmes abordés le sont avec précision et étudiés le plus loin possible. On ne cherche pas systématiquement à trouver les solutions.

Réunion d'information

- Faire savoir

Descendante

L'objectif de l'animateur est de passer des informations personnelles ou de retransmettre des messages venus d'ailleurs.

Montante

C'est le feed-back. C'est par un questionnement de groupe que l'animateur va recevoir les informations et sans doute des questions.

Réunion de formation

- Savoir faire

Deux étapes :
- L'étape information : ce que l'animateur sait.
- L'étape apprentissage : ce que les participants ont acquis.

Réunion de résolution

- Pouvoir faire

L'objectif est de résoudre un ou plusieurs problèmes. Le problème doit être bien posé, clairement identifié par tous. La réunion doit apporter des solutions concrètes et un plan de mise en action.

La réunion de créativité

- Faire faire

Les objectifs peuvent être différents, mais ils passent tous par un même passage obligé : sortir du cadre de référence. C'est une réunion qui, outre le fait de trouver des solutions hors des sentiers battus, peut-être une manière de «team building».

Réunion de discussion
Observation. Ecoute. Questionnement. Régulation.

Réunion d'information descendante
Objectivité. Clarté. Faits. Supports. Contrôle.

Réunion d'information montante
Observation. Ecoute. Questionnement. Régulation.

Réunion de formation
Savoir. Pédagogie. Interaction. Apprentissage.

Réunion de résolution
Méthodologie. Organisation. Analyse. Décision.

Réunion de créativité
Flexibilité. Non-directivité. Non-évaluation. Rire.

Les participants et le contenu

Les participants et le groupe

Qui seront les participants ?

Maintenant que je sais de quoi nous allons parler et pourquoi nous allons parler, avec qui doit se faire cette réunion ?

Les participants et le contenu

- Sont-ils vraiment impliqués et en quoi ?

- Quelle connaissance ont-ils du thème ?

- Doivent-ils préparer eux aussi cette réunion ?

- Quels documents leur faire parvenir ?

Les participants et le groupe

Combien seront-ils ? Se connaissent-ils ? Quelles fonctions occupent-ils ? Risque-t-il d'y avoir des problèmes de hiérarchie ? Quelles sont leurs relations habituelles de travail ? Le groupe est-il homogène ou hétérogène ?

Attention ! Si c'est un groupe déjà constitué, faire entrer un «étranger» peut être très néfaste. Le groupe a une entité.

Prédiction confirmée

En général, on connaît les membres du groupe, on les a «pratiqués», on a son idée sur la manière que chacun aura de réagir à certaines situations. Vous risquez, par le phénomène bien connu de la «prédiction confirmée», de conditionner l'autre pour qu'il devienne, sans vous en rendre compte, ce que vous aviez prévu qu'il serait et, à la sortie, vous direz «je l'avais dit. Je le savais qu'il réagirait comme cela !».

Où ?
Quand ?

Où ? Quand ?

Maintenant que vous avez cerné le thème de votre réunion. Maintenant que vous savez quel type de réunion vous souhaitez. Maintenant que vous connaissez qui seront les participants et combien ils seront. Maintenant, choisissez le lieu où cette réunion va se dérouler et quand elle se déroulera.

Où ?

Vous choisirez votre salle en tenant compte du type de réunion et du nombre de personnes. Etre à l'aise est important, mais attention : entre «un peu petite» et «un peu trop grande», il vaut mieux choisir «un peu petite» à peu près dans tous les cas.

La relation interindividuelle passe mieux. Si vous n'avez qu'un «hangar» ou un «gymnase», délimitez-le au mieux.

Essayez votre voix, l'acoustique est importante, et vérifiez que les éclairages vous permettent de voir tout le monde et d'être vu par tous. La lumière du jour est préférable.

Déplacez-vous pour avoir l'espace animation «dans les jambes», comme disent les comédiens.

Quand ?

Vous avez choisi la date ou il s'agit d'une date habituelle. Prévoyez des réunions courtes si possible. Evitez de dépasser une heure sans faire de pause. Même réduite, cette pause est nécessaire.

Faites votre découpage préalable du temps que vous souhaitez impartir à chaque séquence.

Adressez ou faites adresser l'ordre du jour prévu à chaque participant. Prévoyez toujours une plage à expression libre.

«C'est la raison pour laquelle... Pause !»

Il est habituel de faire les pauses en fin de séquence. Avant le changement de thème. Avant de passer à un débat. Cette coupure va donc se faire après une chute. Une fin de parcours. En revenant, on passe à autre chose, une nouvelle intro, un nouveau démarrage, une nouvelle mise en situation...

Lorsque j'étais metteur en scène, je me suis souvent heurté à la coupure de l'entracte au théâtre. Avec des adultes, le soir, cette coupure n'était pas trop grave, mais en matinée avec des adolescents... Je ne vous raconte pas le retour pour l'acte suivant ! Dix minutes pour obtenir l'attention.
J'ai trouvé la solution au Théâtre de la Porte Saint-Martin à Paris. 1200 adolescents qui rient, se lancent du pop corn, froissent des bonbons et pas question d'annuler l'entracte (le directeur ne vendait pas de beurre, mais faisait le sien). J'ai décidé de faire baisser le rideau sur des personnages figés dans une action. L'entracte avait donc lieu autre part qu'en fin d'acte. Au retour, on repartait sur cette image arrêtée. Nous avions une écoute presque instantanée.

Comment font-ils dans les feuilletons pour que vous ayez envie de voir l'épisode suivant ? Ils coupent au moment important, crucial ! Faites donc de même dans vos animations, ça marche ! Prévoyez vos pauses au moment fort, pas après une finale où tout le monde est démobilisé... Vous les raccrocherez mieux et plus vite au retour.

Installation des participants

La disposition des tables reflète déjà le style de réunion et d'animation.

La disposition classe d'école : «ensemble sous mon autorité»

Eventuellement pour des réunions d'information. Mais c'est une disposition qui rend certains proches de vous, d'autres éloignés. Pour de l'interaction, c'est peu souhaitable et carrément inenvisageable pour un groupe de discussion.

La disposition en rond : «tous égaux»

La table ronde est réservée au groupe de 4 à 6 personnes. Elle facilite les échanges conviviaux.

Les tables disposées en rond permettent de voir tout le monde. Effet bénéfique aussi pour se centrer sur la tâche.

La disposition face à face : «à armes égales»

C'est la disposition des négociations frontales (syndicats-patrons) . Il y a deux porte-parole, pas d'animateur.

La disposition en U : «ensemble sous ma responsabilité»

Elle permet une ouverture et le passage de l'animateur qui souhaite avoir des moments privilégiés de contacts rapprochés et d'autres plus éloignés. Tout le monde voit le tableau de papier, la vidéo ou le rétro.

DISPOSITION DES TABLES

Salle de réunion non préparée !

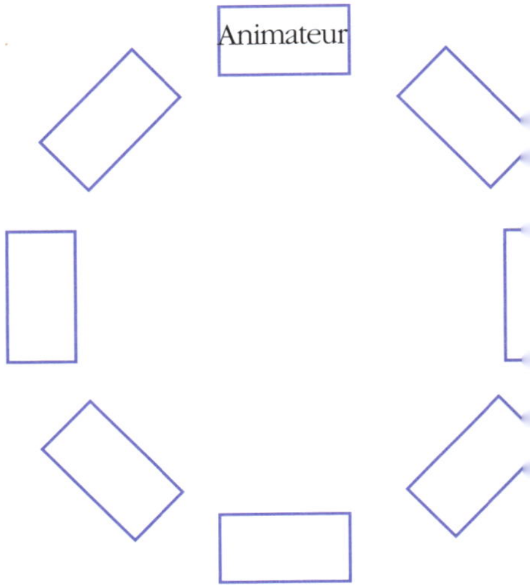

«Tous égaux»

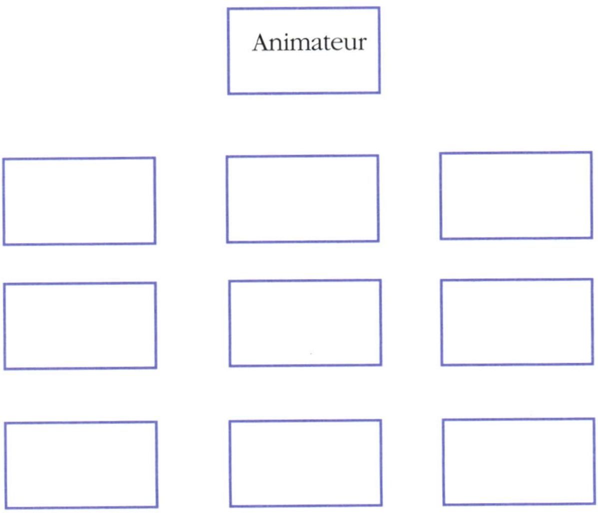

«Je parle... vous m'écoutez.»

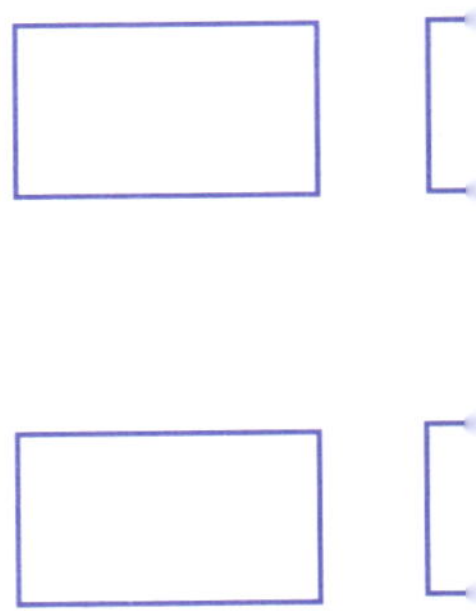

Disposition en U

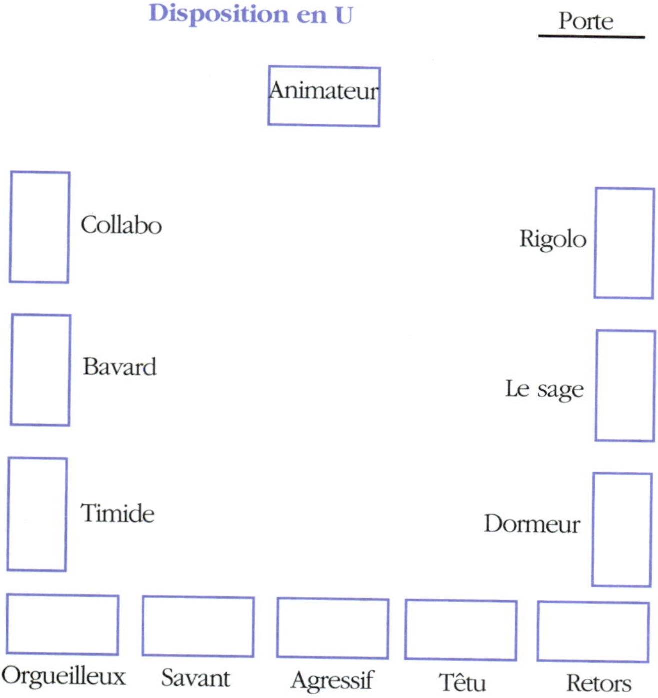

Proposition souvent confirmée des places choisies par les participants.

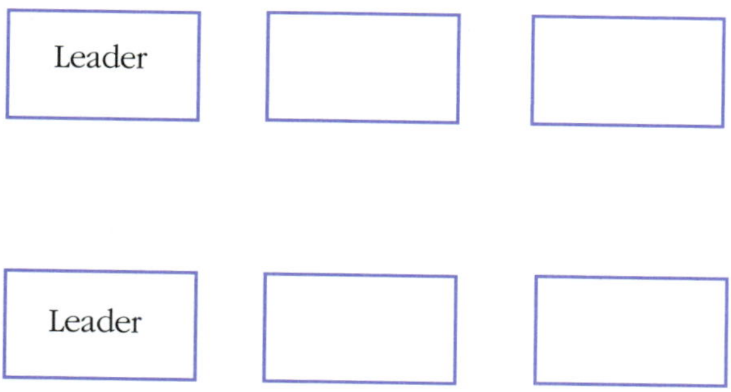

A armes égales

A retenir en priorité

■ **5 types de réunion**
- De discussion
- D'information (descendante ou remontante)
- De formation
- De résolution de problème
- De créativité

■ **Préparer son ordre du jour est incontournable !**

■ **Définissez**
- L'objet de la réunion, c'est «de quoi on va parler»
- L'objectif de la réunion, c'est : «dans quel but on va parler»

■ **Posez-vous 7 questions :**
- Qui sont les participants ?
- Sont-ils informés et de quoi ?
- Doit-on les informer en amont de la réunion ?
- Où se passe la réunion ?
- Quand et pour combien de temps ?
- Avec quel matériel ?
- Comment installer les participants ?

ANIMER SA RÉUNION

Animer, c'est donner la vie

«Conduire, mener, diriger, manager... une réunion.» Autant de termes qui nous semblent trop connotés de directivité pour expliquer le rôle que doit jouer l'animateur. Nous préférons tout simplement le mot animer.

«Animer», c'est donner la vie. Dans le chapitre I, nous avons vu que le groupe porte en lui une énergie, une dynamique potentielle. Le rôle de l'animateur est de favoriser, de susciter cette énergie. Il en est le révélateur. Mais un révélateur qui n'est pas neutre.

Son rôle est un rôle d'observateur actif du groupe.

Il doit faire cohabiter deux attitudes apparemment opposées :

1. Etre le garant de la bonne marche du groupe au travail, du respect des consignes, de la fonction production du groupe.

2. En même temps, cette attitude de contrôle doit être suffisamment ouverte pour permettre une bonne fonction relationnelle.

De la résultante de ces deux attitudes naîtra **«un climat»**, **«une ambiance»**, qui sont des facteurs essentiels pour réussir une bonne réunion.

Commencez par des questions ouvertes.

Bien commencer sa réunion

La première des lois, la plus importante, la plus nécessaire, la plus fondamentale, la plus catégorique, la plus indiscutable, la plus logique, la plus naturelle, la plus incontournable, la plus efficace, la plus simple, la plus compliquée, la plus indispensable, la plus évidente, la plus stricte, la plus rare... et pourtant la moins pratiquée : c'est de commencer à l'heure !!!

Si vous avez le malheur de commencer en retard, vous aurez des retardataires de plus en plus nombreux les fois suivantes et vous commencerez de plus en plus tard.

Pour vous, animateur, être à l'heure, c'est être là avant l'heure.

Un départ au coup de sourire

Nous l'avons dit, le climat, l'ambiance sont des facteurs qui vont conditionner une bonne ou une mauvaise réunion. Alors, même si ce que vous avez à faire n'est pas franchement drôle, pensez que sourire ne veut pas dire se «tordre de rire», «s'esclaffer», «s'éclater» mais tout simplement «je suis heureux de vous voir et de travailler avec vous».

La présentation

Faites-vous connaître (si vous ne l'êtes pas) en quelques mots. Ne racontez pas votre vie. C'est le moment de montrer que vous ne manquez pas d'humour.

N'en faites tout de même pas trop non plus. Une chose est d'être présenté par quelqu'un, autre chose est de se présenter soi-même.

Voulez-vous grandir ?

Un animateur va travailler avec une vingtaine de personnes toute une journée. Avant de commencer, le directeur de l'entreprise le présente : «Je vous présente Monsieur Robert Vincent Joule, qui est spécialiste des stratégies d'engagement...» A la fin de leur journée de stage, on leur demande séparément et par écrit, entre autres questions, quelle est la taille de l'animateur qu'ils ont eu.
Le lendemain, autre groupe, même animateur, même nombre de participants, mais la présentation est différente : «Je vous présente Monsieur Robert Vincent Joule, qui est le plus grand spécialiste mondial des stratégies d'engagement, il est membre de la faculté des sciences de New York, Docteur ès sciences de...» A la fin de la journée, même question : «Quelle est la taille de l'animateur que vous avez eu ?»
Il aura gagné de 3 à 5 centimètres en moyenne !

Dans les deux premières minutes, faites réagir les membres du groupe. C'est la condition impérative pour créer l'échange et la participation. Sinon, vous allez vous positionner comme «parent punissant» ou «nourricier» face à des enfants. Ils vous le rendront en devenant rebelles. Si vous êtes, dès le départ, seul à parler, ils resteront dans cet état d'élèves et vous de professeur. Ils se vengeront en n'intervenant que pour s'opposer et si, après avoir parlé pendant une heure tout seul, vous ouvrez un débat, ce sera un débat à couteaux tirés.

Si les participants ne se connaissent pas bien, demandez-leur de se présenter de façon courte.

Je m'appelle... Euh ! Euh !

Je suis toujours étonné de la façon dont les gens se présentent lors d'une réunion. C'est généralement assez lamentable. Ils bredouillent deux ou trois mots, les yeux rivés sur leurs mains croisées. Préparez donc une présentation type en quelques phrases. Vous aurez tant de fois à le faire dans votre vie. Ce n'est pourtant pas bien méchant, puisque c'est vous qui choisissez ce que vous voulez dire et, plutôt que de bafouiller des mots inaudibles, vous donnerez de vous une image volontaire et franche.
C'est pas si mal pour commencer.

Le rappel

En rappelant l'ordre du jour, vous ferez ressortir les raisons de cette réunion et son objectif.

Vous en profiterez pour indiquer ou rappeler les consignes ou expliquer le fonctionnement de cette réunion.

La mise au point

C'est tout au début qu'il faut vous assurer de l'état des connaissances de la situation.

C'est tout au début que vous devez vous mettre d'accord sur la manière de fonctionner.

C'est tout au début que vous devez préciser les règles du jeu.

C'est tout au début que vous devez indiquer la méthode.

Parce que, après, ce sera trop tard ! On peut obtenir des consensus assez facilement en amont, beaucoup plus difficilement plus tard. Si vous le faites sans avoir prévenu, on pourra toujours vous soupçonner d'utiliser la règle à votre avantage.

Du ludique pour faire participer

Lorsqu'il s'agit de privilégier les échanges, l'interaction, il est heureux de commencer dès que possible un jeu, une énigme, un exercice ludique. Cet exercice centrera les participants sur une même recherche. Il y a bon nombre d'exercices proposés aux animateurs pour obtenir une participation des individus. Ne vous trompez pas, choisissez un aspect ludique qui soit en rapport avec les messages que vous souhaitez passer et la tâche sur laquelle doit se pencher le groupe.

«Créer un bon courant, c'est d'abord sourire.»

Les 7 nains de Blanche-Neige

Typologie des participants

Bien sûr, tous les êtres humains sont différents. Pourtant, dans leurs comportements en réunion, certains se ressemblent au point que l'on peut en faire une typologie. Ce n'est pas nouveau ! Vous avez dans la salle, quel que soit le groupe, les 7 nains de Blanche-Neige. Les mauvaises langues disent que, parfois, il y a aussi Blanche-Neige !

Les 7 nains de Blanche-Neige

Prof : c'est le savant, il cherche à montrer qu'il sait.

Grincheux : il bougonne et n'est jamais content.

Atchoum : il perturbe, c'est un agité.

Simplet : il n'a rien compris, il est à côté de la plaque.

Timide : il participe peu, il doute de lui.

Joyeux : il fait rire le groupe, il joue le contre-point.

Dormeur : il s'ennuie, il n'est pas là.

Qui n'a pas, dans ses groupes de travail, des participants qui ressemblent à ces 7 nains ?

Un bon groupe, n'est-ce pas justement celui-là ?

Attention : quand vous connaissez trop bien les 7 nains avec lesquels vous êtes habitué à travailler, vous risquez de les renforcer dans leur comportement en faisant de la «prédiction confirmée».

Votre propre comportement les pousse à être ce que vous prévoyez qu'ils seront et vous sortez en disant *«je le savais !»*

Une bonne animation

ATTITUDES	COMPORTEMENTS
ATTENTIVE	
Vigilance permanente	*Regard en contrôle*
Ecoute active	*Posture en avancée.*
CONVIVIALE	
Non directif	*Gestes ouverts*
Participatif	*Régulateurs de tête*
Humour	*Sourire zone intime.*
CONSTRUCTIVE	
Il connaît le but	*Gestes de cadrage*
Il fait tout pour l'atteindre	*Energie et solidité*
Exploite les idées du groupe	*Note sans juger.*
OBJECTIVE	
Pas de préférence manifestée	*Le ton est non sélectif*
Impartialité de jugements	*Regard équitable*
Non déstabilisateur	*Gestes de partage.*
RECEPTIVE	
Accepte les opinions des autres	*Gestuelle peu pointeuse*
Relance en écho	*Parle peu*
Reformule	*Postures en écho.*
DISPONIBLE	
S'intéresse à chacun	*Pas de geste barrière*
Prend en compte les difficultés	*Empathie, flexibilité.*

ACCORD

Le rôle du secrétaire

Toute réunion a besoin d'un secrétaire (un modérateur) : c'est la mémoire du groupe.

Le choix du secrétaire se fait en début de réunion.

Il jouera un rôle primordial entre l'animateur, le groupe et la tâche. Pour les réunions régulières, nous conseillons de faire «tourner» les secrétaires toutes les quatre réunions. Il est bénéfique pour chacun de passer par cette fonction.

Fonctions du secrétaire

- Une écoute objective.

- Il prend des notes.

- Il fait des synthèses partielles.

- Il reformule.

- Il est flexible.

- Il s'adapte.

- Il fait la synthèse globale.

- Il rédige le compte rendu de réunion.

- Il s'assure de la diffusion du compte rendu.

Le rôle du secrétaire

Le rôle du secrétaire est capital. Il prend peu la parole, ce qui le rend plus à l'écoute, de l'animateur comme du groupe.

Il représente pour l'animateur une aide non négligeable. C'est une sorte de modérateur à l'intérieur du groupe.

Comme il parle peu, il est généralement très écouté.

On ne doit pas remettre en question sa synthèse générale sur le fond.

Seule la forme peut être corrigée par le groupe et l'animateur.

Les supports d'animation

Pour animer de façon vivante, claire et ludique, l'animateur utilise un matériel plus ou moins sophistiqué.

Le matériel

La liste de ce matériel d'animation est assez courte : rétroprojecteur, vidéo projecteur, diapos, et tableau de papier. C'est de ceux-là dont nous allons parler.

Quelques irréductibles en sont encore au rétroprojecteur, ce sont eux qui sont « rétros ». Le Power Point est aujourd'hui incontournable, il permet une animation vivante, colorée, dynamique, avec fondus, surimpressions, effets spéciaux... Et sonorisation par dessus le marché !

Sans doute le danger est-il là ! Plus le matériel est sophistiqué, plus l'animateur se cache derrière. Bientôt, il ne viendra même plus. « On » appuiera sur un bouton, et de sa voix numérique et de son image virtuelle en trois dimensions, il animera à distance. La chaleur humaine me direz-vous ? Oh ! Vous savez, les appareils, ça chauffe aussi !

Trop c'est trop ! Le but, ici, n'est pas de travailler sur le contenu de vos slides, ou de vos diaporamas, il faudrait un livre entier pour s'y attarder. Mais quand on voit ce que j'ai pu voir, qu'on entend ce que j'ai pu entendre, on ne peut résister à l'envie de vous donner quelques règles simples et fondamentales pour rendre plus efficace vos exposés avec supports visuels.

Pourquoi des supports visuels ?

Le rapport des taux de mémorisation est de 20% pour ce qui est entendu et de 30% pour ce qui est vu. Mais les deux canaux peuvent s'addi-

Un bon slide

- Du dessin plus que des mots.
- Si des mots : 5 lignes maximum.
- 5 mots par ligne.
- Ecrit gros et lisible.
- Mettez de la couleur, mais pas trop.
- Evitez la redondance, les mots savants.

tionner. Alors, pourquoi s'en priver ?

Notre cerveau humain est ainsi fait que sa partie droite est plus particulièrement réceptive au spatial, à l'intuitif, à l'analogie et à l'image, tandis que la gauche est analytique, séquentielle, logique et plus réceptive au langage.

C'est donc en harmonisant ces deux perceptions que l'on aura une mémorisation maximale.

Pensez donc en image dès la construction de votre exposé.

Un texte pour être entendu.
Un visuel pour être vu .

L'utilisation de Power Point

Ce logitiel fort efficace est souvent manipulé par l'exposant lui-même qui par conséquent aura tendance à rester figé derrière son ordinateur. Parfois même dans le noir.

Attention vous êtes le premier vecteur, le premier support de vos messages, ne laissez pas la technique prendre votre place.

Les slides

Ils seront peu chargés et peu nombreux.

Généralement, les slides servent de supports à l'animateur, ce sont ses aide-mémoire.

Vous verrez qu'en utilisant les fiches comme nous vous l'avons appris dans la partie face public, vos supports visuels seront faits pour les autres et non plus pour vous !

Votre support à vous, c'est la fiche que vous avez en main.

Manipuler ses slides

Il existe des télécommandes trop peu utilisées qui vous permettent de vous déplacer et de faire passer vos slides à distance. Profitez de cette possibilité qui vous laisse libre de vos mouvements, de vos déplacements et de votre regard sur votre public.

Le slide pour l'explication

Il est toujours préférable d'annoncer ce qu'il faudra regarder avant de montrer le slide.

Par exemple, si vous devez montrer trois courbes, prévenez à l'avance que la rouge sera celle de la moyenne générale, la bleu celle de votre société et la jaune celle de votre plus gros concurrent... Les participants pigeront tout de suite. Cela sera plus simple que de leur laisser déchiffrer la légende !

Présentez ensuite le slide, laissez-les regarder sans rien dire et commentez seulement quand les regards se tournent à nouveau vers vous.

Le slide de synthèse

Développez vos arguments, vos informations, vos démonstrations et ne présentez le slide qu'ensuite pour faire ressortir les quelques points forts

Si nous devions mettre sous forme de slide les taux de mémorisation, voilà comment nous le présenterions :

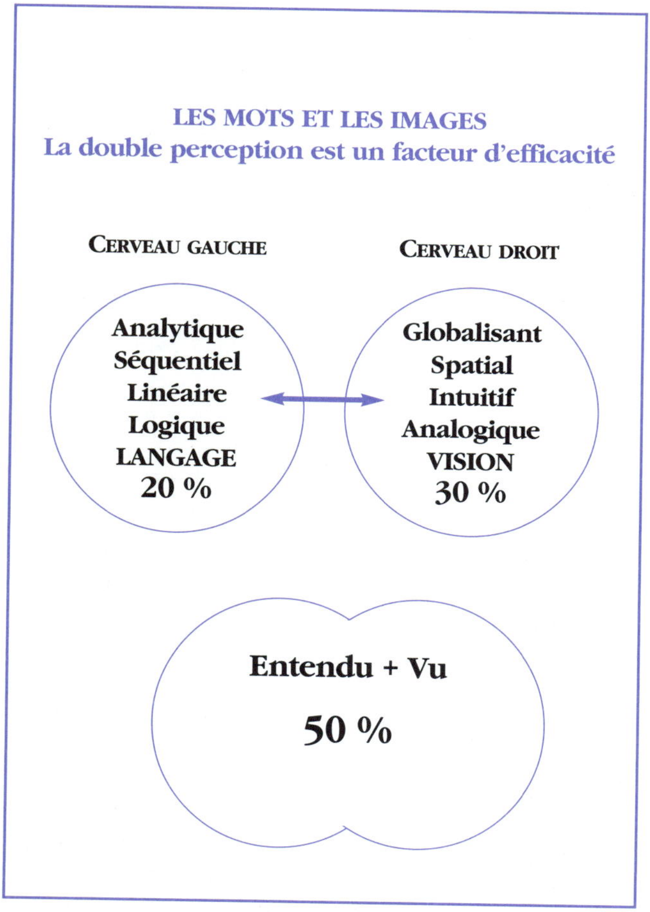

Quand il ya trop de mots, un dessin, même simpliste, peut aider au message.

Le tableau de papier magique !

Quand l'orateur dessine en direct sur son tableau de papier, son camembert est ovale ou tordu, sa tranche de 35% ressemble à du 20%, et sa carte de France fait la gueule. Tout le monde ne dessine pas à main levée comme Léonard de Vinci !
Préparez vos feuilles à l'avance au crayon à papier à pointe dure. Personne ne le verra. Il n'y a pas de raison pour regarder une feuille présumée blanche. Pendant votre animation, vous n'aurez plus qu'à repasser au feutre sur les traits et vous aurez l'air brillant et précis. Votre antisèche sera grandeur nature.

La feuille semble blanche...
Tout est inscrit au crayon...

que vous souhaitez voir mémoriser.

Dans tous les cas, si vous avez écrit du texte, évitez de lire à haute voix vos slides. Les participants savent lire, chacun à sa vitesse, ne venez pas les perturber.

Le tableau de papier

Le tableau de papier permet le stockage des informations et des retours en arrière faciles. Il est utilisable avec les petits groupes. Vérifiez l'état de vos feutres avant la réunion.

Sa préparation

Assurez-vous de sa stabilité et veillez qu'il soit vu de tous les participants. Vous pouvez déjà préparer des feuilles toutes faites (ce sera plus soigné, mais moins spontané).

Si vous écrivez en direct

Ecrivez gros et avec des couleurs différentes. Evitez de rester devant le tableau. Restez sur le côté.

Pensez qu'il ne doit y avoir qu'un thème par feuille !

Les diapos

Nous avons peu de choses à dire sur l'utilisation des diapositives. Nous les considérons plus comme support de conférence que comme outils d'animation de réunion.

Désavantages

- Elles ont le désavantage de vous laisser souvent dans le noir.
- Il y a des risques de manipulation. Il n'est pas rare de les retrouver à l'envers.
- Elles créent parfois des trous.
- Elles sont longues à préparer.
- Elles sont coûteuses.

Avantages

- Elles sont toutes prêtes.
- Elles font «professionnel» !
- Elles sont ciblées.
- Elles font vrai.
- Elles s'adaptent aux grandes salles comme aux petites.

Utilisation

Pensez à remettre la lumière lorsque vous avez un long commentaire ou pour débattre. Rester dans la nuit est pour vous une très mauvaise chose. Vous vous privez du contrôle du regard.

- Actionner les chariots ? Si vous le faites vous-même, vous allez perdre une partie de votre liberté de mouvement.

- Utilisez au mieux votre voix pour qu'elle donne la vie que vos gestes ne montrent plus.

A retenir en priorité

■ **Bien commencer**
- Le climat est capital.
- Rappel de l'objet et de l'objectif.
- Vérification des informations de tous.
- Rappel de l'ordre du jour.
- Rappel des normes de fonctionnement.

■ **Votre comportement sera A.C.C.O.R.D.**
- Attentif.
- Convivial.
- Constructif.
- Objectif.
- Réceptif.
- Disponible.

■ **Le secrétaire**
- Une fonction capitale.
- Il sert de modérateur.
- Il fait les synthèses partielles.
- Il rédige la synthèse globale.
- Il rend compte.

■ **Le matériel d'animation**
- Peu de slides (1 toutes les 5 minutes est l'idéal).
- Des slides peu chargés (4 à 5 lignes).
- Des slides de synthèse ou de support.

La méthode analytique

Une charte de travail

Les valeurs de l'entreprise

Une méthode toujours...

Quel que soit le travail en groupe que vous devez faire, une méthode s'impose. Cette méthode de travail peut d'ailleurs être construite au cours de plusieurs réunions. Nous conseillons depuis déjà longtemps à tout manager de construire avec ses collaborateurs une charte de travail, qui établira les grands principes de toutes les réunions, les consignes à respecter, la méthode de travail choisie, la manière de la mettre en application, les comportements souhaités...

Une charte de travail

La création de cette charte a un triple avantage :

- Elle donne l'occasion de se pencher ensemble sur la façon de travailler du groupe et de la remettre en question.

- Elle est ensuite un outil de gain de temps pour les réunions à venir.

- Enfin, l'élaboration en commun de ces règles provoque une adhésion aux décisions et un engagement de chacun des membres du groupe.

Les valeurs de l'entreprise

C'est parce que l'entreprise prône des valeurs et des principes qu'elle préserve sa cohérence et son entité. C'est aussi autour de ces principes et de ces valeurs qu'elle bâtit ses méthodes de travail. La direction doit les rappeler aux nouveaux arrivés sous peine de voir ces valeurs disparaître avec les prises de retraite. Rien n'empêche qu'elles soient réactualisées.

C'est autour de ces valeurs que l'entreprise trouvera son salut en cas de crise.

La réunion de résolution de problème

Au risque d'entendre les puristes mal intentionnés critiquer la façon dont nous prônons la méthode analytique, nous continuons à penser qu'elle peut être utilisée avec quelques aménagements dans toutes les réunions, quels que soient leurs objectifs.

Le reste n'est qu'une question de mots !

Quand vous en serez convaincu, vous aurez gagné un outil de facilitation et d'efficacité que vous ne soupçonnez pas encore.

Tout le monde peut adapter cette méthode à son propre raisonnement. Si vous avez le réflexe «analytique», elle vous servira dans les situations les plus diverses.

Le médecin, le chercheur, le créateur, l'ingénieur, le financier,... tous pratiquent ou devraient pratiquer la démarche analytique.

L'animateur doit la pratiquer aussi.

La méthode analytique est utilisée habituellement dans la «résolution de problèmes». Nous soutenons qu'elle peut s'adapter à toute réunion, même à la réunion d'information, qui en semble pourtant la plus éloignée.

Quelle que soit la réunion

Nous l'avons dit dans la première partie de cet ouvrage, «Communiquez, communiquons», il n'y a d'information que si cette information est «originale», c'est-à-dire inconnue du récepteur. Toute information nouvelle va donc nécessairement poser un problème. Elle va changer nos habitudes, elle va changer notre façon de

Quelle que soit la réunion

1re étape : la situation «S» P.A.S.A.

2e étape : la définition du problème S. «P» A.S.A.

3e étape : l'analyse du problème S.P. «A» S.A.

4e étape : la solution S.P.A. «S» A.

5e étape : l'action S.P.A.S. «A»

Intérêt de la méthode

- Elle est simple.
- Elle est claire.
- Elle est efficace.
- Elle cadre bien les objectifs.
- Elle assure un gain de temps.
- Elle permet le consensus.
- Elle débouche sur l'action.

Les 5 étapes de la méthode analytique

Situation : les faits.

Problème : sa définition.

Analyse : radioscopie.

Solutions : proposées , retenues.

Action : mise en application, contrôle.

Ne vous dites pas «c'est pas ça» puisque c'est : S.P.A.S.A.

En réunion de résolution de problème

«Il y a trop d'accidents de travail chez nous. Quelles mesures doit-on prendre pour les réduire ?» Si l'on commence à analyser le problème sans connaître le nombre d'accidents, où ils se produisent, dans quel secteur, les moyens de sécurité existants, etc., on ne sait pas où on est, il n'y a aucune raison pour que l'on sache où on va.

penser, elle va changer notre manière de faire... Il ne s'agit plus d'une simple réunion d'information, mais d'une réunion d'information accompagnée d'une résolution de problème. La différence est dans le dosage et dans l'attribution des étapes.

Les réunions de créativité sont aussi des résolutions de problèmes, même si la forme de la mise en application est différente.

1e étape : la situation «S» P.A.S.A.

Perdre du temps pour en gagner

Nous n'hésitons pas à dire qu'il faut savoir perdre du temps sur les deux premières étapes pour pouvoir en gagner par la suite.

Il ne faut pas laisser passer ce démarrage sans contrôler la connaissance des participants. Même si vous leur avez fait parvenir un dossier, vérifiez deux points : qu'ils l'ont lu et qu'ils en sont au même point de compréhension.

Si ce savoir n'a pas de consensus, il ne faudra pas s'étonner que, partant de connaissances différentes, il soit si difficile plus tard d'analyser le même problème de façon identique.

La situation telle qu'elle est

Nous sommes dans une étape où le point de vue, l'évaluation, l'opinion, le sentiment ne doivent pas interférer sur les faits.

L'animateur s'attachera à canaliser le groupe pour qu'il reste dans la réalité et qu'il évite les débordements sur les autres étapes.

2e étape : la définition du problème S. «P» A.S.A.

La situation étant connue, on peut maintenant définir le problème. Il ne s'agit en aucun cas «d'analyser» le problème.

On ne pourra l'analyser que si nous savons ce qu'il est.

Quand nous disons définir le problème, c'est se mettre d'accord sur ce qu'il est mais aussi, et le moyen est efficace, sur ce qu'il n'est pas. Le cerner en quelque sorte.

Il ne faut pas hésiter à définir jusqu'aux mots que l'on choisit. Chacun de nous, nous le savons, met sous le vocable une signification qui lui est personnelle. Il faut donc se mettre d'accord sur le sens des mots.

3e étape : l'analyse du problème S.P. «A» S.A.

Cette étape est à notre avis la plus délicate, c'est elle qui fait le plus appel à la faculté d'analyse du groupe, mais aussi à son pouvoir de synthèse.

Il ne s'agit pas encore de trouver les solutions, mais de savoir sur quoi elles doivent avoir une action.

Réunion de résolution de problème

«Il y a trop d'accidents de travail chez nous. Quelles mesures doit-on prendre pour les réduire ?»
Le groupe de mots «accidents de travail» peut nous faire croire que nous savons tous de quoi nous parlons (il s'agit bien de l'objet de la réunion). Mais, si nous posons des questions, nous allons nous rendre compte que ce n'est pas aussi évident que cela.
Accidents de travail signifie-t-il que nous allons parler des accidents qui ont lieu dans l'entreprise ? Parlons-nous de l'accident qui se produit sur le trajet de l'habitation à l'entreprise pour venir travailler ou dans le sens inverse en rentrant du travail ? Parlons-nous de l'accident provoqué par une peau de banane dans l'escalier descendant au restaurant d'entreprise ? Nous intéresserons-nous uniquement aux accidents dus aux machines de travail ?

Interdire les bananes ou mettre des extincteurs ?

Chacun croit comprendre ce qu'est un accident du travail, mais il le délimite de façon différente.
Il y a eu un blessé à cause d'un incendie de machine.
Il y a eu aussi madame Untel qui a glissé sur une peau de banane.
Vous imaginez ce que cela donnera, quand on va analyser les nœuds du problème et que l'on va chercher des solutions.
Analyse du problème : l'un dira «c'est parce que, sur nos machines, les systèmes de sécurité anti-incendie ne sont pas parfaitement au point», l'autre dira «c'est parce que la peau de banane est glissante quand on marche dessus». La solution sera dans un cas «il faut mettre à proximité des machines des extincteurs». Dans l'autre cas, «il faut interdire le jet de peau de banane dans l'entreprise, ou interdire aux employés de manger des bananes».

Réunion de résolution de problème

«Il y a trop d'accidents de travail chez nous. Quelles mesures doit-on prendre pour les réduire ?» La situation est définie, le problème bien cerné : «Nous parlons des accidents dus aux machines, outils de travail. La radioscopie du problème va nous indiquer les conditions dans lesquelles ces accidents se produisent, s'il s'agit de fautes humaines et pourquoi ? Ou de défaillance de la machine et à quel niveau ? Qu'est-ce qu'il se passe quand il y a ce type d'accident ? S'il y a un âge plus particulièrement touché et pourquoi ?»

La radioscopie du problème

Maintenant que dans une situation connue le problème est clairement défini, nous pouvons l'analyser.

La question clé est souvent le «pourquoi ?». C'est une étape en deux phases :

- **1e phase :** c'est une étape de discussion d'opinions. Chaque participant analyse le problème sous tous les angles. Chacun doit accepter l'analyse de l'autre. Les divers aspects du problème doivent être poussés au bout. Les mélanges de faits et d'opinions foisonnent. Il est souvent nécessaire dans cette étape de découper un problème en plusieurs petits problèmes.

- **2e phase :** la radioscopie aura permis de mettre à jour un certain nombre de faits, de paramètres, de systèmes causals. Il faut maintenant se recentrer sur les nœuds du problème, les organes vitaux, les liens entre les faits, pour savoir sur quoi doit porter la recherche de solutions.

4e étape : la solution S.P.A. «S» A.

Selon l'adage qui dit «si un problème est bien posé, c'est déjà la moitié de la solution», si vous avez bien défini le problème dans une situation donnée, que ce problème a été analysé, radioscopié, découpé en plusieurs petits problèmes, vous comprenez bien qu'une grande partie des solutions est déjà appréhendée. Deux phases vont élaborer cette étape.

Les solutions vont être proposées par les membres du groupe le plus librement possible. Elles seront toutes listées et approfondies. Un choix de solutions va s'imposer en fonction de la faisabilité, de sa fiabilité, des contingences matérielles, des éléments organisationnels...

Il ne s'agit pas encore de mettre en action, mais de trouver des remèdes, des correctifs, d'envisager des réponses possibles.

5e étape : l'action S.P.A.S. «A»

Rien ne sert d'avoir trouvé des solutions, si elles ne sont pas mises en pratique.

Définition des actions
Pour mettre en pratique les solutions adoptées, il reste à définir les actions qui permettront leur application.

Deux types d'action seront mises en œuvre : les actions individuelles et les actions communes.

Le groupe va donc s'organiser pour agir.

On pensera à prévoir la manière de contrôler à la fois la mise en action et les résultats souhaités. Ces contrôles permettront aussi d'éventuels réajustements.

S'il y a lieu, les responsabilités des divers membres du groupe seront fixées d'un commun accord, chacun s'engageant à mettre en œuvre les actions décidées.

Informer
Parmi ces actions, la première sera de faire parvenir le compte rendu de réunion à qui de droit.

La prise de décision peut avoir à être validée.

Réunion de résolution de problème

Il y a trop d'accidents de travail chez nous. Quelles mesures doit-on prendre pour les réduire ?
La direction des recherche de solutions devient plus facile maintenant que le problème cerné a été analysé. Si l'on a considéré que ces accidents étaient dus pour une grande part à la fatigue, si l'on a compris que la fatigue provenait d'une position particulière, et que cette position particulière avait pour cause le siège sur lequel sont assis les employés... changer les sièges sautera sans problème dans la colonne solutions. Toutes les solutions seront hiérarchisées en fonction de plusieurs critères et la décision se fera.

Réunion de résolution de problème

En faisant un courageux raccourci, on obtient :
Problème : Il y a trop d'accidents de travail chez nous. Quelles mesures doit-on prendre pour les réduire ?
Solution : Il faut changer les sièges !
Que de chemin parcouru avec la Méthode Analytique !!! (*sic*)

Votre médecin et la méthode analytique

«Je viens vous voir, parce que j'ai des maux de tête épouvantables et fréquents.»

■ IL CERNE LA SITUATION : **Depuis combien de temps ? Quel âge avez-vous ? Y a-t-il des moments particuliers où vous ressentez ces douleurs ? etc.**

■ IL DÉFINIT LE PROBLÈME : **Vous dites «épouvantables», c'est-à-dire ? A quel endroit avez-vous mal exactement ? Est-ce que c'est une douleur lancinante ou des lancements périodiques ? Vous m'avez dit «fréquent», c'est combien de fois par jour, par semaine ? Est-ce que votre regard se brouille ? etc.**

■ IL ANALYSE LE PROBLÈME : **Ce type de douleur peut être dû à... Le mal de tête ainsi défini correspond à tel cas particulier..., Il faut faire telle analyse de sang... telle radio...**

■ IL PROPOSE DES SOLUTIONS : **Fort de ces analyses qui confirment ou non son diagnostic, il propose des solutions sous forme de prescription. Il vous fait une ordonnance.**

■ **Et vous passez** À L'ACTION : **vous prenez les médicaments.**

Si vous n'obtenez pas d'effet bénéfique, il va peut-être corriger son diagnostic. Mais, dans la plupart des cas, c'est dans les étapes «situation» et «définition» qu'il y a une erreur. Par manque de temps, il est passé trop vite. Il ne vous a pas assez écouté ! Vous n'avez sans doute pas tout dit... Alors vous changez de médecin, en disant «c'est un âne» ! Il en voit tellement des patients qui ont mal à la tête ! Pour vous, c'est un cas particulier, pour lui non !

La réunion d'information

«Nous allons passer, la semaine prochaine, aux 35 heures par semaine.»

1e étape : la situation

Cette étape est aussi évidente en résolution de problème que dans une réunion d'information. Cette information nouvelle ne se justifie que par rapport à une situation actuelle.

2e étape : la définition

Si nous reprenons notre information *«Nous allons passer, la semaine prochaine, aux 35 heures par semaine»*, l'orateur, qui nous a expliqué la situation, nous explique et définit maintenant le problème (l'information nouvelle).

Le «S» de S.P.A.S.A.

C'est une information qui va poser problème par rapport à la situation d'aujourd'hui, où nous faisons 39 heures : comment sont réparties aujourd'hui ces 39 heures ? Dans quel contexte ? Quelle organisation y a-t-il pour l'instant ? etc. Il faut déjà avoir cette connaissance et la partager avec tous pour pouvoir aller plus loin.
L'animateur informe donc l'ensemble des participants pour qu'ils connaissent la situation globale. Ils poseront certainement ensuite des questions sur leur situation personnelle, dans l'entreprise et dans leur vie quotidienne. Il va bien falloir en tenir compte.

Le «P» de S.P.A.S.A.

Définition du problème : qui nous ? Tout le monde ? La semaine prochaine, c'est dès lundi ou est-ce que vendredi nous ne travaillerons que le matin ? Quand on dit 35 heures par semaine, c'est une moyenne sur le mois, sur l'année ? Et ceux qui travaillent à mi-temps, ça les regarde ?
Toutes ces questions sont, a priori, déjà résolues quand le responsable nous passe l'information. Cette information est le résultat d'un travail de résolution de problème. Là, c'est tout mâché, tout fait. Mais il définit bien le problème.
L'orateur ouvre ensuite le débat et l'on s'aperçoit que les questions des participants fusent selon un schéma qui est : «oui mais dans notre service, c'est un peu spécial, la situation est ceci, ou cela...»
Notre problème à nous est particulier, nous avons...

Tout changement pose problème

Il faudra traiter ce particularisme spécifique au groupe et à son entité selon ce même schéma S.P.A.S.A. Ou alors, ce n'est pas la peine qu'on se réunisse. Une note de service aurait amplement fait l'affaire.

De quoi est-ce qu'on parle ?

Ce manque de définition du problème provoque quelquefois des répliques qui, mises bout à bout, feraient un excellent sketch comique. Je me souviens d'un comité de direction, au cours de l'une de nos formations intitulée «Mieux travailler ensemble». Le deuxième jour du stage, un véritable comité de direction était enregistré.
Nous avons noté :
Après 5 minutes de discussion, l'un des participants demandait : «Mais de quoi est-ce qu'on parle au juste ?»
7e minute, un autre faisait remarquer : «Ah mais ,si on parle de cela, alors là d'accord !...»
12e minute, un autre : «Je comprends rien à ce que vous dites...»
16e minute : «C'est quoi au juste le sujet ?»
21e minute : «Vu sous cet angle, bien sûr...»
24e minute, un autre : «Attendez ! attendez ! On parle de ça ou de ça ?»
26e minute : «Ah, je comprends maintenant pourquoi tu nous a réunis !»
A la 29e minute, le P.-D.G. disait : «Bon, on va arrêter là, je prends la décision de...»

3e étape : l'analyse

«Nous allons passer, la semaine prochaine, aux 35 heures par semaine.» L'orateur, qui nous a expliqué la situation, nous explique et définit maintenant le problème. Puis, il passe à l'analyse de ce problème.

4e étape : les solutions

«Nous allons passer, la semaine prochaine, aux 35 heures par semaine.» L'orateur nous a expliqué la situation, puis défini le problème. Il passe à son analyse. La radioscopie du problème fait ressortir un certain nombre de points chauds.

5e étape : l'action

«Nous allons effectivement passer aux 35 heures la semaine prochaine» et nous savons précisément comment.

Nous établissons avec le groupe un plan d'action. Nous planifions les démarches, les mises en place progressives, les changements de comportements que nous avons décidés. Cette mise en œuvre demandera certainement des adaptations et des affinages.

Nous sommes bien toujours dans la même démarche mais la répartition des étapes a été modifiée. L'informateur arrive après que les Situations, la Définition du problème et l'Analyse aient été faites en amont (S.P.A.S.). La solution est souvent déjà choisie et proposée ! Le groupe va la mettre en discussion pour se l'approprier, trouver ses propres solutions et ses modalités de mise en action (S.A.).

Le premier «A» de S.P.A.S.A.

L'analyse

La radioscopie du problème fait ressortir un certain nombre de points difficiles. Parmi ces difficultés, quelques-uns sont essentiels. Ce sont... On les hiérarchise pour les étudier d'abord séparément et on voit ensuite les liens qu'ils ont entre eux.

A ces points essentiels, vont peut-être s'en rajouter d'autres, qui naîtront de l'échange que vont avoir les participants. L'analyse sera donc complétée par le groupe.

Le second «S» de S.P.A.S.A.

Ces points chauds seront traités par le groupe. Chaque participant ira de son idée, de sa solution qui viendra s'ajouter à celles suggérées par l'animateur. Un consensus sera recherché sur les meilleures solutions possibles et les meilleures façons de s'adapter au changement.

La réunion de créativité

La réunion de créativité est souvent considérée comme une réunion particulière. Pas assez pratiquée, hélas, dans les entreprises françaises. Les principes sont particuliers, les comportements souvent différents des autres réunions. Mais nous allons voir que la démarche est sensiblement la même.

Le remue-méninges (ou brainstorming !)

C'est la réunion de créativité la plus connue et la plus pratiquée. Elle date de 1938, date à laquelle elle a été utilisée pour la première fois par Osborn, qui l'a mise en pratique dans son agence de publicité aux Etats-Unis.

Osborn soutiendra dans les années cinquante que la réunion de créativité repose sur deux principes de base.

Nous allons voir que cette démarche va nous ramener encore à notre méthode analytique.

Les trois phases de la démarche de créativité peuvent s'intituler : la phase présentation, la phase production, la phase évaluation.

2 principes de base

1/ On doit dissocier la fonction de production d'idées de la fonction d'évaluation de ces idées.
2/ Le groupe est plus créatif que chaque individu pris séparément pour peu que l'on mette en pratique certaines méthodes.

La phase présentation : «situation», «définition», «analyse»

Il va falloir passer en amont de la réunion par ces trois étapes de la méthode analytique, pour que le problème à traiter soit concret et simple.

Nous nous trouvons donc en face de deux étapes connues : la situation et la définition. Cette définition va qualifier le problème.

Ce problème doit être

clair et simple. S'il est plus compliqué, il aura été analysé (radioscopie) et découpé en plusieurs petits problèmes, qui seront «travaillés» séparément, de préférence avec des groupes différents.

On ne mélange jamais deux problèmes dans une réunion de créativité.

La phase production :

dite de «divergence». C'est la recherche des «solutions».

C'est la phase la plus importante du «remue-méninges». Ce qui va compter sera la quantité des idées et non pas la qualité.

Cette phase va durer une heure environ pour des groupes allant jusqu'à 12 participants.

Pour réussir cette phase de divergence, il faut impérativement qu'elle s'exécute dans un climat de non-évaluation et de non-jugement. Les participants sont dans une situation de jeu productif. Chacun a pour mission de jouer dans sa cour de récréation. C'est-à-dire d'émettre les idées les plus farfelues et si possible de «monter» sur les idées des autres.

Tout sera retenu et listé. Le rire est un facteur de production nécessaire.

Il s'agit bien de la méthode analytique dans son étape de recherche des solutions.

La phase évaluation :

dite de «convergence». C'est le choix de l'«action»

De préférence exécutée par un groupe différent.

C'est le retour à la réalité, au possible, au rationnel. C'est la phase des choix, des prises de décisions, des projections dans le concret.

C'est, dans la méthode analytique, la mise en action.

Répondre au besoin de la machine

On venait de recevoir dans l'entreprise une nouvelle machine à faire les emballages de papier. L'un des employés a eu l'idée de la programmer pour le plus petit emballage qu'elle pouvait réaliser. Le résultat fut un petit cube de 1 cm d'arête. Ce n'est qu'après que les responsables se sont demandé ce qu'on pouvait mettre à l'intérieur ? Ce sont devenus les apéricubes !

L'emballage à l'intérieur !

Il y a quelques années, un groupe de créativité s'est réuni pour trouver un nouvel emballage pour le dentifrice Signal. Le problème posé était de trouver un emballage qui le démarque des autres dentifrices. Au cours de la phase divergence, l'un des participants a lancé «et si on mettait l'emballage à l'intérieur du tube ?». C'est devenu la pâte rayée que nous connaissons.

Un p'tit coin d'paradis contre un coin d'parapluie...

1/ PHASE DE PRÉSENTATION

■ LA SITUATION

On utilise un parapluie quand il pleut. La pluie n'a jamais remonté le moral de personne. Le parapluie est encombrant. Tellement encombrant qu'on l'oublie souvent, sitôt qu'il fait beau. Cela pourrait intéresser les commerçants ! Une étude au contraire prouve que les gens achètent de moins en moins de parapluies. Pour palier ces problèmes, les fabricants de parapluie nous demandent d'imaginer un nouveau concept qui motivera l'achat de parapluies attrayants : «créer un nouveau parapluie sous lequel on ne s'ennuie pas». Ce nouveau parapluie répondra aux normes suivantes...

■ LA DÉFINITION

Définition du problème : «créer un nouveau parapluie sous lequel on ne s'ennuie pas».
Que veut dire «on ne s'ennuie pas» ? Le contraire sera : on s'amuse, on joue, on est intéressé, on ne voit pas passer le temps, on s'occupe... Un parapluie, c'est quoi ? une poignée, un manche, du tissu imperméable... Ça sert à quoi ? A se préserver, à se battre, à s'appuyer dessus comme sur une canne...
«Sous lequel» cela signifie quand il est ouvert...
On se met d'accord sur la définition.

■ L'ANALYSE

En général, on est seul sous un parapluie. La solitude n'est pas distrayante. Qu'est-ce qui provoque la solitude ? Il faut le tenir par le manche et haut pour être dessous. C'est fatigant. Ça doit ajouter à l'ennui. «Jouer» sous un parapluie, ce serait jouer avec une seule main libre. On le tient près du corps... La radioscopie du problème commence comme cela pour aller dans ses moindres détails... C'est pointu au milieu. On le tourne dans la main. On le ferme, on l'ouvre... Cela veut dire qu'il faudrait trouver un parapluie jeu.

2/ PHASE DE RECHERCHE DES SOLUTIONS : «DIVERGENCE»

Les participants vont émettre le plus de solutions possible, sans souci de réalisme. Sans jugement et dans le rire. Sortir des cadres de référence. Dans cette étape de recherche de solutions, dite de «divergence», ce qui compte n'est pas la qualité des solutions mais la quantité. On s'arrête à peu près à 50 propositions ou après une demi-heure à une heure de délire. Il y a même des tables de concassage pour sortir du crédible (si c'était un jeu, ... si c'était vivant, ce serait...).

Si c'était un jeu, ce serait... un parapluie bilboquet, un parapluie toupie, un parapluie parlant...
Si c'était un film, ce serait «Les parapluies de Cherbourg», «Chantons sous la pluie»...
Si c'était plus lourd, moins lourd, en caoutchouc, en papier, en cerf-volant...
Il y a une poignée ? ballon à l'hélium pour alléger, en chewing-gum pour la mâcher, des élastiques autour du cou pour le tenir à hauteur...
... une série de propositions.

3/ PHASE D'ÉVALUATION : L'ACTION «CONVERGENCE»

Phase de convergence (elle se fait de préférence avec un autre groupe, plus tard...). On recherche les solutions les plus fiables, en fonction de critères réalistes et définis dans l'énoncé du problème : le prix, l'encombrement,...
Un parapluie bilboquet, un parapluie caméra... le choix se fait. Un parapluie radio qui s'ouvre en déclenchant l'interrupteur du poste, qui se trouve dans la poignée, qui est à hauteur de l'oreille...
Le projet choisi et accepté va passer à la fabrication. Sa réalisation demandera peut-être encore des séances de créativité portant sur un nouveau problème apparu à ce stade.

La synthèse générale

Le mémento doit être...

La rédaction du mémento

S.P.R.I.

Le mémento de réunion

La conclusion d'une réunion est une ouverture sur l'avenir. Il est impératif de rédiger un mémento de réunion court, clair et précis et d'obtenir l'accord des participants sur ce mémento, avant qu'ils ne se séparent.

La synthèse générale

Cette synthèse, comme les autres, est faite par le secrétaire. Elle est l'assemblage des synthèses partielles, qui auront été faites obligatoirement pendant la réunion. C'est pour cette raison qu'elle doit globalement être acceptée facilement par tous.

Le mémento doit être...

- Un procès-verbal : les faits dans l'ordre.

- Un compte rendu : faits et opinions.

- Un rapport : faits, opinions et recommandations.

- Un planning : des actions à mener (intention d'action).

La rédaction du mémento

Une méthode simple, rapide et efficace pour rédiger un mémento de réunion s'appuiera sur 4 rubriques incontournables. Sans verbiage et sans redondance.

S .P .R .I.

- La Situation.

- Le Problème.

- Les Résolutions.

- Qui Informer ?

Bibliographie

ABRIC J. C., 1994. *Pratiques sociales et représentations*, Paris, P.U.F.

ANCIAUX J. P., 1992. *La présentation orale et ses supports visuels*, Paris, Les éditions d'organisation.

ANZIEU D. et MARTIN J.-Y., 1979. *La dynamique des groupes restreints*, Paris. P.U.F.

BELANGER J., 1973. *Des réunions de travail plus efficaces*, Paris. Edition d'Organisation.

BOUVARD et BUISSON, 1988. *Gérer et animer un groupe*, Paris. Edition d'Organisation.

COQUERET A, 1963. *Comment diriger une réunion*, Paris. Edition du Centurion.

DOYLE et STRAUSS, 1976. *Réunions mode d'emploi*, Paris. Albin Michel, Collection Businessman.

FEUILLETTE I., 1989. *Le nouveau formateur*, Paris, Dunod.

JOULE R.V. et BEAUVOIS J.L., 1998. *La soumission librement consentie*, Paris, P.U.F.

MUCCHIELLI R., 1992. *La conduite de réunions*, Paris, ESF.

MUCCHIELLI R., 1992. *La dynamique des groupes*, Paris, ESF Editeur.

OSBORN A., 1965. *L'imagination constructive*, Paris, Dunod.

SAINT-ARNAUD Y., 1978. *Les petis groupes : participation et communication*, Montréal. P.U.M.

TIMBAL-DUCLAUX L., 1989. *Les réunions avant, pendant, après*, Paris. Retz.

VON ŒCH, 1986. *Créatif de choc !*, Paris, First.

A retenir en priorité

■ La méthode analytique «S.P.A.S.A.»
- Situation.
- Définition du problème.
- Analyse du problème.
- Solutions.
- Action.

■ Réunion d'information
- Les S.P.A. sont préparées en amont.
- Les Solution et Action sont discutées et décidées avec le groupe.

■ Réunion de créativité
- Un principe : dissocier la production de l'évaluation.

- Deux phases
Divergence : c'est la quantité d'idées qui compte.
1. Pas de jugement.
2. Jouer dans sa cour de récréation.
Convergence : c'est la qualité des idées qui est prise en compte.

- Retour à la réalité et à la fiabilité.

- Choix.

Septième partie

Le débat

Coopératif ou compétitif ?

Après son exposé, son discours, sa prise de parole, l'orateur propose généralement un débat. Nous appelons ce débat un débat de type «coopératif».

Sa raison d'être repose sur un désir louablement démocratique. L'orateur veut s'assurer qu'il a été bien compris. Il espère ainsi connaître les points de vue de chacun, les objections éventuelles, les suppléments d'informations à donner. De tels débats devraient conduire à la recherche de consensus. Malheureusement, la réalité est autre. Ceux qui vont prendre la parole cherchent hélas trop souvent à déstabiliser l'orateur, à montrer que, sur certains points, ils en savent plus que lui, à s'opposer systématiquement...

Vous ne changerez pas le comportement du public. En revanche, vous pouvez changer le vôtre en tant qu'animateur du débat. Quelques principes de base contribueront à retrouver ce caractère coopératif, qui fera de cet échange un moment privilégié et constructif.

Le débat coopératif

Ouvrir de façon positive

Un état d'esprit

Débattre sans se battre

Si vous ouvrez un débat, il faut que vous le souhaitiez vraiment. Nous avons vu tant de fois l'orateur terminer sa prise de parole et demander en tendant les mains devant lui en pare-chocs : «Pas de questions ?» Nous en avons même entendu un ajouter : «C'est que j'ai été clair !»... et nul !

Ouvrir de façon positive

Il n'est pas toujours facile de poser la première question. Mais si, en plus, vous demandez : *«Avez-vous des questions ?», «Peut-être avez-vous des questions ?», «Y a-t-il des questions ?»*, vous suggérez vous-même qu'il peut ne pas y en avoir. Il n'y a aucune raison pour que les gens se fassent violence.

Ouvrez donc votre débat par : *«Je suis sûr que ce que je viens de dire suscite chez vous quelques réflexions»* ou toute autre invitation positive. Vous aurez 30 % de chances supplémentaires de recevoir des questions spontanées.

Un état d'esprit

Engagez un débat sous forme de jeu avec des partenaires et non sous forme de duel avec des adversaires.

Ce n'est pas parce que vous venez de faire un exposé, une conférence et que vous vous êtes positionné comme expert que vous êtes tenu de tout savoir !

Cette impression de «passer à la question» conditionne l'orateur au point qu'il se prépare à répondre, le couteau entre les dents et la peur au ventre.

Il va sans le vouloir conduire son auditoire vers une agressivité dont il risque d'être la première victime.

Animer un débat coopératif

Ne pas entendre le «non-dit»

Trop souvent l'orateur perçoit derrière la question un non-dit désagréable, auquel il s'empresse de répondre.

Sa réponse est alors agressive, et c'est lui en réalité qui engage le fer.

Si vous souhaitez éviter cette joute, ne répondez qu'à ce qui est dit. N'entendez pas le non-dit.

Répondre à tous

Vos réponses ne doivent pas être dirigées uniquement vers celui qui a posé la question. Vous devez concerner tout le monde. Commencez par répondre au questionneur, puis posez vos regards sur les autres. A vous de revenir sur lui en fin de réponse pour lui faciliter la reprise de parole, ou de finir vers d'autres participants pour relancer ailleurs.

Rechercher l'échange

Vous avez demandé à ce qu'on vous pose des questions. Alors, laissez-les s'exprimer, ne les coupez pas. Incitez-les plutôt à vous en dire davantage. Ce comportement passe naturellement par l'écoute.

Comme nous vous l'avons signalé dans le chapitre se rapportant aux réunions, vous avez nécessairement dans votre public les 7 nains de Blanche-Neige, mais il y en a d'autres.

Toutes les questions sont bonnes ! Toutes les réponses ne le sont pas !

Le mauvais bon point

Attention ! Il n'est pas rare d'entendre l'animateur du débat commenter une question avant de répondre : «Ah voilà une bonne question !» Il donne un bon point comme à l'école. Lorsqu'il dit cela, il a déjà répondu à plusieurs autres dont chacun doit se dire, vexé, «donc, ma question n'était pas bonne !».

Le savant

Le retors

L'agressif

Le malentendant

Le collaborateur

Le rigolo

Le timide

Le têtu

Le bavard

Le dormeur

L'orgueilleux

Le sage

Comment répondre à chacun ?

Le savant

Il cherche à vous piéger pour montrer à la salle qu'il en sait au moins autant que vous.

- Attention ! Il ne connaît peut-être que ce point précis, mais il risque de très bien le connaître !

- Ne jamais blesser un «savant», il est souvent orgueilleux.

Notre conseil : valorisez-le.

Votre comportement
- Vous connaissez la réponse : vous la lui donnez.
- Vous ne la connaissez pas : demandez-la-lui, il la connaît.
- Laissez-le s'exprimer, c'est ce qu'il cherche. Vous deviendrez quelqu'un de bien à ses yeux, il vous gênera moins.

Si le savant intervient trop souvent, arrangez-vous pour qu'il gêne le groupe, mais pas vous.

Si c'est un «faux savant», n'en profitez pas pour en faire une victime.

Tuez-le avec humour et délicatesse ! Ne le blessez pas.

Le retors

- Il cherche la petite bête, en vous trouvant des poux dans la tête : *«Mon cher, vous nous avez dit tout à l'heure...»*

- Il essaye de vous prendre en flagrant délit de contradiction.

- C'est un «pinailleur» grognon.

- Il fait semblant de ne pas comprendre.

- Il joue la bande.

Notre conseil : n'opposez pas de résistance.

Votre comportement

- Acceptez ses remarques sans entrer dans son jeu.
- Ne polémiquez pas.
- Recadrez ou répétez ce que vous souhaitez dire.
- Gardez le ton très policé qu'il emploie.
- Ne le mettez pas en contradiction avec lui-même, il ne vous lâcherait plus.
- Utilisez les phrases omnibus (passe-partout).

Il est possible que le retors vous fasse remarquer que vous avez dit un mot pour un autre et que cela change le sens de vos propos. Même si vous êtes pratiquement sûr qu'il a tort, rectifiez le lapsus et l'affaire est close... Peut-être dit-il vrai, même si les autres ont rectifié d'eux-mêmes, et pas lui.

L'agressif

- Il parle généralement vite et fort.

- Il réagit sur des sentiments, non sur des faits.

- Il s'en prend directement à votre personne.

- Il ne pose pas nécessairement de question, il émet simplement une opinion contraire à la vôtre.

- Il joue la colère.

Notre conseil : n'écoutez que le fond, pas la forme.

Votre comportement
- Laissez un temps après son intervention, il va certainement en rajouter.
- Vous pouvez même le relancer.
- Laissez se vider l'objection.
- S'il n'y a pas de question «C'est votre opinion et elle est tout à fait respectable !»
- Gardez un ton convivial.
- Généralisez la réponse. Ne restez pas sur lui !

L'agressif réagit souvent en fonction de sa situation personnelle. Ne prenez en aucun cas son intervention comme une injure à votre encontre. Ne le prenez pas à la dérision non plus. Calmez le jeu.

Le malentendant

- Il pose la question à laquelle vous venez de répondre.

- Il a tout compris de travers.

- Il est peut-être distrait.

- Il a peut-être du «bruit» dans la tête, des ennuis.

- Il n'a peut-être pas compris.

- Il est peut-être stupide.

- Il n'a pas écouté.

- Il est peut-être un peu dur d'oreille !

Notre conseil : profitez-en pour reformuler ou répéter.

Votre comportement

- C'est une bonne occasion pour répéter.
- Il n'est peut-être pas le seul à n'avoir pas compris.
- Recadrez, reprécisez, reformulez.
- Donnez des exemples, des images.
- Elargissez votre réponse pour donner par la même occasion des éléments nouveaux à ceux qui avaient compris.
- Ce sont souvent les mêmes qui n'écoutent pas, mais vous n'êtes pas là pour jouer les instituteurs. Les pères-fouettards ont une mauvaise image. Il n'a peut-être pas entendu votre réponse parce qu'il était déjà dans sa question.
- Vous n'avez peut-être pas été clair !

Le collaborateur

- Il abonde dans votre sens.

- Il vient étayer vos dires.

- Il en rajoute un peu.

- Il veut se faire bien voir.

- Il montre qu'il a compris.

- Il redit la même chose que vous.

Notre conseil : sachez rebondir sur lui.

Votre comportement

- Ne le remerciez pas trop.
- Tenez compte de son attitude sans en remettre dans le satisfecit.
- Profitez de son intervention pour relever vous-même des points à relancer.
- Relancez-le par des questions si cela vous sert.
- Le «collabo» n'est pas toujours bien vu dans un groupe. Ce n'est pas parce qu'il est d'accord avec vous que vous avez raison, ou qu'il est intelligent !
- Attention ! Il peut vous piéger par trop de brosse-à-reluire ! Si c'est trop, comme il est bien avec vous, demandez-lui d'en faire un peu moins.

Le rigolo

- Il aime faire rire les autres.

- Il déforme vos arguments.

- Il pose des questions à côté.

- Il fait des calembours.

- Il intervient sans demander la parole.

- Il commente à haute voix.

- Il est souvent bavard.

Notre conseil : mettez les rieurs de votre côté.

Votre comportement
- Ne faites pas comme si vous n'aviez rien entendu.
- Répondez avec humour.
- Utilisez la technique judo.
- Ne montrez pas d'énervement.
- Ayez l'air de vous amuser, mais reprenez la direction des événements en allant chercher d'autres participants.
- Evitez les *«soyez sérieux, on n'est pas là pour plaisanter...»*

Ses manifestations à l'emporte-pièce ne doivent pas vous déstabiliser. Prenez son intervention comme une récréation, une respiration. Si vous coupez son bavardage, ce n'est pas pour prendre la parole mais pour la donner à quelqu'un d'autre.

Le timide

- Il parle peu.

- Il ne s'impose pas.

- Il bafouille quand il pose une question.

- Il a des postures en contraction.

- Il rougit.

- Il a des fuites de regard.

Notre conseil : aidez-le.

Votre comportement
- Allez le chercher sur des questions faciles.
- Ne l'oubliez pas.
- Faites-le s'exprimer.
- Mettez-le en confiance.
- Ecoutez son non-verbal.
- Demandez-lui son accord par des questions fermées au départ.
- Elargissez peu à peu sur des questions ouvertes.
- Reformulez ses questions pour le groupe.

Lorsque le groupe se ligue un peu contre vous, le timide qui n'a rien dit peut-être... Le groupe ne se liera pas contre lui. Couper la parole au bavard, c'est la donner au timide.

Le têtu

- Il a son idée fixe.

- Il est fermé.

- Il est plein d'a priori.

- Il bougonne.

- Il parle parfois tout seul.

- Il ne veut rien apprendre des autres.

Notre conseil : passez un contrat avec lui.

Votre comportement

- Ne jouez pas seul contre lui.
- Jouez le groupe.
- Notez son idée fixe pour en parler plus tard.
- Passez un consensus passager avec lui.
- Allez directement le chercher sur un point précis.

Le têtu n'a qu'une idée en tête, mais il a peut-être ses raisons. Pour les connaître, tâchez de le prendre à part pendant la pause. Il ne veut peut-être pas s'expliquer devant tous.

Le bavard

- Il est intarissable.

- Il a toujours son mot à dire.

- Il parle à son voisin privilégié.

- Il répond à une question en parlant d'autre chose.

- C'est un vrai moulin à paroles.

- Tout lui est prétexte pour sauter du coq-à-l'âne.

Notre conseil : ne vous laissez pas embarquer !

Votre comportement

- Prévenez dès le début que vous souhaitez des réponses courtes.
- Recadrez dès que possible.
- Coupez-lui le sifflet !
- Profitez du créneau qu'il prend pour respirer.
- Rebondissez par un *«oui vous avez raison, mais....»*.
- Coupez-lui la parole pour la donner à un autre.

Le bavard vous fatigue, mais fatigue encore plus le groupe. C'est pour lui une façon d'exister.

Tâchez de lui faire vider durant les pauses son trop-plein de verbiage. C'est toujours cela qu'il n'aura plus à dire !

Le dormeur

- Il dort parce qu'il ne s'intéresse pas à la réunion.

- Il dort parce qu'il digère.

- Il dort parce qu'il n'a pas dormi de la nuit.

- Il dort parce qu'il s'ennuie.

- Il dort parce que vous l'endormez.

Notre conseil : réveillez-le en douceur !

Votre comportement
- Variez le ton, utilisez la scansion.
- Commencez vos questions sur lui, en l'appelant par son prénom ou son nom en début de phrase.
- Faites-le agir (prises de notes, paper...).
- Regardez-le souvent.
- Servez-lui un café pendant la pause !
- Posez-lui beaucoup de questions ouvertes.

C'est typiquement celui qu'il faut éviter dans les réunions de début d'après-midi.

Il s'installe sur sa chaise comme dans un lit et commence à se frotter la barbe et le cou. Il va bâiller.

L'orgueilleux

- Il traite le groupe de haut.

- Il fait jouer son ancienneté.

- Il se situe ailleurs.

- Il en a vu d'autres.

- Il n'est pas du même monde.

- Il parle du bout des lèvres.

Notre conseil : ne le froissez pas !

Votre comportement
- S'il fait une erreur, répondez par *«oui mais...»*.
- Valorisez-le.
- Donnez-lui les rôles de «synthèse».
- Reprenez quelques-uns de ses mots *«comme vous le disiez tout à l'heure...»*.
- Ne cherchez pas la contradiction. Avec lui, ça ne sert à rien. Il est trop orgueilleux pour admettre de se tromper.

L'orgueilleux sait des choses. Il est parfois proche du savant.

Si vous le valorisez, vous devenez quelqu'un de

bien. Demandez-lui de raconter ses expériences, son vécu. Son jabot gonflera.

Il est très figé dans ses opinions. S'il change d'attitude, c'est parce qu'il est bien bon de vous aider.

Le sage

- Il est parfait, trop.

- Il écoute tout le monde.

- Il participe doucement.

- Il écoute comme un bon élève.

- Il est réservé sans être timide.

- Il essaye d'apprendre.

- Il est sérieux.

Notre conseil : donnez-lui un peu de folie !

Votre comportement

- Tâchez de le pousser à agir et à réagir.
- Suscitez son imagination.
- Faites-le sortir de sa réserve.
- Titillez-le.
- Evitez les questions fermées.
- Il peut faire un bon secrétaire !

Si tous les membres du groupe étaient sages, l'ennui régnerait.

Il ne fait pas de vague et son écoute est hélas souvent passive. Il prend beaucoup de notes. Il ne prend pas la parole sans qu'on la lui donne.

Il manque souvent de créativité.

Le vidage de sac

Le conflit

Les faits

Les opinions

Les sentiments

Si un conflit naît tout de même, et que vous souhaitiez calmer les choses, la méthode la moins agressive et la plus sûre sera le «vidage de sac».

Le conflit

Les conflits naissent des opinions et des comportements. Ils vont pourrir au niveau des sentiments. Les opinions étant subjectives, il est difficile de partir sur un accord. Chacun a tendance à présenter ses opinions comme des faits. *«Ce matin, vous avez fait comme si vous ne m'aviez pas vu. Vous ne m'avez pas serré la main, je suis vexé !»* Faites deux colonnes.

Les faits

Dans une colonne, vous notez les faits. Il ne s'agit bien que des faits, vous devez tomber d'accord sur : ne pas avoir serré la main. *«Vous avez sans doute raison, je ne vous ai pas serré la main.»* Acceptez le fait. Chacun fera plus facilement l'effort de comprendre l'autre, s'il accepte le fait. Vous partirez ainsi sur un accord.

Les opinions

«Vous avez fait comme si vous ne m'aviez pas vu.» «Je ne vous ai pas vu !... Allons donc, j'étais là !» Dans l'autre colonne, vous notez les opinions. Là, il y a divergence. Le conflit naît bien entendu de la manière de voir ces faits. On peut maintenant en parler plus facilement. La séparation des faits et des opinions est capitale.

L'intérêt de cette méthode est à double détente : la discussion est épurée au départ des réactions épidermiques et l'écoute de l'autre est meilleure.

Les sentiments

«Je suis vexé.» C'est ici que tout va pourrir. *«La prochaine fois, je ne lui serrerai pas la main, il va voir...»* Difficilement récupérable si on laisse faire !

Le débat compétitif

5 principes de parades ripostes

Pour ne pas attaquer ou se défendre de front, le détournerment est chose courante en dialectique. Il va atteindre l'autre par ricochet. Philippe Leclerc rappelle souvent : «Pour déstabiliser l'autre, jouez plutôt judo que sumo.» Utilisez plutôt la force de votre adversaire que la percussion directe.

Le principe d'effet de loupe

- Sortez un mot parasite de son contexte, mettez-le en évidence. *«Vous avez dit 'je crois' vous n'êtes donc pas sûr.»*

- Reprenez une expression pour qu'elle signifie autre chose en lui donnant un sous-entendu. *«Je vous écrirai sans faute...», «Ecrivez donc comme d'habitude !»* (Sacha Guitry)

- Grossissez les arguments de vos adversaires jusqu'à les rendre ridicules.

- Simplifiez le raisonnement adverse jusqu'à le rendre simpliste.

Un duel oratoire

Pas d'hypocrisie. Le «tout le monde il est beau, tout le monde il est gentil» ne marche pas ici. Lors d'élections, de rencontres entre leaders politiques, de meetings contradictoires ou autres situations conflictuelles (même dans l'entreprise), nous assistons à un autre type de débat qui, lui, ne cache pas sa raison d'être : marquer des points pour la galerie, faire plier son adversaire, rendre coup pour coup. C'est le débat de type compétitif. Il s'agit alors d'un duel oratoire. Nous vous donnons donc aussi quelques outils (réalité oblige) pour marquer des points dans ce type de débat, avec un objectif : déstabiliser l'autre, manipuler l'échange et surtout ne pas «se faire avoir».

Le principe d'attribution de rôles

- N'acceptez pas a priori le rôle que veut vous faire jouer votre adversaire. En revanche, mettez votre interlocuteur dans le rôle qui le dessert.

- Jouez celui qui a compris l'inverse de ce qui a été dit (boomerang).

- Faites croire que votre adversaire est un petit rigolo qui plaisante. *«Non mais sérieusement, sans rire...»*

- Evitez de vous engager sur des sujets pour lesquels vous n'avez aucune qualité reconnue.

Le principe de transfert

- Vous pouvez toujours passer du particulier au général ou du général au particulier. Vous pouvez aussi passer de la forme au fond ou du fond à la forme. Vous pouvez passer de ce qui est dit à celui qui le dit.

- Utilisez les mots charnières pour parler d'autre chose.

- Inverser les termes peut être une bonne façon de faire boomerang. Proudhon écrit *«Philosophie de la misère»* et Marx lui répond *«Misère de la philosophie»*. Ce renversement est plus facile à faire qu'on ne pense. *«Vous pensez réellement ce que vous dites ?» «Et vous, dites-vous réellement ce que vous pensez ?»*

Le principe de dénonciation

- Dénoncez le coup plutôt que d'y répondre. En le dénonçant, vous le désamorcez. *«Vous savez, la technique qui consiste à ne pas vouloir me laisser parler, parce que cela vous dérange, tout le monde la connaît... et vous pensez bien que ce n'est pas vous, Monsieur Fabius, qui allez me déstabiliser...»* (Chirac à Fabius)

- Refusez la référence générique. *«Tous les spécialistes s'accordent à dire...»* Qui tous ?

- N'acceptez pas les faux arguments d'autorité. *«Zinédine Zidane disait l'autre jour à propos de l'Europe économique...»*

C'est un merveilleux joueur de foot, qui a le droit d'avoir des opinions, mais fait-il vraiment référence en la matière ?

Quelques règles générales

- Le temps que vous lui accordez pour s'exprimer, il vous le doit. Le «je vous ai laissé parler, je vous prie de faire de même» sera d'autant plus efficace que vous l'aurez laissé parler.
- Le silence compte les points pour vous. Lorsque vous argumentez, ne couvrez pas un argument fort qui vient de faire mouche par d'autres moins solides.
- Maîtrisez votre agressivité pour éviter de devenir antipathique aux yeux des autres.
- Ne montrez jamais que vous êtes en difficulté. Le rire est une arme redoutable et sachez utiliser l'ironie et l'humour.
- N'oubliez pas que tout raisonnement, même le plus sensé, poussé à l'extrême, devient ridicule.

Le principe de fermeture

- La tautologie est une figure des plus simples et qui pourtant va bloquer votre interlocuteur. *«Vous savez un homme reste un homme», «la loi c'est la loi»*...
- Le dilemme : enfermer l'autre dans un choix restreint est un piège efficace. *«De deux choses l'une : ou vous êtes mal informé ou vous êtes de mauvaise foi !»* Difficile de se sortir de ce piège. Si l'on vous met face à un tel dilemme, pensez systématiquement en entendant *«de deux chose l'une»* qu'il s'agit d'une troisième.
- Attention aux stratégies pré-closes. Une stratégie pré-close consiste à poser des questions qui entraînent l'autre dans un entonnoir et l'obligent à sortir par où l'on veut le faire sortir. M. Le Pen utilise parfaitement cette technique.

«Je ne suis pas votre élève !»

Le premier débat pour les présidentielles de 1974 entre V.Giscard d'Estaing et F. Mitterrand avait vu V.Giscard d'Estaing diriger le débat et s'attribuer le rôle de professeur, plaçant ainsi Mitterrand dans celui de l'élève. Dès le début, Giscard avait imposé la règle du jeu : «Si vous le voulez, je propose que Monsieur Mitterrand me pose une question à laquelle je répondrai et puis je poserai ensuite une question à Monsieur Mitterrand qui...»
Et Mitterrand n'avait rien dit... Sept ans plus tard, pour les nouvelles présidentielles de 81, nouveau débat entre les deux hommes, et au moment où Giscard demande :
- «Pouvez-vous répondre à cette question ?»
François Mitterrand lança aussitôt :
- «Vous n'êtes pas mon professeur et je ne suis pas votre élève !» L'élève avait retenu la leçon.

Pour s'évader d'un piège

- «A propos». «A propos de cela...» : et l'on parle d'autre chose.
- «Anecdotes». «Je me souviens...» : un exemple personnel.
- «Vous». «Vous me faites penser à quelqu'un qui...» : prise en compte du questionneur.
- «Les aspects». «Il y a plusieurs aspects dans votre question...»
- «Boomerang». «Et inversement !» : retour à l'envoyeur.
- «Merci». «Vous me donnez l'argument que j'attendais...» : judo.
- «Je vous plains». «Si réellement vous pensez ce que vous dites.»

Ne vous faites pas enfermer

«Vous préférez votre mère à votre cousine, je suppose ?»
«Oui ! Bien sûr.»
«Vous préférez votre cousine à votre voisine ?»
«Ben oui !»
«Votre voisine à quelqu'un que vous ne connaissez pas ?»
«Oui !» ...
Et vous en arrivez à dire que vous préférez un Français à un étranger. Heureusement cette technique se sent venir dès le départ !

Jouez les non-dits

Créer le doute

Jouer la rumeur

Le contrepoint

Contrairement aux recommandations que nous donnons pour mener à bien un débat coopératif, il est souvent utile dans le débat compétitif de jouer du «non-dit». C'est un paralangage qui met à mal votre interlocuteur.

Créer le doute

L'objectif est de faire croire que votre interlocuteur n'est pas très net. *«Je crois qu'il n'est pas nécessaire que nous parlions de certaines choses qui vous mettraient mal à l'aise...»*

Laisser aux observateurs l'impression qu'il les trompe. *«Vous savez comme moi que la vérité est ailleurs.»*

Faire des procès d'intention. *«Je sais que vous pensez que...»*

Jouer la rumeur

Fausse ou vraie, peu importe, elle a un caractère de preuve. Elle n'est pas vérifiable, ni quantifiable. *«Il n'y a pas de fumée sans feu.»* Le seul fait d'émettre une rumeur la fait exister. *«Tout le monde sait...»*

Le contrepoint

Il permet de ne pas laisser passer un contre-argument sans rien dire *«ah bon !»*, *«vous croyez»*, *«c'est un scoop»*. Le contrepoint déstabilise en coupant l'autre. Une onomatopée peut suffire : *«Oh ! Oh !»*

Les rumeurs de Pearl Harbour

Les premières rumeurs étudiées sérieusement l'ont été par Allport et Postman aux Etats-Unis après Pearl Harbour. Parmi ces rumeurs, l'une d'elles prit des proportions énormes. «Un bateau chargé de 2000 infirmières a été coulé par les Japonais...» En réalité, il s'agissait d'un vieux charbonnier qui avait sombré par avarie. Le phénomène prit une telle ampleur qu'un haut membre du gouvernement décida d'expliquer ce qui s'était passé... Une partie de ceux qui doutaient se sont mis à y croire : «Si un membre important éprouve le besoin d'expliquer, c'est qu'il y a bien quelque chose !» et une grande partie de ceux qui y croyaient déjà firent un renforcement. «C'est la preuve que c'est vrai !»

Quelques figures de rhétorique

Les figures de mots

- **Le calembour :** les homonymies peuvent troubler votre interlocuteur.

«Vos mots d'esprit sont des maux de tête.»

- **L'antanaclase :** le même mot est pris dans des sens différents (polysémie).

«Plus on vote (élections), moins on vote (participants).»

- **L'allitération :** répétition de sons, une façon d'enfoncer le clou par les mots et par les sons.

«La hargne, la grogne, la rogne...» (paronamase)

«Il est amusant de constater que vous qui étiez l'homme du passé vous soyez devenu l'homme du passif.»

Les figures de sens

- **La métaphore :** analogie concrète dans un thème abstrait. Donne du poids à l'expression.

«Si vous avez une idée, mon cher, elle est orpheline !»

- **L'hyperbole :** joue l'exagération.

«J'ai des milliers d'exemples.»

- **L'oxymore :** l'utilisation de deux termes incompatibles.

«Vous êtes bien mal renseigné !», «cette obscure clarté qui tombe...»

- **La litote :** peut vous servir à minimiser avec humour.

«Avec l'argent que vous avez emprunté au fisc...»

- **Le pléonasme :** répétition d'une même idée.

La présence d'esprit de Guitry

Pour se débarrasser d'un intrus, Sacha Guitry dut accepter son invitation à dîner pour le lendemain. L'homme le quitta ravi. Une fois seul, Sacha Guitry lança à son domestique : «Vous irez dès demain matin dire à cet emmerdeur que je ne peux pas me rendre à son dîner.» Se retournant, il vit alors sur le pas de la porte l'emmerdeur en question, qui était revenu et qui visiblement l'avait entendu. Pour rattraper son énorme gaffe, Sacha rajouta en le montrant «... puisque demain je dîne chez Monsieur !»

«Un doux euphémisme» est un pléonasme (puisque l'euphémisme adoucit déjà).

Les figures de pensée

- **L'allégorie :** deux sens, propre et figuré, suite de métaphores.

«Vous mettez la charrue avant les bœufs, vous avancez en marche arrière !»

- **L'ironie :** dites le contraire de ce que vous voulez dire pour railler.

«Vous parlez bien pour quelqu'un qui n'a rien à dire !»

- **La prétérition :** on dit qu'on ne dira pas et on le dit.

«Il est inutile de vous dire que votre raisonnement est absurde, irréaliste, folklorique...»

- **Le dilemme :** le faux choix.

«Vous ne voulez pas comprendre ou vous ne pouvez pas comprendre ?»

- **La prolepse :** c'est se servir de l'argument de l'autre pour le lui retourner.

«Vous ne comprenez rien parce que...» - «Parce que vous expliquez mal !»

Les figures de construction

- **Le sophisme :** raisonnement faux, apparemment logique.

«Les courants d'air vous rafraîchissent, la vitesse crée le courant d'air, donc si vous avez trop chaud, courez très vite !»

- **Le syllogisme :** raisonnement déductif rigoureux sans sous-entendu. Une sorte de lapalissade en trois phases.

«Tous les hommes sont mortels (majeur), je suis un homme (mineur), donc je suis mortel (conclusion).»

- **Le chiasme :** c'est grâce à cette figure de répétition avec opposition que l'on peut retourner un argument.

«Pensez-vous réellement ce que vous dites ?»

«Et vous, dites-vous réellement ce que vous pensez ?»

- **L'ellipse :** un raccourci qui peut faire mouche parce qu'il est sans redondance.

«Gouverner, c'est prévoir», «quand on veut, on peut».

- **Le paradoxe :** une façon de surprendre votre interlocuteur.

«Méfiez-vous de votre première impression... C'est la bonne !» «Elle est en retard, donc elle viendra.» S. Guitry

- **La réticence :** c'est l'art de ne pas finir sa phrase en mettant ainsi l'autre dans le coup sans qu'il sache exactement à quoi vous faites allusion.

«Et sur ce point vous avez vous-même... Mais c'est inutile de vous le rappeler, vous savez très bien de quoi je veux parler.»

Qu'est-ce qu'ils se mettent !

Vous retrouverez dans ce petit texte, écrit sous forme de sketch, bon nombre d'outils déjà cités. Naturellement, ce dialogue est totalement imaginaire ! ? ! ?...

M. Bretteur : «... *Ces pratiques malhonnêtes que Monsieur Croisefer considère comme normales*» (*attribution de rôle*).

M. Croisefer : «*Des pratiques que vous connaissez très bien apparemment* (*retour d'attribution de rôle*) *et contre lesquelles je me bats.*»

M. Bretteur : «*Ce n'est pas ce que disent vos amis*» (*rumeur et cela vient de ceux qui vous connaissent bien*).

M. Croisefer : «*Mes amis, à moi, vous font des confidences à vous !*» (*création de doute*).

M. Bretteur : «*Je vais vous surprendre.*» (*attention danger*).

M. Croisefer : «*De vous, rien ne peut me surprendre.* (*rien ne peut m'atteindre*) *Des centaines de dossiers prouvent vos malversations.*» (*exagération*).

M. Bretteur : «*Pourquoi pas des milliers ?* (*amplification*). *Je vois que vous ramassez toujours vos informations dans les poubelles !*» (*où est la véracité de vos preuves : doute*).

M. Croisefer : «*Les vôtres,* Monsieur Bretteur, *les vôtres et elles ne sont pas bien propres.*» (*vos affaires ne sont pas propres*).

M. Bretteur : «*En effet,* Monsieur, *ce qui n'est pas très propre, moi, je le mets à la poubelle, moi.*» (*permutation des termes*).

M. Croisefer : «*Vous m'amusez.* Continuez, *c'est distrayant.*» (*cela ne m'atteint pas !*).

M. Bretteur : «*Oh ! Je sais bien que le malheur des autres vous amuse.* (*vous êtes un méchant.* Attribution *de rôle*). *Mais lorsque nous serons au pouvoir...*»

M. Croisefer : «*Ce serait ça le malheur !*» (*contrepoint*).

M. Bretteur : «... *Le plan que nous proposons est le seul plan cohérent pour le chômage.*»

M. Croisefer : «*Pour le chômage ! Vous œuvrez pour le chômage, vous ?* (*loupe sur le mot «pour»*). *Moi, voyez-vous, je préfère un plan pour l'emploi et contre le chômage.*»

M. Bretteur : «*Tout le monde sait où vous a conduit votre mini plan, avec de mini mesures, pour de mini résultats* (*réducteur répété*).»

M. Croisefer : «*Merci de reconnaître vous-même qu'il y a eu des résultats* (*faux rôle attribué*). *Notre politique commence à porter ses fruits et demain...*»

M. Bretteur : «*Pourris !*» (*contrepoint déstabilisateur*).

M. Croisefer : «*Pardon ?*» (*qu'est-ce qu'il dit ?*).

M. Bretteur : «*Je dis vos fruits sont pourris* (*détournement*), *mais à propos* (*mot charnière*) *de fruits, parlons des agriculteurs, savez-vous combien un agriculteur vend un kilo de pommes ?*» (*piège réducteur*).

M. Croisefer : «*Le pouvoir d'achat de nos agriculteurs est passé de x à y en 7 ans...*» (*du particulier au général*).

M. Bretteur : «*Je vous demande combien un agriculteur vend actuellement un kilo de pommes ?*» (*retour du général au particulier*).

M. Croisefer : «*Vous ne voulez pas aussi que je vous donne le prix d'un pépin de pomme* (*amplification*). *La politique de la* France *ne se construit pas sur le prix du pépin de pomme* (*simplifier pour rendre simpliste*). *Notre expérience...*».

M. Bretteur : «*Oh ! Vous savez. L'expérience n'éclaire jamais que le chemin parcouru !*» (*phrase omnibus*).

Bibliographie

BELANGER J., 1970. *Technique et pratique de l'argumentation*, Paris, Dunod.

PIATTELLI PALMARINI M., 1999. *L'art de persuader*, Paris, Editions Odile Jacob.

COLLARD G., 1999. *L'art de s'exprimer en toutes circonstances*, Paris, Presse de la renaissance.

BOURDOISEAU Y., 1976. *Savoir négocier*, Paris, Retz.

REBOUL O., 1984. *La rhétorique*, Paris, P.U.F.

A retenir en priorité

Le débat coopératif
- Souhaitez-le vraiment.
- Ouvrez sur les questions de façon positive.
- Ouvrez sous forme de jeu, pas de duel.
- Evitez de répondre au non-dit.
- Répondez à tous et non à un seul.

Votre comportement de débatteur coopératif
- Ecoutez les autres.
- Tenez compte de leurs individualités.
- Relancez par des questions relais ou miroirs.
- Prenez en compte les minorités.

Le débat compétitif : 5 principes
- Effet de loupe.
- Attribution de rôle.
- Principe de transfert.
- Principe de dénonciation.
- Principe de fermeture.

Conclusion

L'orateur vient de lâcher le mot «conclusion». Dans la salle, chacun se recale un peu sur son siège, les jabots se développent, les bustes avachis se redressent, les oreilles sont tout à coup plus ouvertes, les yeux moins somnolents, il y en a même qui prennent leur stylo... C'est un mot magique, que ce mot «conclusion».

Ils pensent tous : «Voilà, ça va être terminé ! Ecoutons un peu ce qui ce dit...» Ils ont tellement l'habitude d'entendre des conclusions qui sont des synthèses. Ils ont un peu raison. A quoi bon se taper tout le machin, puisque de toute façon on aura le condensé à la fin !

La conclusion écrite et la conclusion orale sont de nature tout à fait différente. Conclure par écrit peut être une manière de relancer sur de prochaines investigations, elle peut aussi être une façon de faire le point, elle peut même être la justification du propos, une remise des pendules à l'heure. Le lecteur aime parfois resurvoler l'ensemble de ce qu'il a lu... Il peut faire des retours en arrière pour vérifier un point particulier ou se remettre en mémoire un passage qui l'intéresse... Il peut même ne pas la lire cette conclusion, si ça lui chante !

En revanche, essayer de tout remettre en mémoire après un exposé, un entretien, un discours est chose vaine.

Maîtrisez donc cette conclusion orale. Parce que les gens qui vous ont écouté jusque là, eux, par politesse, ne peuvent pas s'en aller, ils sont obligés de se la coltiner votre conclusion, alors pesez votre temps de conclure.

Les conclusions orales sont souvent des compilations

L'animateur a déjà dépassé la durée qui lui était impartie. Alors, il s'acharne à faire entrer le maximum d'informations dans un minimum de temps. Pour ce faire, il a deux grands chausse-pieds : *«comme je vous l'ai déjà dit tout à l'heure...»* et *«je vous rappelle que...»* Tout en accélérant le mouvement, il passe en revue et au pas de course ce qu'il a eu tant de mal à délivrer en une heure...

«Je vous rappelle que pour bien communiquer, il faut d'abord écouter, partager avec l'autre, c'est-à-dire mettre en commun, que pour faire passer une idée, la forme et le relationnel sont importants. Rappelez-vous du degré de sympathie : 7 % seulement passent par le sens des mots. Comme je vous l'ai souligné, le décodage du non-verbal vous sera d'une grande utilité. Regardez l'autre, ses postures, ses gestes, ses comportements ; vous l'entendrez mieux. Utilisez vos propres gestes positifs et pensez à ceux que vous devez éviter. Et l'articulation ? Soignez votre articulation. C'est la construction et l'émission des mots...»

Les auditeurs se sont à nouveau enfoncés dans leur fauteuil, bercés par le ron-ron des mots qui défilent...

«... Comme vous le savez, une articulation molle ne convaincra pas. Souvenez-vous de ce que nous avons dit à propos de la ponctuation. Faites des scansions, des répétitions. Ne laissez pas tomber vos finales, et surtout, surtout faites des silences. Quand vous serez en entretien, pensez à regarder l'autre. Ne le mettez pas en situation d'enquête avec un questionnement systématique, ne l'évaluez pas et n'interprétez pas ce qu'il dit si vous voulez qu'il soit authentique. Ecoutez-le pour ce qu'il est. Soyez vous-même en entretien

Merci !

Si vous souhaitez remercier votre auditoire en fin de conclusion, évitez de lui lâcher un «merci» de pure politesse en pensant à autre chose.
Certains vont jusqu'à plier leurs documents en vous remerciant de votre écoute et s'en vont sans vous regarder le moins du monde.
Si vous dites «merci !» en guise de point final, mettez-y les formes. Un «Je vous remercie de votre attention» en regardant ceux à qui vous avez parlé et en souriant fera parfaitement l'affaire.

de recrutement, ne soyez pas trop directif lors de vos entretiens annuels d'évaluation, et si vous répondez aux questions d'un journaliste, donnez-vous la possibilité de passer vos messages, pas les siens !»

Et les braves auditeurs s'assoupissent pour ne plus lui accorder qu'une oreille distraite...

«... Je vous rappelle que lorsque vous prenez la parole en public, votre meilleur remède contre le trac, c'est encore votre respiration ventrale. Commencez par un silence. Le silence ! L'outil sans doute le plus efficace de la communication. Ouvrez votre gestuelle, avancez vers votre public, regardez, souriez et parlez.

Ne lisez pas vos textes au mot à mot, utilisez vos fiches. Commencez vos réunions à l'heure avec un ordre du jour clair, et pensez à définir l'objet de la réunion et l'objectif de la réunion. Votre management sera participatif dans la plupart des cas avec des petits groupes. Utilisez la méthode analytique en l'adaptant au type de réunion que vous animez et quand vous ouvrirez le débat qui suit, faites-en un débat coopératif et non compétitif. Je disais donc «en conclusion...»

«Voilà !»

Voilà encore un mot qui verrouille la parole : «Voilà !» C'est une sorte de point final qui souvent prend des allures peu souhaitables tant il est connoté d'expression non dites. L'orateur finit de parler en disant : «Voilà !» Dans sa manière de le dire, il évoque un «je ne pouvais pas faire mieux !» qui ne le valorise pas vraiment.
Il y a des héros fatigués qui soufflent même deux «voilà voilà !» que vous pourriez traduire par : «Je n'ai plus rien à dire, je suis sec comme un hareng saur, j'ai tout donné.»
Certains orateurs poussent le raffinement jusqu'à y mettre un sentiment de désespoir, le genre de «voilààà !!!» qui signifie qu'il ne lui reste plus qu'à se pendre et vous avec. D'autres au contraire vous le jouent nonchalant et faussement dégagé, le style : «J'ai fini et c'était bien non ?»
J'en connais même certains qui y ajoutent une pointe de mépris connoté d'un «c'est un peu comme donner de la confiture à des cochons, mais bon ! Il fallait le faire je l'ai fait ! Alors voilà !»
Les faux jetons qui ont fait 3/4 d'heure de plus que prévu, vous rajoutent un «voilà, j'espère que je ne vous ai pas ennuyé trop longtemps» et les matamores lancent leur «voilà !» comme un «Olé! j'ai fini».
Quel que soit votre «voilà», supprimez-le !

«Au revoir, à bientôt»

C'est la formule consacrée d'une fin de rencontre. Cet «au revoir» est aussi important que votre «bonjour», peut-être même davantage. Votre interlocuteur va partir avec. Rappelez-lui avant de partir, en deux mots, les décisions, les accords ou les projets dont vous avez parlé et le rendez-vous futur que vous avez décidé.
Parfois un «au revoir à bientôt» est dit sur un tel ton que l'on entend : «à ne jamais vous revoir !» ou «mes sincères condoléances !»
Le «à bientôt» est une ouverture sur l'avenir. Non ?

Le mot magique revient : voilà la conclusion de la conclusion : *«on n'est pas sorti de l'auberge !...»*

Une conclusion orale doit être courte

Rassurez-vous. Certains font court, très court, même un peu court puisqu'ils coupent court au cours de leurs paroles en lançant un : *«en conclusion ... je vois que je suis un peu juste, on en reparlera la prochaine fois, à bientôt !»* Et ils plient leurs affaires... J'ai connu quelques profs qui étaient de cette engeance-là.

Les geoliers de la parole eux aussi sont légion. Ils considèrent qu'une conclusion, ça se ferme à double tour. Ils appellent cela «boucler», «verrouiller». Ils n'ont rien à rajouter et, surtout, ils ne souhaitent pas que leurs auditeurs en rajoutent. Ce sont eux qui n'ouvrent jamais de débat pour ne jamais être contestés. Ce n'est plus de la compilation, c'est une compression de César !

Une conclusion orale doit être ouverte

Ceux qui ont tout compris ne disent pas «en conclusion». Ils sont suffisamment «bons» pour être écoutés jusqu'au bout. Ils rappelent avec conviction les trois ou quatre points à retenir en priorité et finissent par *«c'était ma conclusion !»* au lieu du *«voilà»* traditionnel.

Conclusion : 3 ou 4 points essentiels.

O. S. E. R. = COMMUNIQUER

O-----------> OUVERTURE

S -----------> SILENCE

E -----------> ECOUTE

R -----------> REGARD

Ils n'ont pas nécessairement quelque chose à dire, mais ils le disent, ils parlent, ils commentent, ils discutent, ils contredisent, ils développent, ils débitent, ils déblatèrent, ils gueulent, ils jactent, ils chuchotent, ils susurrent, ils profèrent, ils bavardent, ils causent, ils parlotent, ils haranguent, ils pérorent, ils baratinent, ils débattent, ils discourent... ils osent.

Et pendant ce temps-là, vous, vous les écoutez...

Et vous avez tant à dire !

Prenez la parole, car elle est à prendre.

Mais sachez la rendre...

Une bonne conclusion orale

Elle est courte.

Elle est ouverte.

Elle ne rappelle que 3 ou 4 points essentiels.

POSTFACE

Avant de refermer ce livre...

Nous avons mis dans ce guide nos connaissances et notre expérience en matière de communication orale et non verbale. Nous vous avons donné des outils que vous pouvez utiliser dans bon nombre de situations professionnelles ou sociales. Ces outils-là font partie du savoir-faire que nos formateurs et moi-même distillons aux dirigeants d'entreprise dans nos salons de PERSONNALITÉ au 102 avenue Edouard Vaillant à Boulogne-Billancourt. Nous y pratiquons une méthode ludique, spécifique et évolutive répondant à des besoins personnalisés.

Adapter ces outils à vos besoins, c'est mettre l'accent sur votre personnalité.

Bien sûr, en écrivant ce livre, il nous a manqué la parole et le geste que nous mettons dans nos formations et ce n'est pas une mince affaire que de transmettre par écrit ce qu'une seule intonation, ce qu'un simple geste définirait mieux que de longues phrases. Mais il nous a manqué quelque chose de plus fort encore...

Ce savoir-faire que nous transmettons tous les jours à nos stagiaires est avant tout le plaisir du partage. En écrivant ce livre, je n'ai eu que le plaisir sans le partage... et la communication sans partage c'est un visage sans sourire.

Maintenant le partage est entre vos mains ; puisse-t-il vous sourire.

Jean-Claude Martin

Alors attention !

**Nous vous avons fourni la panolie complète de Zorro.
Si vous décidez de tout mettre, le pantalon, les bottines, les éperons, la cape, l'épée, le chapeau, la moustache et le masque... vous allez louper le cheval !**

TABLE DES MATIÈRES

Imprimé et relié en Italie par Rotolito
Dépôt légal: 77770 / Septembre 2006
ISBN: 2-501-03229-2
40.2883.3/9